学 前 教 育 经 典 译 丛

学前教育评价

（第7版）

[美]苏·C.沃瑟姆　[美]贝琳达·J.哈丁 /著
北京师范大学学前教育研究所 /组织翻译　向海英 /译

Assessment in
Early Childhood Education

(Seventh Edition)

北京师范大学出版集团
BEIJING NORMAL UNIVERSITY PUBLISHING GROUP
北京师范大学出版社

版权声明

北京市版权局著作权合同登记号 图字：01-2017-4707

图书在版编目（CIP）数据

学前教育评价：第 7 版／（美）苏·C. 沃瑟姆，（美）贝琳达·J. 哈丁著；向海英译. —北京：北京师范大学出版社，2019.10（2025.5 重印）
ISBN 978-7-303-24179-8
Ⅰ.①学… Ⅱ.①苏… ②贝… ③向… Ⅲ.①学前教育－教育评估 Ⅳ.①G610
中国版本图书馆 CIP 数据核字（2018）第 210594 号

出版发行：北京师范大学出版社 https：//www.bnupg.com
　　　　　北京市西城区新街口外大街 12-3 号
　　　　　邮政编码：100088
印　　刷：天津市宝文印务有限公司
经　　销：全国新华书店
开　　本：889 mm×1194 mm　1/16
印　　张：17.25
字　　数：450 千字
版　　次：2019 年 10 月第 1 版
印　　次：2025 年 5 月第 4 次印刷
定　　价：62.00 元

策划编辑：罗佩珍　　　　　责任编辑：马力敏　孟　浩
美术编辑：焦　丽　　　　　装帧设计：焦　丽
责任校对：康　悦　　　　　责任印制：赵　龙

版权所有　侵权必究

读者服务电话：010-58806806
如发现印装质量问题，影响阅读，请联系印制管理部：010-58800608

前　言

　　要想成为幼儿教师，我们必须做好对这些处于儿童发展早期的幼儿的评估工作。针对幼儿的测试和评价，不同于那些针对小学高年级学生的测试和评价，因为婴儿及 8 岁以下的儿童具有不同于年龄稍大的儿童的发展需要。从发展的角度来看，编写一本讨论幼儿评价的教材是很有必要的。

　　2000 年以来，早期教育工作者们已经努力运用最重要的策略来评价幼儿，以促进他们的可持续发展。这些评价的结果特别重要，可以帮助准教师和正面临这些评价问题的教师充分认识到各种评价的可能性范围以及哪些是最有利于儿童发展的评价。

传统、真实的评价策略

　　本书主要为致力于儿童早期教育的教师及准教师而写。它包括标准化测验的内容，尤为重要的是包括针对幼儿的其他评价类型，如观察、检核表和评定量表。由教师自主设计的评价方法既可用于幼儿园的儿童，也可用于正过渡到识字阶段的小学低年级儿童。表现性评价（performance assessment）、档案袋评价（portfolios assessment）以及其他能反映儿童表现的评价方法日益受到关注，在本书有关这些方法的章节中也得到相应的扩充和深化。新版本介绍的方法体现了教育评价体系的发展，包括传统评价和真实性评价两种。因此，在新版本中，我们想告诉读者所有的评价类型及其正确使用的方法。

新版本的变化

　　● 第五章"课堂评价与记录法"是一个新的章节。第六章"观察"之前是第五章的重点内容，现在扩展成了一个新的章节，以为这些重要的主题和技巧提供足够的讲解和指导。第六章解释了如何调整观察策略以便使其适用于婴幼儿、残疾儿童和英语学习者。

　　● 新信息介绍了技术在评价中日益增长的重要性，如电子产品组合。教师可以使用社交媒体来分享评价信息。

　　● 本书还讨论了教育政策的影响，如幼儿的早期学习标准和如何支持有意义的表现性评价。

　　● 标准化测验的更新包括增加新测验和删除一些过时的测验。

如何评价儿童

本书之前的版本是为了满足教师和师范生的需求而写的。他们必须理解并运用当前的儿童发展评价，并把它们实际应用到那些在标准化测验中需要集中使用评价的公立学校中去。幸运的是，就像纳入传统评价的内容一样，为公立学校提供课程和教材的出版商在给教师的指导中正逐渐增加表现性评价的内容。档案袋评价也日益成为一种常见的评价方法。然而，教师仍需要帮助，以寻求这些新策略和标准化测验的平衡。

评价幼儿的重要因素之一是何时和如何评价他们。这是一个有争议的问题，如同围绕测验和幼儿评价存在的问题进行研究一样，也会讨论每种评价方法的优缺点。因为文献所列的许多资源和其他教科书一般不讨论评价方法的优缺点，所以本书将从客观的角度来阐述评价方法的优缺点。

本书的内容

本书的内容分为四个部分。第一部分介绍了学前教育评价的概貌：第一章介绍了学前教育评价的目的、演变、存在的问题与发展趋势，第二章介绍了如何评价儿童的内容。第二部分对标准化测验进行了阐述：第三、四章介绍了标准化测验的使用、设计和选择以及使用和汇报标准化测验的结果的内容。第三部分介绍了课堂评价的内容：第五、六、七章着重介绍了课堂评价与记录法、观察、检核表、评定量表和评价量规的内容，第八章介绍了教师自主设计的评价的内容，第九章介绍了表现性评价的内容。第四部分介绍了如何运用评价体系以及如何把该部分所涉及的策略纳入一种评价体系的内容：第十章着重介绍了作为评价方法或评价体系的一部分的档案袋评价，第十一章介绍了家庭—专业人员合作伙伴关系的特点以及建立和维护这种合作伙伴关系的策略等内容。

致　谢

我们要感谢为第7版提供宝贵建议和反馈的审稿人，包括罗文大学的布里安娜·莫尔特尼（Brianne Morettini）、明尼苏达大学德卢斯分校的安娜·普拉特（Ana Pratt）、滑石大学的安妮·M. 斯拉尼纳（Anne M. Slanina）和休斯敦大学清湖分校的吉尔·A. 史密斯（Jill A. Smith），他们均提供了敏锐的意见和颇具建设性的建议。

同样感谢培生教育集团（Pearson Education）的工作人员，他们促成了本书的重大修订和出版的构想，包括项目经理梅甘·莫弗（Megan Moffo）、高级策划编辑朱莉·彼得斯（Julie Peters）、项目编辑克丽丝塔·斯拉维塞克（Krista Slavicek）、项目经理玛丽·贝丝·芬奇（Mary Beth Finch）及编辑助理安德烈亚·霍尔（Andrea Hall）和瓦莱丽·伊格拉 - 莫布利（Valerie Iglar-Mobley）。

作者简介

苏·C.沃瑟姆（**Sue C. Wortham**）是位于圣安东尼奥市的得克萨斯大学幼儿教育和初等教育系的荣誉退休教授。在 1979 年开始高校教师生涯之前，她在公立学校教授过学龄前阶段至小学二年级的学生，还做过一个学区的管理者和教育服务中心的顾问。

她撰写了大量的著作，包括《早期教育课程：教与学的发展性基础（第 5 版）》（*Early Childhood Curriculum: Developmental Bases for Learning and Teaching, 5e* ）①，2010 年由培生教育集团出版。她与乔·弗罗斯特（Joe Frost）和斯图尔特·赖费尔（Stuart Reifel）合著了《游戏与儿童发展（第 4 版）》（*Play and Child Development, 4e* ），2012 年由培生教育集团出版。她组织出版的著作包括《童年 1892—2002》（*Childhood 1892—2002* ），由国际儿童教育协会（ACEI）出版；她与乔·弗罗斯特合著的《儿童游乐场：全国调查和展望》（*Playgrounds for Young Children：National Survey and Perspectives* ），由美国健康、体育、娱乐和舞蹈联盟（AAHPERD）出版。

1992 年，她在智利担任富尔布来特学者。1995—1997 年，她担任国际儿童教育协会会长。自退休以来，她一直非常积极地参与 1999 年在瑞士鲁西利康举办的国际研讨会商议的《幼儿教育和护理的全球指导方针》（*the Global Guidelines for Early Childhood Education and Care* ）的制定工作。随后，她在制定、审定和执行国际儿童教育协会的《全球指导性评估》（*the Global Guidelines Assessment* ）上发挥了重要作用。她 2013 年参与编辑施普林格出版社的《学前教育项目的共同特点和独特品质：幼儿教育的全球视野》（*Common Characteristics and Unique Qualities in Preschool Programs: Global Perspectives in Early Childhood Education* ），汇报了《全球指导性评估》在世界各国的使用情况。

沃瑟姆教授在 2001—2011 年担任世界儿童救济和志愿者组织（NGO）的教育项目主任。她曾在海地、塞内加尔、布基纳法索和塞拉利昂担任教师和校长的职务。

---

① 译者注：本书中文简体字版由北京师范大学出版社于 2019 年出版。

贝琳达·J. 哈丁（**Belinda J. Hardin**）是北卡罗来纳大学格林斯伯勒校区特殊教育系的副教授。哈丁博士在北卡罗来纳大学教堂山校区获得了幼儿教育、家庭及文学素养的博士学位。在 2004 年开始高等教育工作之前，她曾是一所公立学校幼儿园的一名特殊教育教师，同时也是该校的首席总监，兼任教堂山儿童拓展训练特殊项目部的主任。

她的研究涉及跨文化研究，调查了美国和其他国家，特别是拉丁美洲的针对残疾幼儿和健全幼儿的教育服务的有效性。她尤其对项目措施的质量和适用性以及如何在不同的社会文化背景下有效地实施这些项目方案感兴趣。她担任过美国的 3 项全国性研究的联合首席研究员，负责调查关于学生学习成绩概况的评估工具的可靠性和有效性，其中包括对 2099 名儿童（一半的儿童说英语，另一半的儿童说西班牙语）进行相关调查，以进一步规范关于学习成绩的评估工具的版本。此外，哈丁博士还完成了对学习英语的残疾学龄前儿童的转送、评估和安置的调查研究，目前正在编制一份关于学前教育语言发展方面的家庭报告的问卷调查表（英语和西班牙语双语）。哈丁博士还曾在北卡罗来纳州、危地马拉、墨西哥尤卡坦半岛与专业人士和讲西班牙语的家庭进行了研究并组织了专业发展活动。她也担任过 3 项国际调查研究的联合首席研究员，调查了国际儿童教育协会的《全球指导性评估》在全球多个国家使用的可靠性和有效性。她还担任过国际儿童教育协会的成员，参与响应了由联合国儿童基金会牵头的两项倡议，旨在改善世界范围内的幼儿早期教育服务。

目　录

学前教育评价介绍

第一章

学前教育评价概述

本章目标

阅读完本章，您将可以：

1. 解释学前教育评价的目的。
2. 描述学前教育评价的演变。
3. 讨论学前教育评价存在的问题与发展趋势。

了解学前教育评价的目的

不久以前，有关学前教育评价的资源，仅限于杂志上偶尔出现的文章、幼儿园教材中的个别篇章以及在婴幼儿教育课程中作为次要教材的一小部分教科书，极少有准教师课程**项目**（project）会提供一门学前教育评价课程。现在，在 21 世纪，学前教育评价已经经历了一个飞速发展与扩展的时期。事实上，这曾被描述为一次"公立学校评价的真正的爆发"（Meisels & Atkins-Burnett，2005）。

幼儿教育机构中婴幼儿的数量与此类机构的种类正在快速增长。并且，这些婴幼儿的多样性也在逐年增长。例如，开端计划（Head Start）项目为至少会说 140 种不同语言的儿童和家庭提供服务。在一些开端计划的课堂上，儿童可能会讲 10 种不同的语言。目前，10 个开端计划项目中有 9 个招收来自讲英语以外的其他语言的家庭的儿童（HHS／ACF／OHS，2010）。开端计划教学团队可能使用多种语言教学，这也代表了美国人口多样性的增长（David，2005；HHS／ACF／OHS，2010）。

什么是评价？

对于来自各种各样的家庭背景、文化背景和语言环境的各类儿童，我们需要了解什么？为了实现测评目的，个体研究应开始于对胎儿的发育与成长的评价之前。从出生至整个婴幼儿时期，各种各样的测评方法都能用来评价儿童的成长与发展。在一名幼儿进入幼儿园之前，我们可以通过医学检查、父母及其他家庭成员对幼儿成长中的标志性进步的**观察**（observation）等方法来测评他们，或者是由一个幼儿教育机构或服务性机构进行观察与评估。目前，关于评价过程的定义为："**评价**（assessment）是收集儿童的几种形式的生活迹象信息并组织、阐释这一信息的过程。"（McAfee，Leong，& Bodrova，2004）

对从出生到幼儿阶段的儿童进行的评价，不同于对年龄较大的儿童进行的评价。幼儿的读写能力不强，且他们处于发展中，会给我们的评价带来不同的挑战，这些挑战将会影响评价方法的选择。评价方法必须与每一时期的人的智力水平、社交能力及生理发展水平相吻合。幼儿的生长变化很迅速，因此有必要去评定他们的生长是否呈现出常态的发展。如果幼儿的发展存在异常，那么运用测评与评定来确定是否有必要在婴幼儿时期选取合适的干预服务就很重要。

学期评价（term assessment）这个术语在用于不同年龄组的时候会有不同的含义。教师可以通过评价来确定婴儿或学步儿在开端计划中的教学需求或者接受早期辅导服务的资格。例如，一名学龄前儿童会被评价其入学准备情况和特殊教育需求。一名学龄儿童对其他学业成绩的理解及其是否为下一阶段的学习做好了准备，都会被评价。

评价的目的

评价的目的是多种多样的。我们也许想要了解个别幼儿，也许想要通过评价来考察幼儿在语言或数学方面的发展。当我们想要了解更多关于幼儿发展的情况时，也许可以通过对幼儿的评价来描述他们学到了什么。例如，一位一年级的教师可以通过使用测评工具来确定学生已经掌握了哪些阅读技能，确定学生需要在哪方面接受额外指导。

评价方法也可以用于诊断。比如，医生对幼儿进行体格检查来确诊疾病；心理学家、教师和其他从事幼儿教育工作的成人可以通过一种正式或非正式的评价来确定幼儿发育迟缓或幼儿学习能力不佳的原因。

假如在幼儿发展的早期和临界期之前，他们的医疗问题、先天缺陷或运动神经、语言能力、认知能力和社会性发展方面的迟缓都能被发现，教师就能在他们入学之前采取措施矫正，减小危害，或进行补救。对于很多发育迟缓或发育异常的幼儿来说，越是及早查出原因，越早有计划地干预，就越有可能克服它们或进行补救。例如，如果幼儿所患的严重听力障碍能被及早查出，那么他们就能学习用其他方式来交流以及获取信息。

对幼儿的评价来自早期教育机构或由其提供的特殊服务。为确保每名幼儿都能得到最好的服务，教师在选择能让幼儿受益的最佳干预方案与服务的组合之前，要进行细致的观察与广泛的测评。

方案设计（program planning）是评价的又一目的。在为了设计干预计划与服务而对儿童进行诊断与评价之后，评价结果可以用于给儿童设计干预方案，也可以用于评价这些方案以确定它们的有效性。

对一名听觉障碍儿童的早期干预

胡里奥（Julio），2岁，出生时为早产儿。在出生的第一年，他没有接受定期体检。在大约9个月大时，由于感冒发烧，他的母亲将他带到了一个社区门诊。在检查室，医生站在胡里奥身后靠近他的耳朵击掌，发现他对这些声音没有任何反应。因为胡里奥没有转向拍手声的方向，所以医生怀疑他有听力障碍。她安排听觉专家给胡里奥做了眼、耳、鼻和喉的会诊。

胡里奥被检查出双耳患有严重的听力障碍。他戴上了助听器，并参与了每两周一次的专为听力受损儿童而设计的特殊项目。项目中的治疗专家训练胡里奥说话。他们也指导胡里奥的母亲学习如何引导他感知周围的环境以及帮助他丰富词汇。假如胡里奥在年幼时没有受到干预治疗，严重的认知障碍和学习障碍将伴随他进入学校，并使其有更高的学习失败的风险。

除了确认并矫正发展中的问题以外，对幼儿实施评价还有其他目的。其中一个目的就是研究。研究者们通过研究幼儿以便更好地了解他们，或者了解测评之前提供的活动对他们的适用性。

这些评价方法是如何形成的？下文将介绍影响评价方法形成的因素，特别是那些在21世纪对用于婴幼儿的测验工具、测验程序和其他测量工具的发展产生影响的因素。

学前教育评价的演变

通过对幼儿的研究来了解其成长与发展的情况，可以追溯到最初公认儿童时期是生命周期的一个独立阶段的时候。约翰·裴斯泰洛齐（Johann Pestalozzi）是特意为儿童开发教育方案的开拓者，在1774年撰写了关于自己 3 岁半的儿子的成长历程的著作（Irwin & Bushnell，1980）。他早期的出版物同样也反映了他对恰当的抚养与幼儿教育的关注。18—19 世纪，约翰·洛克（John Locke）的《教育漫话》（*Some Thoughts Concerning Education*，1699），卢梭（Rousseau）的《爱弥儿》（*Emile*，1762/1911），福禄倍尔（Froebel）的《人的教育》（*Education of Man*，1896）这些著作关注儿童的个性与需求，影响颇大。卢梭认为人性本善，教育必须顺应人的善性。他认为应更多地关注和研究儿童，这样教育才可以适应个体的需要（Weber，1984）。卢梭所主张的对儿童的研究，直到 19 世纪末 20 世纪初才开始。

全世界的科学家都曾通过观察来测评人类的行为。巴甫洛夫（Ivan Pavlov）提出了条件反射改变行为的理论。阿尔弗雷德·比奈（Alfred Binet）发展了正常心理年龄的概念，这一概念是通过研究儿童的记忆力、关注力和理解力得出的。比奈和西奥菲勒·西蒙（Theophile Simon）研发出智力量表来确定心理年龄，这使区分每名儿童的能力成为可能（Weber，1984）。美国心理学家将早期的努力进一步扩展，研发出了各种类型的测量工具。

当前，婴幼儿的研究和测评是随着儿童研究运动、**标准化测验**（standardized test）的开发、开端计划以及 20 世纪 60 年代首次设立的联邦项目，并依据《公法》（*Public Law*）（现为 2004 年《残疾人教育促进法》[*the Individuals with Disabilities Education Improvement Act*]）的 94～142 条和 99～457 条（《公法》94～142 条的增加部分）而逐渐发展的。目前，学前教育评价正朝着更有意义的学习以及真实的成就和测评的方向发展（Newmann，1996；Wiggins，1993）。同时，对残疾婴幼儿的确认、诊断和提供更适当的干预也正在持续发展（Epstein，Schweinhart，DeBruin-Parecki，& Robin，2004；Meisels & Fenichel，1996）。

儿童研究运动

儿童研究运动出现于 20 世纪初期，霍尔（Hall）、查尔斯·达尔文（Charles Darwin）、劳伦斯·弗兰克（Lawrence Frank）都是该运动的领导者。达尔文认为，通过研究婴儿的发展，可以瞥见人的种族的发展。他开创了关于儿童的研究（Kessen，1965）。霍尔开创和扩展了儿童研究的方法，在成为马萨诸塞州伍斯特市的克拉克大学的校长之后，他建立了儿童研究中心。霍尔的学生——约翰·杜威（John Dewey）、阿诺德·格塞尔（Arnold Gesell）和刘易斯·推孟（Lewis Terman）——对儿童的研究与评价做出了主要的贡献。杜威支持能影响儿童教育方案开发的教育改革。格塞尔第一次描述了儿童在每个发展阶段会出现的行为。推孟成为**智力测验**（intelligence test）发展的一个领导者（Irwin & Bushnell，1980；Wortham，2002）。

有关儿童抚养与护理的研究，因劳拉·斯佩尔曼·洛克菲勒儿童发展纪念基金（the Laura Spelman Rockefeller Memorial Child Development Grants）（以下简称洛克菲勒基金）而得以进一步推进。在劳伦斯·弗兰克的领导下，洛克菲勒基金对以下机构的儿童发展研究所进行了资助，它们是哥伦比亚大学师范学院（纽约）、明尼苏达大学、加州大学伯克利分校、耶鲁大学的阿诺德·格塞尔儿童发展诊疗所、艾奥瓦州儿童福利院及其他指定场所。

随着学术中心的儿童研究所的建立，我们可以在群体环境中对儿童进行观察，而不仅仅在家中对他们进行观察。随着学院或大学的实验室和托儿所的发展，儿童调查研究也将家庭吸纳进来，以扩展人们对儿童发展的理解。许多学科的研究者们加入了正在进行的儿童研究运动，观察与评价发展水平的策略正是源于这一运动。他们的研究成果产生了大量的文献著作。1890—1950年，整个美国在学术机构中对成百上千的儿童进行了研究（Weber，1984）。由此，儿童研究运动已经教会我们通过观察或其他策略来对儿童进行评价。今天，研究者们仍继续补充有关儿童发展与学习能力的知识，这些知识会帮助家长、托幼机构员工以及为儿童及其家庭提供服务的专业协会与机构。20世纪末21世纪初，脑科学为研究认知发展的本质、早期良性发展和后续学习的重要性开启了一个新的视角（Begley，1997；National Scientific Council on the Developing Child，2004/2010；Shore，1997）。这些新发现促使幼儿教育工作者开始反思影响婴幼儿早期发展以及与婴幼儿发展有关的项目的含义。

标准化测验

标准化测验开始于1900年左右。20世纪20年代，位于美国东部的学院与大学从其他地区寻找入学申请人，结果发现很难对这些高中学生的成绩进行评价。学术能力测验（the Scholastic Aptitude Test，SAT）就是为了对入学申请人进行更公平的比较而研发的（Cronbach，1990）。

就像公立学校将义务教育扩展到12年一样，一种类似的现象发生了。为了避免利用家庭的经济状况确定对学生进行指导、编组的水平和进度，人们研发了客观性测验（Gardner，1961）。这些测验产生于对儿童和成人进行分类、选择或者做决定的需要。

最初设计测验的努力都是非正式的。当心理学家、研究者或者治疗师需要一种方法来观察某类行为时，他们研发了满足这一需求的程序。这一程序经常被其他有类似需要的人采纳。当许多人需要使用一种特定的评价策略或测验时，研发人员准备了复制品待售。随着测验需求的增长，专门致力于研发和生产测验产品的图书出版商、企业也开始研发与销售测验产品（Cronbach，1990）。

在比奈和西蒙的研究成果的基础上，美国心理学家们研发了早前的智力测验。比奈的智力量表，后经斯坦福大学的心理学家推孟修订，成为今天的《斯坦福-比奈智力量表》（the Stanford-Binet Intelligence Scale）。其他美国人，特别是教育者们，欣然接受了使用精确的措施来评价学习能力的机会。爱德华·桑代克（Edward Thorndike）和他的学生们设计了一些手段来对阅读、数学、拼写和语言能力的成效进行评价（Weber，1984）。推孟和桑代克所进行的研究，使测量开始成为一门科学（Scherer，1999）。到1918年，人们已经设计研发出了超过100种的用来评价学业成绩的标准化测验（Monroe，1918）。

19世纪的工业革命是影响标准化测验发展的主要因素之一。学龄儿童被从工厂和农场中带出来上学。标准化测验可以评估大量新入学的学生。学术能力测验和大学入学考试（ACT）成为测评大学资格的普遍的标准化测验。学术能力测验起始于1926年，2005年之前测验内容基本保持不变，后来增加了写作部分。1959年，人们为了与学术能力测验一较高下而设立了大学入学考试。大学入学考试主要是对学生的知识积累情况进行测评。这两种测验在今天仍被广泛使用（Fletcher，2009）。

第二次世界大战后，人们对可信、精确的测验的需求不断增长，并且无论老少都被纳入测验范围。当个体和机构选择并研发了自己的测验后，人们对测验的使用变得更加集中。全州范围内的测验开始在学校施行，全国性测验的使用需求也在持续增长。

测验的广泛使用导致了大型企业的产生。这些大型企业能够收集资源进行研发、出版，对大批客户进行评分并汇报测验结果。**集中化**（centralization）改进了测验的质量，并建立了测验设计与研发的标准。当个体研究者和心理学家团队持续设计测验工具来满足当前的需求时，随着时间的推移，这些测验的质量能够不断地得到提升，同时可以让研究人员增长关于测验的**信度**（reliability）和**效度**（validity）的知识（Cronbach，1990）。

开端计划和扶贫战争

20 世纪 60 年代以前，医生、心理学家和其他服务于儿童的专业人员研发了用于儿童的测验。发展性测量、智力测验以及用来测评发展性缺陷的专项测验被广泛运用于非教育项目中。儿童研究者们倾向于使用观察或者不引人注意的方法来研究儿童个体或群体。人们用测验来测评学龄儿童的学业成绩，但几乎不用此类测验来测评幼儿。

在美国政府决定为低收入家庭的儿童或者将英语作为第二语言的儿童提高学业成绩后，测验研发人员行动快速，为这些学前及学龄儿童研发了新的测评方法和评估工具。

20 世纪 50 年代末期，人们一直较为关注来自贫困家庭的学业成绩不佳的儿童。随着研究者不断调查这一问题，美国出于对改进教育的关注，对很多项目给予巨额资助，以缩小贫困家庭的儿童与中产阶级家庭的儿童的学业差距，其中涉及幼儿的主要项目是开端计划。在整个美国，从高结构的、研究型的、以儿童为中心的模式到传统的托儿所模式，我们开始设计并实施各种托幼机构模式（White，1973; Zigler & Valentine，1979）。开端计划的开发者深受该项目创始人之一尤里·布朗芬布伦纳（Urie Bronfenbrenner）的作品的影响。布朗芬布伦纳曾研究环境对于儿童发展和学习的影响与作用（Bronfenbrenner，2004）。开端计划强调家庭的参与也极大地归因于布朗芬布伦纳的作品（Bronfenbrenner，1995/2004）。

所有由美国政府进行资助的项目都要接受评估。于是，人们研发出了新测验来评定个体的发展和项目的有效性（Laosa，1982）。由于是为了对比开端计划的总体效果而设计的比较研究，因此这些测验的质量参差不齐。尽管如此，针对开端计划而研发使用的测验和策略，仍为幼儿的评价增添了有价值的资源（Hoepfner，Stern，& Nummedal，1971）。

20 世纪 60 年代研发的由美国政府资助的其他项目或法案，如双语教育计划（Bilingual Programs）、《第一条款》（*Title I*）、《学校紧急援助法案》（*Emergency School Aid Act*）、贯彻到底项目（Follow Through）、家庭开端计划（Home Start），和开端计划的效果是相似的。评估这些项目的测量和测验策略的需求，促进了对已有测验的改进，同时也促进了精确评估这些项目是否成功的测验的研发。

为残疾儿童立法

《公法》的 94～142 条

或许最影响儿童评价的法律是《残疾儿童教育法》（*Education for All Handicapped Children Act*），于 1975 年被美国国会通过。该法律强制要求所有 6～21 岁的有特殊需求的人必须在公立学校接受教育服务，并进一步要求学校对这些人施行同等程度的考试和评估。

《公法》的 99～457 条

《公法》的 94～142 条中关于年幼儿童的问题在《公法》的 99～457 条（《残疾儿童教育法修正案》[*Education of the Handicapped Act Amendments*]）中已经解决了，并于 1986 年通过。更新的法律授权了两个新项目：学前教育资助计划，强制执行于 3～5 岁的儿童；针对学步儿的早期辅导政府资助计划。在《公法》的 94～142 条下，政府可以选择为 3～5 岁的残疾儿童提供帮助。在《公法》的 99～457 条下，政府必须证明其满足了 3～21 岁的残疾人的需求，才能得到《公法》的 94～142 条下的联邦资金。这两项法律后来被整合在一起并被重新命名为《残疾人教育法》（*Individuals with Disabilities Education Act*，IDEA）。

《残疾人教育促进法》

美国国会在 1997 年重新授权了 1975 年的《儿童教育法》（*Education for All Children Act*）。1997 年的重新授权要求特殊教育学生参加州立考试，并且国家要将考试结果公布于众。许多州执行该法案时很缓慢，而且不执行法案的州也没有受到惩罚。2004 年 12 月美国国会通过了《残疾人教育促进法》。它包含的 B 部分，也就是为 2～21 岁残疾人制定的部分条例在 2006 年发布；2011 年 9 月，C 部分，也就是为婴儿和学步儿制定的部分条例也发布了。

2004 年，《残疾人教育法》保证了所有 3～21 岁的残疾人能够接受免费的、适宜的公共教育和在最少限制的环境下学习的权利。这意味着国家要为 6 岁以下的儿童提供公立学前教育。对于这些儿童而言，公立学校有为残疾儿童制订教育计划的法定义务，无论该计划是在公立学校还是在其他诸如私人儿童保育中心或者开端计划这样的机构施行（Guralnick，1982；Spodek & Saracho，1994；U.S. Congress，2004）。

《残疾人教育法》还包括 C 部分的项目或者早期辅导项目以确保 0～2 岁的儿童及其家庭享有早期辅导教育服务。所有执行该法案的州必须为所有符合条件的儿童提供辅导教育服务（McCollum & Maude，1993；Meisels & Shonkoff，1990；Shackelford，2006）。

这些法律的影响是深远的。对有智力缺陷和其他残疾的儿童的测验、辨认和安置是困难的。现有的测验已经被认为不再适用于有特殊需求的儿童。教师需要学习辨认残疾儿童的技巧并确定满足他们的教育需求的方法（Kaplan & Saccuzzo，1989）。教师需要重新审视或发展这些评估婴儿、学步儿和学前儿童的措施。

一个参与开端计划的家庭的经历

罗莎（Rosa）是一名开端计划的毕业生。她在詹姆斯·布朗学校（James Brown School）的一个开端计划班级中学习过两年。这是一所目前已被关闭的市区学校，后又被改建为其他社区的服务机构。开端计划的两个教室与其他几个服务于低收入家庭的社区机构位于同一栋楼。除了在詹姆斯·布朗学校学习外，罗莎还在很多地方游玩过，包括动物园、植物园、公共图书馆和附近的一个麦当劳餐馆。

今年，罗莎和她的两个参与开端计划的哥哥一样，已经成为一名就读于西奥克斯小学的幼儿园的幼儿。明年，罗莎的妹妹路易莎（Luisa）将开始参与开端计划。路易莎对此很期待。当路易莎和妈妈一起参观学校时，罗莎在开端计划教室里的行为给她留下了美好的印象。

路易莎的父母很开心她将参与开端计划。路易莎的哥哥都是好学生，这得益于他们参与过该计划。从罗莎在幼儿园的表现来看，进入一年级以后她也会表现得不错。

该法案要求组建一个用于诊断与安置残疾儿童的团队。这个团队包括教师、父母、学校的心理咨询师、医务人员和社会工作者以及政府机构或团体的代理人。在适当的时候，决策过程应该将儿童考虑在内。一旦确定一名儿童有资格参加 C 部分项目（针对婴幼儿）或 B 部分项目（针对 3 ~ 21 岁的人），团队就会制订一个个性化的计划。对于婴幼儿而言，这个计划被称为个性化家庭服务计划（IFSP）；对于 3 ~ 21 岁的人而言，它被称为个性化教育项目（Individual Educational Plan，IEP）。

回归主流、最少限制的环境、全纳和自然环境

回归主流（mainstreaming）定义了将儿童置于**最少限制的环境**（least restrictive environment）中的必要条件。这意味着要尽可能地将残疾儿童与健全儿童安置在一起，而不是在一个隔离的教室里对儿童进行特殊教育。有多少回归主流是对儿童个体有利的？这很难回答。另外，教师是否具有在同一间教室里同时满足残疾儿童和健全儿童的需求的能力，仍存在争议。尽管如此，教师在课堂上仍被期望能研发和检测为残疾儿童制订的教育计划（Clark，1976）。

《公法》的 94 ~ 142 条的修正案要求所有残疾儿童的个人教育需求必须在所有幼儿教育入门项目中得到满足（Deiner，1993; McCollum & Maude，1993；Wolery，Strain，& Bailey，1992）。这些法案提出了年幼儿童所享有的公民权利，并促使残疾儿童被学前教育和学龄教育项目包含在内。因此，主流化的概念被一体化代替，所有儿童带着个人需求将会被满足的这个目标共同学习（Krick，1992；Wolery & Wilbers，1994）。所有这些项目和服务都会接受评估，从而确定儿童的需求是否被有效满足（Early Head Start National Resource Center，2011）。

更多的是，我们用**全纳**（inclusion）而不是主流化来表达对各年龄阶段的残疾儿童和各种类型的

社区化设施的包容。2009 年，幼儿教育部门和美国幼儿教育协会针对幼儿教育发布了一项联合声明，强调在社会的各层面考虑残疾儿童的需求。

对幼儿的包容体现在对每名婴儿和幼儿及其家庭的支持方面的价值、政策和实践。无论他们的能力如何，我们要让他们参与到广泛的场合、社区和社会中。这些残疾儿童或者健全儿童及其家庭体验到的归属感和成员感、积极的社会关系和友谊、潜能的发展都是我们希望实现的目标。决定幼儿教育项目或服务的质量的因素是渠道、参与和支持。

对于婴儿和学步儿而言，全纳这个词意味着在最自然的环境里为他们提供早期辅导干预服务。**自然环境**（natural environment）可以包括儿童的家、幼儿保育中心或者其他婴儿和学步儿通常加入的机构。

对于残疾儿童的鉴定和诊断是《残疾人教育法》最复杂的一部分。许多类型的儿童需要特殊教育，包括有智力缺陷、身体残疾、视力障碍、言语障碍、听觉障碍、**学习障碍**（learning disability）、情绪困扰、自闭症的儿童和天才儿童。儿童可能有多方面的残疾。对于儿童残疾的类型及最适合他们的教育方法的鉴定和全面综合的检测需要一系列的评估技巧和手段。另外，教师、校医和其他员工也会被筛选和推举出来。但是关于诊断的大量测验依然需要在心理测验、发展性评价和试听**筛查**（screening）等一系列领域中训练有素的专业人士（Mehrens & Lehmann，1991）。

测量与评价残疾儿童和服务于他们的项目是一项持续的挑战（Cicchetti & Wagner，1990）。干预项目中筛选、鉴定和安置婴幼儿的措施来源于《公法》的 94 ~ 192 条，并在《公法》的 99 ~ 457 条的基础上得到扩展。这些手段和策略，尤其是那些对待发展迟滞的儿童的手段，被用于服务有特殊需求的儿童的学前教育项目中。

当越来越多的项目或计划服务于残疾儿童时，如学前项目、开端计划、儿童保育机构早期辅导干预项目，有着不同背景的教育工作者更多地参与到对婴幼儿是否有资格参加特殊需求服务项目的决策中。适宜地满足幼儿多种能力的发展需求还存在很多问题。满足残疾儿童的发展及教育需求并提供全面的服务是一项复杂的任务。对于这些儿童来说，什么样的分组才是最好的干预辅导呢？当健全儿童和残疾儿童都正在经历发展的关键期时，我们把他们分在一组会有什么影响？鉴定残疾儿童很复杂，但是对为儿童提供干预辅导的教育项目进行评估更具挑战性。

《公法》的 101 ~ 576 条

1990 年，美国国会通过《美国残疾人法案》（*Americans with Disabilities Act*）。这部法案对残疾儿童的教育产生了额外的影响（Stein，1993）。根据《美国残疾人法案》，教育项目须为有特殊需要的儿童做好准备。为满足残疾儿童的需要，我们需要合理建设和改善幼儿园的设施及住宿条件。

目前学前教育评价存在的问题与发展趋势

20 世纪 80 年代，伴随着对测验的重视，教育界兴起了一场新的改革运动。改进各阶段教育的努力包括使用标准化测验，把学生正在学习的东西变得可计量。人们开始使用极少的能力测验、学术测验和观察工具，以确保从幼儿园到大学的学生达到当地或各州教育机构确定的预期教育目标和最低教育标准。随着进入 21 世纪，我们对此的关注也在不断增加。

20 世纪 90 年代，很多学校改进了学生的学习环境，提升了他们的学业成绩。尽管如此，2000 年和 2001 年仍有较大比例的学校执行不力。资金不足、师资短缺、教师缺乏培训、学校设施老化、领导者能力不足等问题，影响着学校的教育质量（Wortham，2002）。

2000 年美国总统大选期间，候选人乔治·W. 布什（George W. Bush）提出将保证"有质量的教育"（quality education）作为自己当选后的目标之一。布什当选总统后，致力于为改进所有儿童的教育而立法。经过几个月的对话与讨论，美国国会于 2001 年 12 月通过了一个新的教育法案——《不让一个孩子掉队法案》（*No Child Left Behind Act*）。该法案于 2002 年 1 月 8 日被写入法律，给各州所需的测验带来了冲击。所有的州都必须执行各自研发的测验，并设置和监管其每年的进程（Moscosco，2001；Wortham，2002）。

布什总统也致力于加强幼儿教育。2002 年的几个项目都是关于加大对幼儿教育机构的支持的。布什政府发起的旨在改进教育的幼儿教育项目强调改进幼儿教育机构的重要性。然而，毫无疑问，尽管考虑到这些幼儿教育机构的联系，但将来标准化测验还会继续推行，特别是对幼儿而言。庆幸的是，除了各州的教育代理机构以外，专业组织也研发了儿童学习结果的标准。美国社会科协会（National Council for the Social Studies，1994）发布了《社会科课程标准》（*Curriculum Standard for the Social Studies*）。改进后的《开端计划实施标准》（*Head Start Performance Standard*）于 2009 年发布，针对的是从出生到 5 岁的幼儿。当幼儿教育工作者在努力改进幼儿教育的计划和经验时，这些标准为他们提供了指导意见。2005 年，很多州都已经可以使用包括幼儿教育在内的标准。有些标准是对《不让一个孩子掉队法案》的响应，其他标准是为建立各州或全国的发展和学习标准而做的努力（Seefeldt，2005）。

新世纪议题：问责制时代

当今教育的主要议题是问责思想。甚至在《不让一个孩子掉队法案》等规章制度出台之前，人们对问责制就有了更多的担忧。我们对学生的成绩承担更多的责任，应该是从以下观念演变而来的：一直以来，国家在可用资源的基础上来评估学校系统，而不是只依据学生的表现。《不让一个孩子掉队法案》关注学生的表现，关注学生的成绩报告，以此作为改进学困生的成绩和促进他们发展的依据。美国各州响应了将重点从课程设置和资助水平转向标准的问责制的号召。美国现在已经制定相关标准，改善了评估制度，并分配了实现目标、确定奖励及处罚的职责。如果各州希望继续在该法案的支持下获益，那么它们必须遵循新的问责政策（National Council of State Legislatures，2009）。

与《不让一个孩子掉队法案》有关的问题

2006 年将开始落实该法案的要求。2006 年夏天，学校遵守法案显然还存在很多困难。早期的问题体现为学校按照种族分组汇报考试成绩。图 1-1 说明教师可以在幼儿参与课堂活动时进行评价。

图 1-1　教师可以在幼儿参与课堂活动时进行评价

近 20 个州已经获得授权免于分组汇报。其他学校因按种族分组的学生的人数太少而不具有统计意义，从而避免了这个问题（Rebora，2006）。

该法案规定各州要在 2006 年之前对阅读和数学实施**基于标准的评价**（standards-based assessments）。各州每年在 3～8 年级进行阅读和数学测试；在 10～12 年级再次进行测试（New America Foundation Feedback，2013）。各州于 2006 年收到通知，由于它们未能完全遵守该法案，部分行政经费会被扣留。25 个州没有完全遵守该法案，即使在学年结束之前按照要求进行测试，也会失去一部分援助。罚款金额巨大，这令很多州的负责人感到惊讶。另外，各州也很难提供所需的文件资料来证明测试结果符合该州的学术标准（Olson，2006）。各州还必须展示如何利用测试系统开展关于残疾学生和英语学习者的测试。这会涉及在需要时可以开展**替代性评价**（alternative assessment）。如果考虑到测试的问题，该法案会对所有儿童产生影响。

《不让一个孩子掉队法案》在 2007 年被再次授权。美国国会已在 2008 年选举前阻止了再次授权的行动。奥巴马（Obama）政府在 2009 年表示，重写的法案会侧重于教师质量、学术水平，并且更侧重于教学质量差的学校和学习困难的学生。《不让一个孩子掉队法案》委员会敦促教育部部长阿恩·邓肯（Arne Duncan）保留一些法案的核心内容。无论教育改革的方向如何，联邦政府都会不断扩大问责制的影响，同时也鼓励各州从关注个人标准转向关注国家标准（Dillon，2009；*The New York Times*，2009）。2013 年该法案的再授权未通过。

关注婴幼儿的评价

婴幼儿的早期筛查对于监测他们的发展非常重要。同样，及早发现发育迟缓或疾病对于婴幼儿及其家庭至关重要。婴幼儿发育迟缓可能表明有关医疗条件或疾病的风险会增加。

我们在早期发现儿童残疾方面的问题还存在着挑战，因为早期的发现率低于实际的发生率。一个可能的原因是很少有**儿科医生**（pediatrician）使用有效的策略来筛查儿童的发育问题（American Academy of Pediatrics，2002）。美国儿科学会（American Academy of Pediatrics）建议在2006年为医疗保健专业人员开发一种可以对3岁以上的儿童进行监测筛查的方法。我们在处理儿科问题时需要定期关注儿童的发展（Pinto-Martin，Dunkle，Fliedner，& Lundis，2005）。

家长在筛查活动中发挥着重要作用。与幼儿和幼儿看护者合作的顾问可以为家长提供相关培训，这样可以观察幼儿发展的情况，并与家长及时沟通幼儿发展的问题。

我们可以引导家长在家中进行筛查活动。例如，如果孩子出现听力下降的迹象，家长可以按照步骤确定孩子是否有听力问题。家长也可以获得有关发展指导方面的信息，以便他们在发现孩子发育迟缓的迹象时联系医疗保健专业人员（Ferrara，2013）。

关注幼儿教育机构中的幼儿评价

对所有水平的学生进行测试的趋势日益明显，且已成为美国教育的焦点，其中对幼儿的测试尤其受到关注。标准化测验和其他评价策略开始应用于幼儿教育机构、幼儿园和小学中，并且这些测试可以用来决定儿童能否进入幼儿园学习，以及是升入高一年级还是留级。20世纪80年代末和90年代初，测试用来确定儿童是从幼儿园直接升入高一年级就读，还是被安置到过渡性的（transitional）一年级就读。如今，尽管这种方式不再流行，美国的一些学区和州还在坚持使用（Smith，1999）。2000年，美国国家教育部门幼儿专家协会（National Association of Early Childhood Specialists in State Department of Education，NAECS/SDE）关注到了一个持续发展的趋势——儿童拒绝到幼儿园或小学就读。他们发布了一个声明——《幼儿园的入学与安置仍然无法令人满意》（*Still! Unacceptable Trends in Kindergarten Entry and Placement*）（NAECS/SDE，2000）。这个对幼儿实施发展适宜性评价的主张获得了美国幼儿教育协会（National Association of Education for Young Children，NAEYC）的支持。

2006年，各州针对幼儿进入公立学校就读的现象进行了各种类型的评价。和发展性评价、准备性测验一样，很多州已经将筛查测验用于幼儿听力与视力的鉴别。许多州通过筛查来鉴别存在学习困难或者发育障碍的儿童。一些州已经达到了发展适宜性评价的标准，而其他州并未做到。例如，加利福尼亚州在幼儿评价中要求对幼儿进行观察和准备**档案**（documentation）的材料。而且，加利福尼亚州的幼儿在幼儿园学习的最后一年，要参加一年级准备性测验来决定他们的升班安置（Education Commission of the States，2006）。后面的章节将会就此话题提供更多的信息。

2003年，布什总统发布的有关所有参与开端计划的学生都将接受全国性的标准化测验的公告引起了新的关注。对幼儿实施的测验的效度和信度（Nagle，2000），以及是否将**高风险测验**（high-stakes testing）用于评估开端计划的质量（Shepard，et al.，1998），都饱受争议。政策制定者必须将对幼儿进行发展适宜性评价的关注纳入他们的决策，并思考如何评估获得联邦基金资助的幼儿教育机构（McMaken，2003）。

2003年2月，一大批幼儿教育专家写信给美国国会议员，表达了他们对即将开始的标准化测验的忧虑。他们指出了以下几个问题。

- 测验太过于片面。
- 测验会减少全面保证开端计划成功的教育服务。
- 测验会转移开端计划所需的资源。
- 测验应该用于加强教育实践，而不是评估某一项目，更不应与项目基金联系起来。（Fair Test，2003；NAEYC，2004）

2003年9月，新的测验——《国家报告系统》（the National Reporting System，NRS）开始由美国卫生与公众服务部门（Department of Health and Human Services，DHHS）开端计划局以及儿童和家庭服务署（Administration for Children and Families，ACF）面向40万名4~5岁儿童执行，并且将逐年持续执行下去。2005年，当开端计划基金正在被讨论的时候，美国政府问责局（Government Accountability Office，GAO）发布了一篇关于《国家报告系统》的报告。该报告指出，《国家报告系统》并没有在执行开端计划期间为儿童的发展提供可靠的信息，特别是针对讲西班牙语的儿童。而且《国家报告系统》也无法证实它提供的结果是开端计划中有效措施实施产生的学习效果。政府问责局的议案要求开端计划局建立《国家报告系统》的效度和信度。最终，《国家报告系统》所获得的数据没有用于教育资金的分配决定中（Crawford，2005；GAO，2005）。据报道，布什政府原打算通过使用《国家报告系统》来建立类似于《不让一个孩子掉队法案》的问责的规定，但政府问责局的发现从根本上终止了测验的这一用途。《国家报告系统》于2007年暂停。

关注存在文化与语言差异的幼儿评价

当前，我们对学前教育评价的发展趋势和实践的一致关注就是，由于进入幼儿教育机构的幼儿存在多样化的特点，我们的测量与评价策略是否适用于每一名幼儿。美国社会的经济团体正在发生着显著、迅速的变化——贫困阶层进一步增多，相对应的中产阶级日益减少（Raymond & McIntosh，1992）。同时，由于人们不断从其他国家汇集到美国，少数民族的市民（尤其是来自东南亚、中美洲和南美洲的人群）的数量剧增。而且，西班牙裔家庭不再聚居在美国西南部地区，他们的数量在全国各地都有所增长，导致很多社区的西班牙裔儿童占据了史无前例的高比例。在公立学校中，79%的英语学习者说西班牙语。另外，在美国的学校与教育机构中，儿童大约能使用460种语言，包括西班牙语、汉语、阿拉伯语、亚美尼亚语和苗族语（Biggar，2005；Lopez，Salas，& Flores，2005）。如果要鉴定和满足这些儿童群体的学习需要，评价他们的发展进程就显得尤为重要。

有证据表明，学生标准化测验的分数与父母的职业及受教育水平、学生就读小学的地理位置和家庭收入有很大的关系。而且，较少使用英语交流的儿童在英语阅读和语言流畅度的测验中，往往得分较低。但他们向来能在数学测验的计算部分表现出色（Wesson，2001）。已有的测验需要对在学校学习中处于劣势的学生保持公正性，而且文化与语言的差异也表明了人们对多样化的幼儿评价策略的需求（Biggar，2005；Goodwin & Goodwin，1993/1997）。21世纪的一个主要议题是，恰当的测评策略将会增加成功的潜力，而不是减少。

对进行双语学习或者将英语作为第二语言的少数民族学生进行评价的历史，本身就是一种潜在的偏见。这些学生已经并且将要继续接受非优势语言（英语）的测验，或者接受适用于典型美国中产阶级儿童的工具的测评。结果是，许多讲西班牙语的儿童在过去甚至现在，经常被判定为发育迟缓并需要接受特殊教育（Lopez, et al., 2005）。要求对这些儿童进行恰当评价的争议通过一些法庭判例被消除了。比如，戴安娜起诉加利福尼亚州教育委员会（Diana v. California State Board of Education）以及刘起诉尼克尔斯（Lau v. Nichols）。近年来，《不让一个孩子掉队法案》和开端计划的《国家报告系统》解决了对英语学习者进行测试的问题（Crawford，2005；David，2005；GAO，2005）。

少数民族学生特殊教育的不均衡性往往与文化和语言的差异相联系。少数民族儿童的人数不断增加会产生一些问题，涉及特殊教育，包括语言不同带来的交流障碍和教育困境、语言翻译工具的混乱问题以及需要对教师进行更多的培训（Abebe & Hailemariam，2008；Hardin，Roach-Scott，& Peisner Feinberg，2007）。

两本重要的著作反映出人们对少数民族儿童的身份认同的日益加剧的担忧。《为什么在特殊教育中少数民族学生如此之多？》（Why Are So Many Minority Students in Special Education？）这本书试图解释自己提出的问题（Harry & Klingner, 2005）。作者提出特殊教育中少数民族学生比例不均衡的问题。《教育中的种族不平等》（Racial Inequity in Education）阐述了许多问题，包括语言运用、高风险测验、少数民族特殊教育的不当和不足以及联邦政府的作用（Losen & Orfield，2002）。

对有文化和语言差异的儿童进行测试的另一个目的是筛选适合这一类别的儿童。评价正在学习英语的儿童的问题是，英语学习的延误，导致对有潜在特殊需求或超常特殊需求的儿童辨识不明，使他们被误诊为残疾儿童（NAEYC，2005a）。美国幼儿教育协会、特殊儿童理事会幼儿部（Division of Early Childhood/Council for Exceptional Children）和美国其他组织提出了适当的筛选和评估程序以及关于问责制的建议。

《不让一个孩子掉队法案》对英语学习者的测试，影响并导致了各州采用新标准去开发新的英语语言能力的测试程序。更重要的是，这些测试都测量了英语学习者的阅读、写作、口语和听力技巧（Zehr，2006）。2006 年夏天，5 个州未能在教育部门规定的最后期限内进行测试。一些州设计了自己的测试，其他州则采用了由联盟或测试公司设计的测试。尽管如此，由于测试的开发和实施仍处于起步阶段，人们对测试的有效性和可靠性以及测试是否符合法律的要求知之甚少。纽约州的例子揭示了对英语学习者评估的复杂性。纽约州的考试旨在测量学习者的语言习得能力，符合《不让一个孩子掉队法案》测量语言技能的要求。在该法案之前，美国的双语教学和英语学习者课程都是如此。如何提高那些英语表达不流利的学生的语言技巧，使他们能够跟得上母语为英语的学生的语言水平，这需要各州多年对测试的开发和验证。

当该法案在 2007 年被重新授权时，有估算表明英语学习者的成绩普遍比非英语学习者的成绩低20% ~ 30%。立法者提议给予学校更多的时间让英语学习者达到标准的要求。英语学习者人数的不断变化意味着英语学习者的情况并不稳定。随着新的语言学习者进入学校，英语学习者的情况也在发生着改变。英语学习效率的差异使熟练程度成为一个复杂的问题（DeVoe，2007）。

2001 年，4 个州联合开发了严格、缜密的国家标准，以此为依据来对英语学习者进行测试。所有这些测试的结果都非常相似。一些州实施这些测试以后，发现仍然存在学生不能熟悉运用英语的问题。然而，由于测试强调形成性发展，教育工作者还是希望测试结果在确定学生的优势和需求方面起到建设性作用（Bunch，2011）。

对来自不同文化和语言的家庭的儿童的评估必须体现多维度和多样性，必须将群体和文化内的很多差异考虑在内，其中包括父母的文化背景和家庭社区群体的文化。这些**知识储备**（funds of knowledge）可以使评估过程变得更加真实，因为儿童和家庭提供了将其应用于教育环境的相关信息（Moll，Amanti，Neff，& Gonzalez，1992）。我们必须将评估者和被评估儿童的个人文化感知的一致性考虑在内，即使两者有相同的文化或语言，以确保儿童技能发展的相关信息更为真实（Barrera，1996）。我们必须结合多种类型的信息，包括儿童的背景和评估结果的运用，这样才能确定反映儿童个人、群体和家庭文化特点的图景（Lopez，et al.，2005）。

关注残疾婴幼儿的评价

对残疾婴幼儿进行测验不可避免。实际上，迈泽尔斯（Meisels）、斯蒂尔（Steele）和奎因-里尔瑞（Quinn-Leering）曾反映，并非所有测验都一无是处（Meisels，Steele，& Quinn-Leering，1993）。尽管如此，格林斯潘（Greenspan）、迈泽尔斯等人认为，用于婴幼儿的评价借用了年龄较大的儿童的评价方法，不能呈现关于婴幼儿发展水平和能力的有意义的信息（Greenspan & Meisels，et al.，1996）。测验成绩用于确定婴幼儿需要接受的服务、教育安置和干预计划。这些发展心理学家提议，评价应该基于婴幼儿当前的发展水平，并且可以将结构化测验作为综合方法的一部分。这种方法包括观察儿童与他们信任的养育者之间的互动。评价应基于多样化的信息来源，这些信息能够反映儿童的能力，并且可以更好地展现什么样的学习环境将为实现儿童的最佳发展提供最好的干预服务。

基于游戏的评价（play-based assessment）是备受推崇的多样化信息来源之一。游戏取向的评价不具有威胁性，并且实施起来也不显得突兀。在**游戏**（game）中，儿童能展示出其他形式的评价难以显现的能力和才智。儿童理解游戏、执行游戏计划和使用游戏设施的能力，能够提供有意义的信息（Fewell & Rich，1987；Segal & Webber，1996）。在基于游戏的跨专业评估中，包括父母在内的一个团队会对游戏中的儿童进行观察，团队中的每个成员观察一个发展区域。在这种评价过程中，儿童的发育水平、学习方式、交际方式和其他行为都在观察范围之内（Linder，1993/2008）。

《不让一个孩子掉队法案》对残疾儿童的课程设置及评价都带来了影响。虽然对儿童的发展进行鉴定开始得很早，但进入公立学校就读的儿童的需求通常到一年级才能被发现。尽管如此，过去十几年以来，由于有关幼儿学习能力的知识的发展和标准本位的**问责制运动**（accountability movement）的到来，幼儿园教育的本质和目标已经发生了变化，人们对幼儿的教育与测试要建立在他们达到掌握学业标准的基础上。这一变化影响到了在幼儿园就读的存在学习障碍的幼儿。以前，幼儿园对存在学习障碍的幼儿进行教育，并在每年年末对他们进行测试。到一年级时，他们才会接受鉴定和合适的特殊教育服务。现在，残疾幼儿和其他存在学习障碍的幼儿在一年级以前就需要接受鉴定和服务。即使幼儿的某些障碍很难被发现，但对残疾幼儿的鉴定和服务在幼儿就读幼儿园期间就应被考虑到（Litty & Hatch，2006）。

《不让一个孩子掉队法案》还为《残疾人教育法》增加了问责制。学区必须对至少95%的学生进行测验，并将此成绩计入学校等级考核。对于在州级考试中将特殊教育学生也考虑在内的问题，公众反应强烈。一些决策者将这些问责制看作每名儿童都能接受到优质教育的重要进步。批评家们担心法案无法灵活地满足每名残障儿童的个体需要。许多教师认为，不应期望特殊儿童同样也能达到健全儿童所应达到的学业标准。《残疾人教育促进法》最后的条款在 2006 年 8 月发布时，这些问题会被解决（U.S. Department of Education，2006）。

2006 年以来，相关工作仍在进行，并一直致力于解决对存在学习障碍的学生进行识别和服务的问题。此种举措的重点在于发现更为灵活的研究策略，以便识别需要干预服务的学生，并且更好地为学生提供教学和评估服务（Division for Early Childhood of the Council for Exceptional Children，2007）。针对所有学生采用的更广泛的两种教学模式分别为干预反应法（Response to Intervention，RTI）和全方位学习设计（Universal Design for Learning，UDL）。

干预反应法主要满足所有学生的需要，无论他们是否已经被识别出具有一定的学习障碍。这种模式是一个覆盖全校的多层次预防体系，旨在提高学生的学业成绩，同时减少其行为问题。虽然这种模式的第一步是识别出学生在学习方面存在的低成功率风险，但它是一种面向全校学生的预防计划（Burns & Coolong-Chaffin，2006; Millard，2004）。干预反应法分为三个预防水平，同时州、学区和学校在三个教学水平上有着多层次的联系，以满足学生的需要。所有学生均从第一层开始；需要更有针对性教育的学生处于第二层；需要强化干预的学生处于第三层，这一层可以包括特殊的教育服务。

干预反应法寻求学生与有效教学的匹配度。干预反应法的核心特点包括高质量的课堂教学、研究性教学、课堂表现、普遍筛查和干预过程中的连续进度监控，以及忠诚度措施（Millard，2004）。干预反应法的主要构成要素包括筛查、进度监控、覆盖全校的预防体系和数据决策，用来调整学生对教学的反应类型。

全方位学习设计也在寻求适用于各种各样的学生的方法，包括存在学习障碍、英语语言障碍、情绪或行为问题、感觉障碍和肢体障碍的学生。这种方法旨在基于多种途径来完成满足不同学生的需要的教学（Center for Applied Special Technology[CAST]，2009）。同时，它应用最近的神经科学研究和相关技术，使所有学生在学习方面更为有效。相关课程包括定制化教学，其包含多种手段的呈现、实施、表达和互动（CAST，2009）。

21 世纪评价的发展趋势

真实性评价和表现性评价

评价正处于转型阶段。幼儿教师正在从传统的对知识和事实的评价转向对学生分析问题和解决问题的能力的评价。由于各州要求对幼儿评价标准提出问责制，因此评价要为幼儿提供了多种途径来证明他们所理解的和所能做到的事情。

正如前文所述，人们关于评价的一个更广泛的观点，包含了一种多维的测量方法，即关注对那些来自不同人群的儿童和残疾儿童的评估。现在人们认为，他们过于重视对标准化测验的使用，而不是采用具有多种信息来源的多维方法进行评价。这种多维方法也被称为替代性评价，是包括**作品样本**（work sample）、观察结果和教学报告表在内的、更具包容性的实践考核。这些替代了标准化测验的评价方法，考查了学生如何运用他们所学到的知识（Blum & Arter，1996；Maeroff，1991）。在这种演变过程中，评价和解释评价的目的转向了**真实性评价**（authentic assessment）和表现性评价。真实性评价必须与现实世界有一定的联系，也就是说，它们必须有一个有意义的背景。评价有意义，才能让幼儿取得成功、脱颖而出。表现性评价能让幼儿通过一项任务或活动中的表现来说明他们理解了什么（Wortham，1998）。

利用**档案袋**（portfolio）进行表现性评价，可以让教师从多角度来了解幼儿所理解和应用的内容。使用表现性评价是因为幼儿教育项目的教师需要了解幼儿在各个领域的发展情况和成就的有关信息。表现性评价与其他评价形式相结合，为发展的变化提供了纵向的信息，而不是只在特定时间对有限范围内的技能进行评价。此方法适用于婴幼儿和学龄儿童（Barrera，1996; Meisels，1996; Wortham，1998）。

教学档案（pedagogical documentation）是表现性评价的另一种形式，它最初是在意大利瑞吉欧·艾米利亚（Reggio Emilia）的学校率先发展起来的，现在在美国得到了广泛的应用。教学档案是一种收集和展示儿童在项目中的活动结果的评价方法，用于评价他们的技能发展情况和教学需求（Wurm，2005）。有关教学档案的更多内容将在第八章进行讨论。

这种关于幼儿教育评价的更为广泛的观点，得到了赞同和支持"为3～8岁儿童提供适当的课程内容和评价项目的指南"的组织的认可。该指南是1990年美国幼儿教育协会和国家教育部门幼儿专家协会采用，在2000年和2001年进一步更新的（NAEYC NAECS/SDE，1992; NAECS / SDE，2000）。该指南提出，评价的目的是让个别儿童受益，并改善幼儿教育方案。恰当的评价应该有助于加强课程选择，帮助教师与家长协作，并协助确保儿童的需求得到满足。评价应该将教学与幼儿课程的目标联系起来（Hills，1992），而不仅仅是狭义的测验。真实性评价和表现性评价提供了有利于儿童、父母和教师的动态评价方法。

新教师的标准

问责制的时代涉及对教师发展的期望。就像各国制定课程标准并评估不同群体的儿童一样，这里同样有对教师和其他专业人员是否有资格教育幼儿的评价标准。

新教师评估与支持州际联盟（Interstate New Teacher Assessment and Support Consortium，INTASC）包括州教育机构和国家教育机构。该联盟认为，各州的教育系统应该有一项教师资格政策，以要求教师了解并能够有效地帮助所有学生达到相应的标准（Council of Chief State School Officers，2007/2009）。

新教师评估与支持州际联盟的使命

新教师评估与支持州际联盟的使命是为其成员国提供一个学习与合作的论坛。具体内容如下。

1. 各州之间的教学融合的教育政策。

2. 教师培养项目的新问责要求。

3. 评估教师资格评价的新技术。

4. 促进教师专业发展的新项目（Council of Chief State School Officers，2007）。

幼儿教师资格标准已由三个组织提出：美国教师教育协会（the Association of Teacher Education，ATE）、美国幼儿教育协会和国际儿童教育协会。幼儿教师的立场与声明是美国教师教育协会和美国幼儿教育协会在 1991 年发布的（ATE & NAEYC，1991）。这个立场与声明还要求国家幼儿组织和机构制定与认证相关的政策，该政策应有别于初级和二级认证的政策。此外，幼儿教师的政策应在 50 个州的范围内保持一致。

1998 年，国际儿童教育协会颁发了《幼儿教育教师培养意见书》（*The Position Paper on the Preparation of Early Childhood Education Teachers*）。它要求幼儿教师应该接受广泛而宽松的教育。教师的经验还应该包括幼儿教育的基础、儿童的发展情况、教与学的过程以及专业实验室的规定。

美国幼儿教育协会还确定了关于道德行为的立场与声明（NAEYC，2005b）。从事幼儿保育和教育的教师的道德行为标准，是以将童年视为人类生命周期中独特而宝贵的阶段的承诺为基础的。

- 将童年视为人类生命周期中一个独特而有价值的阶段。
- 将我们的工作建立在关于儿童如何发展和学习的认知上。
- 促进儿童与家庭之间的联系。
- 认识到儿童在家庭、文化、社区和社会方面应得到理解和支持。
- 尊重每个人（儿童、家庭成员和同事）的尊严、价值和独特性。
- 尊重儿童、家庭和同事的多样性。
- 要认识到儿童和成人在建立信任和尊重关系的环境下能够充分发挥他们的潜力。

教育工作者培训委员会（Council for the Accreditation of Educator Preparation，CAEP）为新教师制定了相关标准。虽然该委员会负责认证教师培养机构，但标准将重点放在了学生的学习成果上。这五个标准如下。

- 标准 1：内容与教学法。
- 标准 2：临床合作与实践。
- 标准 3：候选人的素质以及招聘和选择。
- 标准 4：计划的影响。
- 标准 5：提供质量保证和持续改进。

这些标准和新教师评估与支持州际联盟的标准是互补的。教师培养与教师教学之间的关系是新教师评估与支持州际联盟和教育工作者培训委员会制定标准的基础（CAEP，2010）。

《共同核心标准》

《共同核心标准》（*Common Core Standards*）是基于各州的毕业考试成绩差异较大所制定的。不仅如此，学生在国家考试中的表现与在全国教育发展评估（National Assessment of Educational Progress，NAEP）中的表现也不尽相同。美国总督协会（National Governor's Assocation）和美国州教育局局长理事会（Council of Chief State School Officers）两个组织，决定共同制定一套标准和一个通用的分级标准。2009 年，除了 4 个州以外，美国所有的州都加入了使用《共同核心标准》的队伍，并承诺在 2014 年之前帮助建立和实施《共同核心标准》（Common Core State Standards Initiative，2010）。2013 年，人们对这些标准的评价是褒贬不一的。有些教师对使用这些标准持积极的态度。一位观察者认为，《共同核心标准》设定了较高的标准，使个别州未能自行建立。其他人则赞扬该标准是在该领域最高质量研究的基础上设定的，具有非常高的科学性和严谨性（Toppo，2012）。

同时，《共同核心标准》也受到了很多的争议。教育改革的领导者黛安娜·拉维奇（Diane Ravitch）认为，并没有令人信服的证据表明，《共同核心标准》的存在，让学生更好地上大学和获得成功做准备。她提议让《共同核心标准》的开发者做出更多的承诺，因为没有证据能够证明他们可以让学生为成功做更好的准备。她还和其他人一起指出，已经参加了《共同核心标准》的考试的学生，他们的成绩不升反降，并且只有 5% 的人能通过考试（Han，2013；Rich，2013；Ravitch，2013）。

批评者还指出，许多州决定采用新的标准，因为他们正向《不让一个孩子掉队法案》申请弃权申明书，或者为新项目"力争上游"（Race to the Top）筹集资金。

各州抱怨，如果要为学生准备更有难度的课程和促使学生在专业评估中取得更好的成绩，教师需要花费更多的时间进行备课。教育部部长阿恩·邓肯在 2016—2017 年做出了基于新测试的教师职业决定（Rich，2013）。

2013 年秋天，一些州出于各种原因退出了使用《共同核心标准》的队伍。现在有几个参加测试的州，引起了人们的担心。人们认为这样一来，学生的成绩无法在各州进行比较。各州还认为新的测试比以前的测试耗资更多，同时一些州认为财务的限制将使它们无法应用需要使用的技术。《共同核心标准》课程似乎在 2014 年，即全面实施的第一年，便注定要面临严峻的挑战。

"力争上游"

"力争上游"项目，是为了改善 2009 年《美国复苏与再投资法案》（*American Recovery and Reinvestment Act*）所资助的教育所做出的另一项努力。该法案旨在刺激经济，支持社会创造就业职位，并投资教育。"力争上游"基金是一项有竞争力的中等教育基金，旨在奖励那些正在开发和使用创新战略的州。这些战略将改善学生的学习效果，缩小学生的成绩差距，提高高中毕业率，为学生升入大学做好准备。

"力争上游"项目有如下四个方面的教育改革。

- 帮助学生在大学和工作中获得成功，并有能力在全球经济中竞争。
- 建立衡量学生成长和成功的数据系统，并及时告知教师和学校如何更好地改进教学。
- 招聘、发展、奖励、留任优秀的教师和负责人，将他们留在最需要他们的地方。
- 帮助成绩最差的学校的学生取得更好的成绩。

第一批国家受赠小组中有 12 个州获得了赠款。在 2012—2013 学年结束时，12 个州中有 6 个州已经完全实施了它们的项目，包括教师和校长评估系统。但是，正如《共同核心标准》中教师评估遇到的困难一样，一些州在开发和应用教师评估系统方面正在经历延迟期。各州最初的报告称教师对新的评估系统心存担忧。然而，教育部门对参加的各州给予支持，各州也表示了它们对教育部门的信任。它们认为教育部门在监督和帮助受助人的方面扮演了非常重要的角色，起到了非常重大的作用（Klein，2013）。

"力争上游 - 早期学习挑战"（RTT-ELC）是针对幼儿教育的项目。该项目与"力争上游"项目有关，于 2013 年首次接受申请。该项目的奖项将颁发给正在实施具有重大影响力并能够付诸实践的项目的州。这些项目能够连贯实施，吸引全社会的关注，并能对幼儿教育进行全面改革。

总 结

儿童的测量和评价在生命周期的早期就开始了。新生儿要接受新生儿状况的测试。婴儿测试是用来对婴儿的发展趋势进行测试和评价的。对幼儿进行的评价有很多的目的，有些目的对幼儿有好处，有些目的对他们有害。

评价幼儿发展和学习情况的方法出现在 20 世纪初。多年过去了，对幼儿的研究得到越来越多的关注，针对幼儿实施的服务和计划也促使社会实施标准化测验和其他评价方法，以评估幼儿的发展和方案的有效性。

当前依旧存在很多关于幼儿测试的问题。一些教育工作者质疑对跨文化和语言的儿童进行的标准化测验的有效性和可靠性。同时，利用个人测验和评估来识别残疾儿童并为他们提供服务，仍然是一个值得讨论和研究的课题。

21 世纪带来了新的挑战和趋势。《不让一个孩子掉队法案》旨在通过实施法案的相关政策来提高学生的成绩。然而，要实现该法案制定的目标还有一定的困难。该法案持续不断出现的问题推迟了法律的重新授权。与此同时，各州共同核心标准确定的内容与该法案有重叠之处。各州的共同核心标准在评估教师方面也遇到了困难，同时在申请该法案的弃权方面受到了争议。另一个项目"力争上游"，引入了一个竞争性奖学金计划，以奖励制定创新策略来提高学生的学业水平的州。在第一年结束时，12 个学区的第一批学生取得了好坏参半的成绩。

阅读后的活动提议

1. 回顾最近的一篇与作者当前发布的测验有关的文章，并附上备注"幼儿"。这篇文章应该是在过去 5 年内发表的。如果您想回复，请描述文章的主要观点。请准备在小组中分享您的想法。

2. 您的国家在使用标准化测验方面采取了哪些政策？小学一年级进行了哪些测验？他们如何选择？如何评估结果？

3. 您所在社区中的学校如何筛查学前儿童可能存在的残疾？使用什么类型的评估？如果需要利用进一步的测试来确定他们具体的需求，那么会采用什么过程来确定？谁来对他们进行测试？

关键术语

评价	替代性评价	真实性评价	回归主流
自然环境	观察	最少限制的环境	表现性评价

相关网站

在线搜索以下组织或机构的网站：

National Child Care Information and Technical Assistance Center

National Conference of State Legislatures

Association for Childhood Education International

National Association for the Education of Young Children

Council of Chief State School Officers

Division of Early Childhood/Council for Exceptional Children

参考文献

Abebe, S., & Hailemariam, A. (2008). Factors influencing teachers' decisions to refer students for special education evaluation.

American Academy of Pediatrics. (2002). Medical Home Initiatives for Children with Special Needs Project Advisory Committee. The medical home. Pediatrics, 10, 184–186.

Association of Childhood Education International. (1998). ACEI position paper. Preparation of early childhood education teachers.

Association of Teacher Educators & National Association for the Education of Young Children. (1991). Early childhood teacher certification. A position statement of the Association of Teacher Educators and the National Association for the Education of Young Children. Washington, DC: NAEYC.

Association for Psychological Science. (2005). In Appreciation: Urie Bronfenbrenner. The Observer, 18, 1–4.

Barrera, I. (1996). Thoughts on the assessment of young children whose sociocultural background is unfamiliar to the assessor. In S. J. Meisels & E. Fenichel (Eds.), New visions for the developmental assessment of infants and young children, 69–84. Washington, DC: Zero to Three: National Center for Infants, Toddlers, and Families.

Begley, S. (1997). How to build a baby's brain. Newsweek Special Edition, 28–32.

Biggar, H. (2005). NAEYC recommendations on screening and assessment of young English-language learners. Young Children, 60(6), 44–47.

Blum, R. E., & Arter, J. A. (1996). Setting the stage. In R. E. Blum & J. A. Arter (Eds.), A handbook for student performance assessment in an era of restructuring, I:1–I:2.

Alexandria, VA: Association for Supervision and Curriculum Development.

Bronfenbrenner, U. (1995). The bioecological perspective from a life course perspective. Reflections of a participant observer. In P. Moen, G. H. Edler, & K. Luscher, (Eds.), Examining lives in context, 549 – 618. Washington, DC: American Psychological Association.

Bronfenbrenner, U. (2004). Making human beings human: Bioecological perspectives on human development. Thousand Oaks, CA: Sage Publications.

Bunch, M. B. (2011). Testing English language learners under No Child Left Behind. Language Testing, 28, 323 – 331.

Burns, M. K., & Coolong-Chaffin, M. (2006). Response to intervention: The rate of and effect on school psychology. School Psychology Forum: Research in Practice, 1, 3 – 15.

Center for Applied Special Technology (CAST). (2009). What Is Universal Design for Learning?

Child Trends. (2004). Early childhood measures profiles. Washington, DC: Child Trends.

Cicchetti, D., & Wagner, S. (1990). Alternative assessment strategies for the evaluation of infants and toddlers: An organizational perspective. In S. J. Meisels & J. P. Shonkoff (Eds.), Handbook of early childhood intervention, 246 – 277. New York, NY: Cambridge University Press.

Clark, E. A. (1976). Teacher attitudes toward integration of children with handicaps. Education and Training of the Mentally Retarded, 11, 333 – 335.

Commission on No Child Left Behind. The Aspen Institute. (2009). Commission urges Duncan to uphold core NCLB elements in the law.

Common Core State Standards Initiative. (2010). Implementing the Common Core State Standards.

Council of Chief State School Officers. (2007). Interstate New Teacher Assessment and Support Consortium (INTASC).

Council of Chief State School Officers. (2009). INTASC Standards Development.

Council for the Accreditation of Educator Preparation. (2010). CAEP Standards for Accreditation of Educator Preparation.

Crawford, J. (2005). Test driven. NABE News, 28, 1.

Cronbach, L. J. (1990). Essentials of psychological testing (5th ed.). New York, NY: Harper & Row.

David, J. (2005). Head Start embraces language diversity. Young Children, 60(6), 40 – 43.

Deiner, P. L. (1993). Resources for teaching children with diverse abilities. Fort Worth, TX: Harcourt Brace Jovanovich.

DeVoe, J. J. (2007). ELL testing: A state of flux.

Dillon, S. (2009). Education standards likely to see toughening. The New York Times, 1 – 4.

Division for Early Childhood of the Council for Exceptional Children. (2007). Promoting positive outcomes for children with disabilities. Missoula, MT: Author.

Early Head Start. (2000). What Is Early Head Start?

Early Head Start National Resource Center. (2011). Technical Assistance Paper No. 4.

Education Commission of the States. (2006). Kindergarten screening and assessment requirements.

Education Week. (2009). Accountability.

Epstein, A. S. Schweinhart, L. J., DeBruin-Pareski, A., & Robin, K. B. (2004). Preschool assessment: A guide to developing a balanced approach. New Brunswick, NJ: National Institute for Early Education Research.

Fair Test. (2003). Head Start Letter.

Ferrara, D. (2013). How to test hearing in an infant at home.

Fewell, R. R., & Rich, J. (1987). Play assessment as a procedure for examining cognitive, communication, and social skills in multihandicapped children. Journal of Psychoeducational Assessment, 2, 107–118.

Fletcher, D. (2009). A brief history of standardized testing.

Froebel, F. (1896). Education of man. New York, NY: Appleton.

Gardner, J. W. (1961). Excellence: Can we be equal and excellent too? New York, NY: Harper & Row.

Goodwin, W. L., & Goodwin, L. D. (1993). Young children and measurement: Standardized and nonstandardized instruments in early childhood education. In B. Spodek (Ed.), Handbook of research on the education of young children, 441–463. New York, NY: Macmillan.

Goodwin, W. L., & Goodwin, L. D. (1997). Using standardized measures for evaluating young children's learning. In B. Spodek & O. N. Saracho (Eds.), Issues in early childhood educational assessment and evaluation, 92–107. New York, NY: Teachers College Press.

Government Accountability Office. (2005). Further development could allow results of new test to be used for decision making. Retrieved January 29, 2007.

Greenspan, S. I., Meisels, S. J., & the Zero to Three Work Group on Developmental Assessment. (1996). Toward a new vision for the developmental assessment of infants and young children. In S. J. Meisels & E. Fenichel (Eds.), New visions for the developmental assessment of infants and young children, 11–26. Washington, DC: Zero to Three: National Center for Infants, Toddlers, and Families.

Guralnick, M. J. (1982). Mainstreaming young handicapped children: A public policy and ecological systems analysis. In B. Spodek (Ed.), Handbook of research in early childhood education, 456–500. New York, NY: Free Press.

Han, J. (2013). Who's minding the schools? The New York Times. Retrieved September 6, 2013, from NYTimes.com.

Hardin, B. J., Roach-Scott, M., & Peisner-Feinberg, E. S. (2007). Special education referral evaluation and placement practices for preschool English language learners. Journal of Research in

Childhood Education, 22, 39 – 54.

Harry, B., & Klingner, J. (2005). Why are so many minority students in special education? Understanding race and disability in schools. New York, NY: Teachers College Press.

HHS/ACF/OHS. (2009). Head Start Program Standards 45 CFR Chapter XII. Washington, DC: Author.

HHS/ACF/OHS. (2010). Revisiting and updating the multicultural principles for Head Start children ages birth to five. Washington, DC: Author.

Hills, T. W. (1992). Reaching potentials through appropriate assessment. In S. Bredekamp & T. Rosegrant (Eds.), Reaching potentials: Appropriate curriculum and assessment for young children (pp. 43 – 64). Washington, DC: National Association for the Education of Young Children.

Hoepfner, R., Stern, C., & Nummedal, S. (Eds.). (1971). CSE-ECRC preschool/kindergarten test evaluations. Los Angeles, CA: University of California, Graduate School of Education.

Irwin, D. M., & Bushnell, M. M. (1980). Observational strategies for child study. New York, NY: Holt, Rinehart & Winston.

Kaplan, R. M., & Saccuzzo, D. P. (1989). Psychological testing: Principles, applications, and issues (2nd ed.). Belmont, CA: Brooks/Cole.

Kessen, W. (1965). The child. New York, NY: Wiley.

Klein, A. (2013). GAO Race to Top states have mixed record on teacher evaluation. Retrieved September 24, 2013.

Krick, J. C. (1992). All children are special. In B. Neugebauer (Ed.), Alike and different: Exploring our humanity with young children (Rev. ed.), 152 – 158. Washington, DC: National Association for the Education of Young Children.

Laosa, L. M. (1982). The sociocultural context of evaluation. In B. Spodek (Ed.), Handbook of research in early childhood education, 501 – 520. New York, NY: Free Press.

Linder, T. W. (1993). Transdisciplinary play-based assessment (TPBA): A functional approach to working with young children (Rev. ed.). Baltimore, MD: Brookes.

Linder, T. (2008). Transdisciplinary play-based assessment. Baltimore, MD: Brookes.

Litty, C. G., & Hatch, A. (2006). Hurry up and wait: Rethinking special education identification in kindergarten. Early Childhood Education Journal, 33, 203 – 208.

Locke, J. (1699). Some thoughts concerning education (4th ed.). London, England: Churchill.

Lopez, E. J., Salas, L., & Flores, J. P. (2005). Hispanic preschool children: What about assessment and intervention? Young Children, 60(6), 48 – 54.

Losen, D. J., & Orfield, J. (2002). Racial inequality in special education.

Maeroff, G. I. (1991). Assessing alternative assessment. Phi Delta Kappan, 272 – 281.

McAfee, A., Leong, D. J., & Bodrova, E. (2004). Basics of assessment. A primer for early childhood education. Washington, DC: National Association for the Education of Young Children.

McCollum, J. A., & Maude, S. P. (1993). Portrait of a changing field: Policy and practice in early childhood special education. In B. Spodek (Ed.), Handbook of research on the education of young children, 352 - 371. New York, NY: Macmillan.

McMaken, J. (2003). Early childhood assessment. Denver, CO: Education Commission of the States.

Mehrens, W. A., & Lehmann, I. J. (1991). Measurement and evaluation in education and psychology (4th ed.). New York, NY: Harcourt Brace.

Meisels, S. J. (1996). Charting the continuum of assessment and intervention. In S. J. Meisels & E. Fenichel (Eds.), New visions for the developmental assessment of infants and young children, 27 - 52. Washington, DC: Zero to Three: National Center for Infants, Toddlers, and Families.

Meisels, S. J., & Atkins-Burnett, S. A. (2005). Developmental screening in early childhood: A guide (5th ed.). Washington, DC: National Association for the Education of Young Children.

Meisels, S. J., & Fenichel, E. (Eds.). (1996). New visions for the developmental assessment of infants and young children. Washington, DC: Zero to Three: National Center for Infants, Toddlers, and Families.

Meisels, S. J., & Shonkoff, J. P. (Eds.). (1990). Handbook of early childhood intervention. New York, NY: Cambridge University Press.

Meisels, S. J., Steele, D. M., & Quinn-Leering, K. (1993). Testing, tracking, and retaining young children: An analysis of research and social policy. In B. Spodek (Ed.), Handbook of research on the education of young children, 279 - 292. New York, NY: Macmillan.

Millard, D. (2004). Understanding responsiveness to intervention in learning disabilities determination.

Moll, L., Amanti, C., Neff, D., & Gonzalez, N. (1992). Funds of knowledge for teaching: Using a qualitative approach to connect homes and classrooms. Theory Into Practice, 31(2), 132 - 141.

Monroe, W. S. (1918). Existing tests and standards. In G. W. Whipple (Ed.), The measurement of educational products. 14th yearbook of the National Society for the Study of Education, Part II, 71 - 104. Bloomington, IL: Public School.

Moscosco, E. (2001). New federal education law passes. Austin American-Statesman, p. A4.

Nagle, R. J. (2000). Issues in preschool assessment. In B. Bracken (Ed.), Principles and recommendations for early childhood assessments. Washington, DC: National Goals Panel.

National Association for the Education of Young Children. (2001). Still! Unacceptable trends for kindergarten entry and placement. Young Children, 56, 59 - 61.

National Association for the Education of Young Children. (2004). Early education experts highlight concerns about new nationwide test of four-year-olds in Head Start.

National Association for the Education of Young Children. (2005a). Screening and assessment of young English-language learners. Washington, DC: Author.

National Association for the Education of Young Children. (2005b). NAEYC code of ethical conduct and statement of commitment (revised). Washington, DC: Author.

National Association for the Education of Young Children and the National Association of Early Childhood Specialists in State Departments of Education. (1992). Guidelines for appropriate curriculum content and assessment in programs serving children ages 3 through 8. In S. Bredekamp & T. Rosegrant (Eds.), Reaching potentials: Appropriate curriculum and assessment for young children, 9 – 27. Washington, DC: Author.

National Association of Early Childhood Specialists in State Departments of Education. (2000). Still! Unacceptable trends in kindergarten entry and placement. Washington, DC: Author.

National Center on Response to Intervention (n.d.). Transcript: What is RTI?

National Child Care Information and Technical Assistance Center (NCCIC). (2000). State early learning guidelines on the web.

National Council for the Social Studies. (1994). Curriculum standards for social studies. Silver Spring, MD: Author.

National Council of State Legislatures. (2009). Testing, standards, and accountability: Overview.

National Scientific Council on the Developing Child. (2004). Young children develop an environment of relationships. Working Paper No. 1.

National Scientific Council on the Developing Child. (2010). Early experiences can alter gene expression and affect long-term development. Working Paper No. 10.

New America Foundation Feedback. (2013). No Child Left Behind-Overview.

Newmann, F. M. (1996). Introduction: The school restructuring study. In F. M. Newmann & Associates, Authentic achievement: Restructuring schools for intellectual quality, 1 – 16. San Francisco, CA: Jossey-Bass.

Olson, L. (2006). Department raps states on testing. Education Week, 25(42), 1, 36 – 37.

Pinto-Martin, J. A., Dunkle, M. E., Fliedner, D., & Lundis, C. (2005). Developmental stages of developmental screening: Stages to implementation of a successful program. American Journal of Public Health, 95, 1928 – 1932.

Ravitch, D. (2013). The biggest fallacy of the Common Core Standards.

Raymond, G., & McIntosh, D. K. (1992). The impact of current changes in social structure on early childhood education programs. In B. Neugebauer (Ed.), Alike and different: Exploring our humanity with young children (Rev. ed.), 116 – 126. Washington, DC: National Association for the Education of Young Children.

Rebora, A. (2006). NCLB's counting problems, textual artifacts, and going nuclear. Teacher Magazine.

Rich, M. (2013). Education chief lets states delay use of tests in decisions about teachers' jobs. The New York Times. Retrieved June 21, 2013, from NYTimes.com.

Rousseau, J. J. (1911). Emile, or On education (B. Foxley, Trans.). London, England: Dent. (Original work published 1762)

Samuels, C. A. (2006). Final IDEA regulations clarify key issues. Education Week.

Scherer, M. (1999). Perspectives/measures and mismeasures. Educational Leadership, 56, 5.

Seefeldt, C. (2005). How to work with standards in the early childhood classroom. New York, NY: Teachers College Press.

Segal, M., & Webber, N. T. (1996). Nonstructured play observations: Guidelines, benefits, and caveats. In S. J. Meisels & E. Fenichel (Eds.), New visions for the developmental assessment of infants and young children, 207 – 230. Washington, DC: Zero to Three: National Center for Infants, Toddlers, and Families.

Shackelford, J. (2006). State and jurisdictional eligibility definitions for infants and toddlers with disabilities under IDEA, NECTAC Notes (21), 1 – 16. Chapel Hill, NC: National Early Childhood Assistance Center.

Shepard, L., Kagan, S. L., Lynn, S., & Wurtz, E. (1998). Principles and recommendations for early childhood assessments. Washington, DC: National Goals Panel.

Shore, R. (1997). Rethinking the brain. New York, NY: Families and Work Institute.

Smith, S. S. (1999). Reforming the kindergarten round-up. Educational Leadership, 56, 39 – 44.

Spodek, B., & Saracho, O. N. (1994). Dealing with individual differences in the early childhood classroom. New York, NY: Longman.

Stein, J. U. (1993). Critical issues: Mismanagement, informed consent, and participant safety. In S. J. Grosse & D. Thompson (Eds.), Leisure opportunities for individuals with disabilities: Legal issues, 37 – 54. Reston, VA: American Alliance for Health, Physical Education, and Dance.

The New York Times. (2009). The No Child Left Behind Act news.

Toppo, G. (2012). Common Core Standards drive wedge in education circles. USA Today.

U. S. Congress. (2004). Individuals with Disabilities Education Improvement Act (PL 108 – 446), 108th U.S.C., Stt. 2647, et. Seq.

U.S. Department of Education. (2001). Fact sheet on the major provisions of the conference report to H.R.I., the No Child Left Behind Act.

U.S. Department of Education. (2006). IDEA 2004 news, information, resources. Washington, DC: Author.

U.S. Department of Health and Human Resources Head Start Bureau. (2003). National Reporting System. Washington, DC: Author.

Weber, E. (1984). Ideas influencing early childhood education. A theoretical analysis. New York, NY: Teachers College Press.

Wesson, K. A. (2001). The "Volvo effect" —Questioning standardized tests. Young Children, 56(2), 16 - 18.

White, S. H. (1973). Federal programs for young children: Review and recommendations (Vol. 13). Washington, DC: U.S. Government Printing Office.

Wiggins, G. P. (1993). Assessing student performance. San Francisco, CA: Jossey-Bass.

Wolery, M., Strain, P. S., & Bailey, D. B. (1992). Reaching potentials of children with special needs. In S. Bredekamp & T. Rosegrant (Eds.), Reaching potentials: Appropriate curriculum and assessment for young children, 92 - 112. Washington, DC: National Association for the Education of Young Children.

Wolery, M., & Wilbers, J. S. (Eds.). (1994). Including children with special needs in early childhood programs. Washington, DC: National Association for the Education of Young Children.

Wortham, S. C. (1998). Introduction. In S. C. Wortham, A. Barbour, & B. Desjean-Perrotta, Portfolio assessment: A handbook for preschool and elementary educators, 7 - 13. Olney, MD: Association for Childhood Education International.

Wortham, S. C. (2002). Childhood 1892 - 2002 (2nd ed.). Olney, MD: Association for Childhood Education International.

Wurm, J. P. (2005). Working in the Reggio way. St. Paul, MN: Redleaf Press.

Zehr, M. A. (2006). New era for testing English-learners begins. Federal officials to review exams developed to meet requirements of NCLB. Education Week.

Zigler, E., & Valentine, J. (Eds.). (1979). Project Head Start: A legacy of the War on Poverty. New York, NY: Free Press.

第二章

如何评价儿童

本章目标

阅读完本章，您将可以：

1. 描述儿童评价使用的原则。
2. 解释如何评价儿童。
3. 描述所有年龄阶段儿童综合评价体系的内容。
4. 解释如何利用评价结果进行教学和评价教学计划。
5. 讨论学年期间如何实施对学龄儿童的评价。
6. 解释在制定标准和评价标准方面的挑战。
7. 讨论评价环境中的儿童工作指南。

第一章已经介绍过关于评价婴幼儿的内容。我们已经讨论了对婴儿和学前儿童的评价方式不同于对年龄较大的儿童及成年人的评价方式这一事实，同时也讨论了学前教育评价的演变问题。我们还讨论了学前教育评价的问题和发展趋势，对于婴幼儿的测试，特别是学前儿童的测试，我们给予了特别的关注。这些关注涉及残疾婴幼儿的需求与重视识别和服务这些儿童的多个法案。

本章将要介绍一些儿童评价的方法，其重点在于关注儿童的未来、如何使用评价以及评价应如何更好地为儿童服务等方面。评价的原则包括描述评价如何使用以及评价的特征等。这些多样化的评价方法也可称为评价体系，将其进行整理，便可为评价提供全面的规划。本章将会对综合评价体系的要素进行描述，接着会介绍如何利用评价结果等内容。

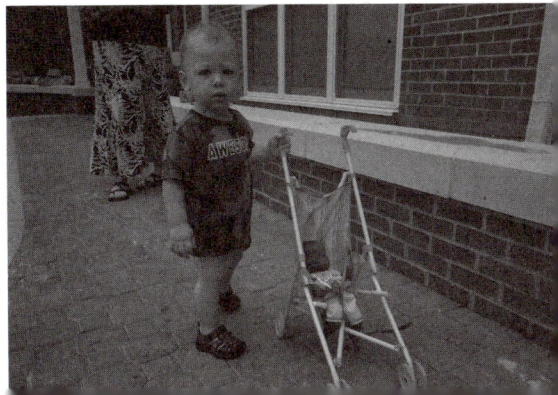

儿童评价使用的原则

评价的发展进程是循序渐进的。这意味着在儿童评价的发展历史中，每个阶段都有许多方法，这些方法至今仍被使用。尽管现在针对何时及怎样使用某些方法存有争议，但正如第一章中所讨论的那样，所有的努力都多少与获悉儿童的发展和学习有关。本章对该部分进行了讨论，旨在强调因为评价儿童而产生的一些问题，同时也为实现该程序中更高的目标而设立了标准。也就是说，不是用新方法取代已有的方法，而是阐释如何最有效地运用它们，以满足儿童的需要。本部分一开始会整体概括最佳的评价方法的标准，然后具体地描述如何使用评价方法来促进儿童的发展。

评价所有儿童的一般原则

评价应使用多方面的信息资源

无论我们使用什么方法进行评价，仅仅使用一种评价方法是不够的（Elicker & McMullen，2013；Greenspan & Meisels，et al.，1996）。每种评价方法都存在优势和不足，而且对于想了解的儿童使用一种评价方法只能了解某一方面。我们可以利用各种策略从不同的角度了解儿童发展和学习状况的全貌（Feld & Bergan，2002）。对于婴儿和学步儿来说，同时运用几种观察方法优于只运用一种观察方法。而且，把父母对儿童的了解及看法都融入到其发育过程中的观察，可以为我们提供一个更全面的儿童发展的概貌。对儿童进行评价应该是有意义的，并且应该关注他们的发展、兴趣和学习方式（Elicker & McMullen，2013）。我们应该在不同的环境下对儿童的发展情况和行为进行观察（Caspe，et al.，2013；Gonzalez-Mena & Stonehouse，2008）。

玛拉·拉森（幼儿教师）

玛拉·拉森（Mara Larson）班里的幼儿喜欢参加每天数学课后的中心活动。他们并不知道什么时候玩计数和数字游戏，玛拉正在评估他们的进步。例如，当他们学习数字符号时，在第一个游戏中，玛拉会在课上要求他们用计数器把标有1~10的数字的物体放到相应的数字卡的下方。在第二个游戏中，幼儿轮流掷骰子，算出总和后选出正确的数字。第三个游戏是玩一个可以旋转的游戏板。当幼儿转动游戏板的轮子后，要说出停下时指针指着的数字。玛拉刚开始带着几个组的幼儿玩数字游戏，后来她发现他们掌握了这个数字游戏的玩法，就让他们自己玩。玛拉继续带着那些在玩游戏时有困难的幼儿玩。当幼儿上数学课时，她也会继续观察，并且安排一些可以为评价服务的任务。

对于一些已经入学的年龄较大的儿童，学习成绩变得很重要。幼儿和学龄儿童应该能在不同的场合运用不同的方式展示所学的本领。我们应该利用各种方法评价儿童的学业成绩，并确保评价结果能准确地反映他们的成绩（Greenspan，et al.，1996; McAfee，Leong，& Bodrova，2004; National Education Association，1994; Shepard，1989; Wiggins，1993）。

评价应对儿童有益且能改进学习

评价儿童的目的是确定儿童的发育是否如预期那样，或儿童是否表现出发育迟缓的迹象，如发育迟缓则进行一定的介入和帮助。因此，评价的目的是使儿童受益。对儿童的适当评价是基于他们的强项和能力的，而不仅仅是基于他们不能做什么（Moreno & Klute，2011）。

当儿童入学后，如果评价不能考虑他们的需要和兴趣，就会产生负面的作用。正如我们在本书中其他地方所谈及的那样，进行考试有时是为了确定儿童能否入学或升入高年级。在小学低年级，通过考试可以确定儿童一学年的成绩。只有当我们利用考试来确定儿童的进步并根据他们取得的成绩来实施合适的教育时，考试才会有益于儿童的发展和学习。此外，这些考试如果仅仅是用来评价学校而不是要为儿童服务的话，那么这样对儿童也没有好处，也就不应该进行这些考试。无论利用什么策略进行评价，我们都应关注那些有利于引导儿童，并可以提高他们的学业成绩的信息（Copple & Bredekamp，2009; Guss，et al.，2013; Wiggins，1993/1998）。

格洛丽亚·富恩特斯（学步儿教师）

入学几周后，格洛丽亚·富恩特斯（Gloria Fuentes）的班里仍有两名幼儿很少说话。格洛丽亚怀疑他们的语言能力有问题。她想要与两名幼儿的父母见面，希望他们能帮助自己评估幼儿的语言能力。与两家父母谈话后，格洛丽亚发现其中一名幼儿在家里很喜欢说话，但是在学校里就会很害羞并且做事会迟疑不决。另一名幼儿的家庭不说英语。在与两名幼儿的父母讨论后，格洛丽亚理解了幼儿的语言需要。所以，她采用不同的方法来帮助两名幼儿更多地使用语言。对于第一名幼儿，格洛丽亚每天都给予他更多的关注和情感支持，确保幼儿充满自信且足够大胆，敢于在课堂上讨论。对于第二名幼儿，格洛丽亚则给予他更多的机会，使他能每天在课堂活动中学习和使用新的英语单词。

评价应考虑儿童和家庭两个因素

家庭在评价中发挥着很重要的作用。儿童不能理解自己的发育过程，但父母能提供关于儿童发育过程的主要信息。尽管考试能考查儿童的发育情况，但是父母对儿童的了解对于我们真正了解儿童的发育特征是必不可少的（Darragh，2009; Popper，1996 ; Rocco，1996）。看护人员与父母之间的关系应该是协作性的，所有的参与者都对提供儿童发展的信息做出贡献并分享他们的观点，这增加了他们对儿童的认识（Elicker & McMullen，2013）。

学前、幼儿园和一年级的儿童能理解自己知道什么、能做什么。这种能力随着儿童年龄的增长而提高，但是父母的适当介入也很有必要。儿童进入小学低年级时，其自我评价能力有所提高。他们可以评价自己的发展，并且在如何更好地**掌握学习**（mastery learning）目标上有发言权。评价不是让儿童被动地接受，而是需要他们积极地配合。

评价对所有儿童应该是公平的

在第一章中，我们指出很多测验对于身处多元文化和语言环境下的儿童来说是不适宜的。此外，教育工作者必须准确、公正地对残疾儿童进行评价。因为测验并不能反映出儿童的文化和语言背景，所以必须采取其他更为有效的方法对这类儿童进行评价。正如前文提到的，评价方法的多样化能够克服使用单一方法或测验的局限性。负责评价的人必须对其局限性保持警惕，并能够通过使用其他测验的方法来获取所需要的信息。警惕测评方法的局限性，对于身处多元文化和语言环境下的儿童，或能力超出正常发育范围的儿童来说，是尤为重要的（Barrera，1996; Genishi & Dyson，2009; Goodwin & Goodwin，1993）。对于身处多元文化和语言环境下的儿童进行评价的建议包括如下几个方面。

- 运用适用于多元文化和语言的评价工具。我们需要思考儿童熟悉的术语、图片和物品能否用来进行评价？这个工具是否在儿童的母语环境中使用？
- 对于标准化的工具，我们要查看测验手册，以确保该工具的标准化，并确保工具适用于测验所需的儿童样本。
- 如果儿童表达和理解英语的能力存在不确定性，那么在对儿童进行评价之前，我们应该先进行语言能力测验，以确定他们能否熟练地表达和理解英语。
- 对于母语不是英语的儿童或者那些英语学习者来说，我们可以用他们的母语对他们进行评价，以便对他们的发展有一个正确的理解。
- 如果评价在儿童的母语环境中是不可用的，那么要有一个经过培训的翻译人员来对评价进行协助。翻译人员作为儿童母语的发言人，至少应该熟悉测评工具中的关键术语和使用该测评工具的过程。
- 与儿童的家庭成员进行交流，以了解更多的关于儿童的背景信息和发展情况。（Espinosa & López，2007 ; NAEYC，2009）

同样，对残疾儿童的评价应该在发展、文化和个人的层面上适合他们。对这些儿童的评价常常与对儿童接受特殊服务的资格的判断相联系。此外，评价信息可以告知专业人员有关婴幼儿（发育迟缓或有其他特殊需求的婴幼儿）所需的早期干预服务的类型，以及年龄较大的儿童的教育需求。因为家庭伙伴关系对于了解潜在的残疾儿童的优点和需求是至关重要的，所以美国联邦法律要求家庭参与评价过程。为了了解残疾儿童的情况或发育迟缓的儿童的经历，评价工具应根据这些情况进行调整。例如，如果儿童有运动困难，那么使用涉及运动部分、健康记录、父母投入和观察的标准化工具来收集评价信息便是相当重要的。评价信息是通过多种渠道收集的，用来确定儿童目前的能力及接下来应该做什么（DEC / CEC，2007）。

玛吉·菲利普斯（一年级教师）

玛吉·菲利普斯（Margie Phillips）的班里有两个男孩在抄写黑板上的内容时有困难，无法成功完成黑板抄写任务。玛吉认为男孩上课时注意力不集中；她找到孩子的父母并建议他们咨询专业人士以确定孩子是否有问题。父母带孩子到当地大学参加儿童早期诊断测验。评估后，专家叫来玛吉，并解释了孩子的困难在于把黑板上的信息誊写到纸上。当要在纸上写出黑板上的信息时，他们记不住这些信息。两个孩子都需要教师把黑板上的信息誊写下来作为材料，再放到桌子上供他们参考。尽管玛吉认为没有必要为了两个孩子改变自己的教学方法，而且这样做可能会显示出对这两个孩子的偏心，但她仍然接受了专家的建议。当她尝试着把信息誊写下来供两个孩子参考时，她惊讶地发现他们在完成任务上有了很大的进步。

儿童评价的原则

我们在前文介绍了评价儿童的原则，所以接下来我们可以进一步说明这些原则如何适用于儿童。儿童评价的原则不仅与评价儿童有关，而且对评估的方案和质量也有影响（Epstein, et al., 2004）。在儿童发展的早期，对儿童发展的评价是重中之重。美国幼儿教育协会呼吁，评价要能反映儿童是如何成长和学习的。儿童评价是通过一系列的原则来描述的，具体内容如下。

- 评价儿童的进步和成就是持续性的、战略性的和有目的性的。评价的结果可让教师用来总结计划和实施经验，并与儿童的家庭进行沟通，进而评估与提高教师教学和方案的有效性。
- 评价关注儿童的进步以实现具有发展和教育意义上的目标。
- 教师通过收集、理解和使用评价信息来指导课堂教学。教师利用这些信息来规划课程学习经历，并时刻与儿童互动。也就是说，教师为了提高教与学的水平而不断进行评价。
- 评价方法要适合儿童的发展状况和经验。这些方法可以识别儿童的个体差异，并让他们以不同的方式表现自己的能力。因此，适合儿童的课堂评价内容包括教师对儿童的观察结果和儿童在真实活动中的表现。
- 评价不仅要观察儿童可以独立做什么，而且要观察他们在成人或其他幼儿的帮助下可以做什么。因此，教师要评价儿童参与团体活动和其他提供学习支架的活动的情况。
- 除了教师的这种评价以外，家庭和儿童参与评价也是评价的一部分。
- 评价要基于特定的目的，并提供可靠和有效的信息。
- 教师和家长做出对儿童有重大影响的决定，如入学或安置，不是根据单一发育评价或筛查测验的结果，而是基于多种相关信息，包括教师和家长通过观察儿童和与他们互动得到的信息。
- 利用筛查或其他评价方法来确定可能有特殊学习或发育需求的儿童时，我们应进行随访、评价或建议转诊。家庭成员应该提供关于儿童发展的重要信息。

美国幼儿教育协会提倡根据不断变化的儿童发展需求确定适当的评价方法，并采用促进儿童发展的方式进行评价。在接下来的章节中，我们将讨论如何对儿童进行适当的评价。

如何评价儿童

本章的前半部分讨论了衡量和评价儿童的原因以及进行评价的各种方法。如果想要非正式地衡量儿童，那么我们可以通过观察儿童在游戏场景中的行为来发现儿童的特征。儿科医生可以在检查期间通过观察儿童走路来确定他们是否发育正常。用类似的方式，教师可以通过儿童的玩耍来观察他们如何使用语言。一名二年级的教师编制了一套减法问题来评估儿童是否掌握了相关的数学能力，这也是一种使用**非正式评价**（informal assessment）的方式。明德斯（Mindes，2011）认为，观察是收集关于儿童发展的信息的一种方法，是一种非正式评价。图 2-1 为对儿童的观察。

观察（1）　　　　　　　观察（2）　　　　　　　观察（3）

图 2-1　对儿童的观察

正式评价（formal assessment）是使用标准化的工具对儿童的发展情况进行测量和评价。这些措施是由专家设计的，然后在大量儿童中试用，以确保工具的可靠性和有效性。这一过程确保了教育工作者可以相信每次儿童测验所获得的信息。这种测验被称为标准化测验，因为它有特定的管理程序和标准可用来判断儿童的表现，且已经被证明是可靠的和有效的。

我们为什么要评价儿童呢？最简单的原因是为了解他们的发育情况。儿童出生后不久，儿科医生或**产科医生**（obstetrician）会利用《阿普加量表》（Apgar Scale）（Apgar，1975）对儿童进行评估，以检查其身体是否健康。因此，父母、医生和教师会定期通过测试和非正式评价策略来查看儿童的发育情况（Greenspan，et al.，1996；Wodrich，1984）。我们通过检测儿童体内酶的储存量对儿童的苯丙酮尿症（PKU）进行筛查。另外，我们可以进行一些关于囊胞性纤维症和先天性甲状腺功能减退的屏蔽实验（Widerstrom，Mowder，& Sandall，1991）。

如果儿童发育不正常，应该怎么办？如何利用评价方法来帮助儿童？近些年，研究人员、医学专家和教育者能够随着儿童年龄的增加采取对策，来解决儿童发育迟缓或影响儿童发育速度的问题。如今，各种各样的策略和仪器都被应用到评价中。**新生儿学专家**（neonatologist）对早产儿童做了全面的评价，以此来确定用什么方法提升儿童发育的可能性。我们还可以对儿童进行失聪和精神障碍的测试。有些儿童说话晚或不能正常说话，这时可以咨询病理学家。他们能评价儿童语言的发展并且设计各种活动来促进其语言的发展。

儿童发育专家可以记录儿童的发育情况，并在儿童发育不正常时确定治疗措施（Meisels，1996）。在学前阶段，我们需要评价和预测儿童在学习上是否会遇到困难。测验和其他方法用来检测儿童是否有学习障碍以及该障碍是如何影响他们学习的。当检测出问题时，我们应该制订一份计划，即尽可能及时运用适宜的手段帮助他们克服更多的障碍。儿童可能会有一些影响正常学习的问题，如视力障碍、听力问题或其他方面的残疾。所以，使用的评价措施应该能识别出问题。另外，测验结果也可以用来帮助教师确定哪种干预手段最成功（Greenspan，et al.，1996; Wodrich，1984）。

在幼儿园或更早的时期，儿童会出现不同类型的发育过程。父母或其他成人能观察到儿童的学习能力或超常的潜力。更正式的评估是使用一种可以进行正式观察的标准化测验，然后制订计划来促进儿童的发育，帮助他们发挥自身的学习潜力。

尽管在早期阶段就可以对有天赋的儿童的学习潜力进行评价，但是对大部分儿童的评价还是在学前班和小学时进行的。教育者希望能确定儿童的学习能力和需要，以及一些对儿童最有益的活动项目。非正式和正式的测验通常用来对儿童个体及群体进行评价，以确定儿童的学习内容和教师需要关注的弱项。非正式和正式的评价策略可以用来评价那些服务于儿童的项目，同时也能提供改进项目的建议。

发展过程中的风险评估

在萨拉（Sarah）6个月时，她未成年的妈妈放弃了抚养她。因为萨拉的爸爸没有站出来反对，所以后来她被安置在寄养家庭里。

被安置在寄养家庭之前，萨拉跟着妈妈住在外祖父母的家里。家里除了萨拉的妈妈以外，还有6个孩子，因为外祖父母很忙，所以他们为萨拉找了一个家庭护理员。

刚到寄养家庭时，每次寄养父母喂她吃饭时，她就大哭。她长时间坐着，神情茫然地发呆，对周围的人和玩具没有任何反应。她没有养成良好的睡眠习惯，而且夜里经常躁动不安。

儿科医生检查后发现萨拉营养不良，因为缺乏维生素，她的咽喉肿痛。《丹佛发育筛查测验》（Denver Developmental Screening Test）的结果证实，她在发育上比正常儿童要迟缓得多。

医生给她开了特殊的处方。寄养家庭中的所有成员耐心地教她吃各种食物，而不是她以前经常吃的巧克力、牛奶和谷物。晚上按时休息逐渐取代了她不好的睡眠习惯。她的寄养家庭成员花费很长时间陪她玩，跟她说话，教她玩各种玩具。

在11个月大时，萨拉的状况明显好转。她变得很聪明，吃得也很好，而且开始学会走路，会说一些简单的话。她所有的发育状况都在正常的范围内，这时她可以被领养了。

在一个使她获得较好的营养、良好的生活模式和促进她的认知、身体发育的家庭中，萨拉受益颇多。如果没有早期的干预，萨拉的发育会更迟缓或者随着时间的推移发育迟缓问题变得更严重。对于萨拉和她的寄养父母来说，萨拉适应这种寄养方式是很困难的。如果她不能顺利地适应寄养家庭，也许以后几年就要在不同的寄养家庭中度过，而不是在她现在的寄养家庭中，而且更可能在刚入学的前几年就出现学习较差的情况。

克服词汇和概念理解的局限性

4 岁的迈卡（Micah）在家中 7 个孩子中排行第六。因为父母都忙于工作，所以白天由祖母照看他和弟弟两个人。尽管迈卡的父母热情、有爱心，但他们微薄的收入远远不足以支撑家庭的基本需求。他们没有能力给迈卡买书和玩具等一些能促进孩子成长的东西。因为家人极少到周围的邻居家拜访，所以迈卡基本没有拓展自己对整个社区的了解的经历。

幸运的是，迈卡所在的州为 4 岁的儿童提供了一个项目，即儿童能从一个重视发展语言和认知能力的幼儿园小班获益。这个项目面向所有低收入家庭的孩子和那些在语言和认知能力方面发展缓慢的儿童。

应校区的邀请，迈卡的祖母带他到学校参加这个项目的测验。迈卡在测验中的表现表明他使用的有表达力的单词很有限，而且他根本不理解一些基本概念。8 月下旬开学时，迈卡和他的哥哥姐姐们一起去上学，并且会在幼儿园小班注册入学。

在这里，迈卡将可以玩迷宫游戏、拼图等，这些都将有助于他的认知能力的发展。在小班，教师每天都会讲故事和讨论一些有趣的事情，迈卡能看到各种类型的书籍。教师还会介绍一些能引导儿童认识形状、颜色、数字等其他内容的学习经验。这些都能为小学学习打下坚实的基础。

迈卡将和伙伴一起去那些能帮助他们了解自己所在社区的地方参观。他们可能会参观家具店、百货商店或面包店。有些来教室参观的人也可以帮助儿童增加对所在社区的文化和位置的了解。儿童能有更多的机会学习绘画、参加烹饪实践活动和讨论他们所学的新知识。他们可以讲述自己听故事、学习唱歌和做游戏的经历。迈卡在第二年升入幼儿园大班时，可以运用在小班时学到的知识和语言帮助自己顺利地与 5 岁的同龄人一起学习。

所有年龄阶段儿童综合评价体系的要素

教师不但需要了解各种各样的策略和工具及其使用方法，而且还需要实施评价的计划（Bowers，

2008；NAEYC，2005）。目前有许多评价体系，第九章和第十章描述了许多目前正在使用的评价体系。所有的体系大都涉及以下的内容。

儿童评价体系的要素

教师和护理人员参与记录儿童发展的过程。他们从与儿童的日常交往中收集数据，得到儿童的照片或个人资料。这套信息包括教师和护理人员与儿童交流的经历以及儿童家庭的信息。数据的分析结果有助于婴幼儿教师和护理人员了解儿童在不同时期所产生的变化。埃利克（Elicker）和麦克马伦（McMullen）建议，除了可以利用发展筛查的照片文档和结构化的评价外，我们还可以使用观察记录、日记和博客等（Elicker & McMullen，2013）。最终，发展性档案袋为了解儿童的全部信息提供了另一种来源。

逸事观察

日常事件构成逸事观察的基础。教师记录儿童的饮食、午休情况和每天中的亮点部分。这些观察信息需要教师每天记录。

杂志和博客

教师和父母发现，每周都有一份杂志寄往家里是有益的。杂志的内容包括活动报告、课程计划和儿童作品。父母也可以为杂志投稿。

照片文档

除了个人活动和成果的照片以外，我们也可以拍摄小组照片。埃利克和麦克马伦建议教师可以每周将班级活动制作成海报，与幼儿及其家庭进行分享（Elicker & McMullen，2013）。除了海报以外，照片还可以记录班级项目、特殊活动和旅行。例如，每天下午放学以后，路易斯安那的一个婴幼儿和学龄前儿童的培育中心，在父母来接自己的孩子时，都会在电视上播放当天的活动录像。

发育筛查工具和标准化评价

筛查工具包括更正式、更标准化的发育筛查测验。发育筛查工具为儿童的发展提供了参照。发育筛查和标准化评价可以提供诊断信息，以减少儿童的发育迟缓和残疾带来的风险。这些措施详见第三章。这些可靠的和有效的工具有助于为儿童的发展创造一个完整的图景。

发展概况

关于儿童的发展概况的数据来源众多。这些数据描述了一段时间内儿童的发展和学习情况。本部分讨论的数据在儿童的个人资料中发挥着一定的作用。表 2-1 给出了一个发展概况的案例。

档案袋

许多评价材料和文件可以组成一个档案袋，全面记录儿童的发展情况。这一策略对于教师和家庭都是有益的。

表 2-1   发展概况

姓名：奥德丽（Audrey）

年龄：3 岁

身体发育：大肌肉群和小肌肉群的控制以及感官材料的使用

奥德丽活泼好动，喜欢攀岩、跳跃和跑步等活动。在最近的生日聚会上，奥德丽观察了各种各样的放大的建筑物，并试图应用一种为大龄儿童设计的结构。她也喜欢触摸，如玩黏土和手指画。

社会情感发展：将与他人互动的能力情境化，并表现出对他人的同情以及演示情绪管理

奥德丽在进入新的环境时非常自信。她从两岁起就开始参加关于母亲节的学前班课程，她一开始很高兴来到学校并去了她的教室。她在可接受的社会行为中表现出一些困惑。她的老师评论说她表现得很粗暴，并且会推搡其他孩子。奥德丽了解到，在尝试成为一个游戏伙伴或进入一个游戏小组时，推搡其他孩子是无用的。当需要"内部声音"、教师及其家长教授时，她很兴奋，有时在教室里或家里尖叫。

认知发展：问题解决、创造性表达和认知水平的发展

奥德丽已经为其戏剧和认知活动制订了计划。有一次在家里，家人给了她一朵正在掉落花瓣的玫瑰。她闻了闻玫瑰花，摸了摸花瓣，然后把它们从茎上摘了下来。首先，她弄了一堆花瓣，把它们从一个地方移到另一个地方。其次，她把这些花瓣放在玩具车的后面。几分钟后，她又把花瓣带进游戏厨房，放在炉子上的锅里。最后，她拿起花瓣放进她的玩具马车里。游戏结束时，她的祖母接过花瓣，说："这些都没用了。把它们扔掉吧。"她坚持要把马车和花瓣放在外面。她没把马车上的花瓣拿走，而是把它们放进车里带去餐馆。她已经理解了分类的含义。在学校，教师给了她一个装满各种衣夹的小水桶。她很快把相似的放在了一起。

语言和识字能力的发展：有效地使用语言与他人交流，喜欢纸张

奥德丽能说出有三四个单词的句子。她可以问简单的问题和回答问题。她的家里有许多书，每晚睡觉前她都要读。在学校，她喜欢和其他同学一起听故事。她有时选一本书自己看。

自我帮助和个人护理技能的发展

奥德丽最重要的自助技能是自己如厕。她在第一次成功使用小厕所得到表扬后，她就一直想上厕所，并重复这一行为。在成功后的最初几天，她不时地发生状况，但这些技能每周都变得更加稳定。她可以用叉子和勺子，但有时当食物较难处理时还是会戳到手指。她对自己穿衣服没有表现出兴趣，但父母不断鼓励她穿衣服。

总   结

奥德丽很快乐。当一家人坐在车上时，她哼唱着在学校里学到的歌曲。据她的母亲说，她现在正在适应有了一个新的弟弟的情景，偶尔也会进行情景表演。她喜欢去不同的地方，如动物园，并且喜欢玩耍、约会。她喜欢自己的大家庭，经常与堂兄弟姐妹聚会。她期待着在母亲节的活动中参与到 3 岁孩子的团体中。

儿童评价的策略

标准化测验

设计标准化测验，是用来评估个体的特征的。这种测验可以针对个体或群体实施。实施标准化测验的目的是评估能力、成绩、天资、兴趣、态度、价值观和个性特征。其结果可以用来设计教学计划，研究个体和群体的差异，或者用于咨询和指导。

课堂评价策略

标准化测验并不是唯一可以用来评估儿童的工具。各种类型的非正式工具和策略也可用来评估儿童的发展和学习情况。

学区一般采用当地教师或教职员工研制的测验和评估策略。在幼儿教育项目中，学校在入学登记时会采用非正式的筛查测验来确定学前儿童的教育需求。同样，语言教师可能会使用简单的筛查测验来评估儿童的语言发展情况和可能存在的语言障碍。

观察。通过观察来了解儿童的个人特征，是最有效的方法。在自然状态下比在设定好的评估中能更清楚地观察到幼儿的发育特征。成人通过观察儿童在个人或群体活动中的学习和玩耍情况，能够全面地判定儿童的发展状况（Segal & Webber，1996）。儿童在游乐场中玩游戏显示出来的亲社会能力的迹象表明了他们在社会性方面的显著发展。儿童尝试平衡一个天平两端的物体的过程能揭示其认知发展的情况。成人可以观察儿童使用运动器械的情况，以判定其身体发育状况。因为儿童只有通过积极地参与周围世界的活动才能学好，所以通过观察儿童参加活动的情况来评估其学业成绩是最为适宜的。观察记录可以用来设计教学方案，汇报儿童在各个领域的发育状况，甚至可以记录儿童有没有掌握学前课程目标。观察是评价系统的一部分。

教师自主设计的测验（teacher-designed test）。教师总是用自己设计的测验来评估儿童的课后学习状况。教师甚至可能使用具体的任务和口语问题对儿童进行非正式评价。教师经常会把评价和教学或学习经验联系在一起。各种活动和游戏都可以用来教学和评价儿童所学的内容。评价也可以通过学习中心或作为教师主导课程的一部分来开展。尽管纸笔测验也是教师主导的策略，但是应该在儿童能对读写应付自如时使用这种策略。

检核表（checklists）。在学前、小学和初中阶段，教师可以使用儿童发展检核表或其他形式的学习目标序列来对儿童进行评价。检核表通常作为一个能力**范围**（scope）或**技能序列**（sequence of skills）被提及，主要列举了在特殊年龄阶段、各年级水平或各个内容领域的学习和发展目标。大多数检核表是标准化的，其他由当地教师或学区研制的检核表是非正式的。

我们可以从很多的渠道获取技能序列的内容。教师或学区可以给每个年级分发检核表。教科书出版商通常会在教师选择的教科书中将技能序列编入教学指导。如今美国各州的所有学区使用的目标都是教育代理商出版发行的。

评定量表（rating scale）。评定量表和检核表相似，都包括基于学习目标或其他因素的评价标准。两者主要的不同在于评定量表提供了连续的评价标准，检核表的条目包括肯定和否定的答复。评定量表有很多的用途，尤其是当教师需要一系列可以获得准确信息的标准的时候。

评价量规（rubric）。评价量规可以用来评价真实性评价和表现性评价的效果。它们包括像评定量表之类的标准，具有可以用来评定素质或分配等级的指示物。评价量规通常用于档案袋评价，但更适合不属于档案袋评价的表现性评价。

表现性评价和档案袋评价。一些其他形式的非正式评价集中在更为有意义的学习评价类型上，有时叫作表现性评价或真实性评价（Goodwin & Goodwin，1993；Wiggins，1993）。这些评价会使用一些策略，允许儿童展示他们自己对技能或概念的掌握或理解情况。评价可以采用教师主导的**面谈**（interview）的方式。教师在面谈中与儿童的对话可以显示出儿童的想法和理解情况。其他方式主要包括游戏、指令式任务或与某个项目相关的活动。

记录学生发展情况的学习结果评价或真实性评价的过程，从某种意义上来看，也是为了交流学生学习和发展的情况。传统的成绩单和标准化测验的结果不一定能准确反映学生的发展情况。涉及学生作品样本的档案袋评价是一种能展现学生发展情况的评价，并且与结果导向的评价相兼容。关于学生发展的详细叙述或**叙述性报告**（narrative report），能够帮助教师描述可以让学生取得优异学习成绩的活动的本质。

技术导向的评价。21 世纪的幼儿教育者已经开始使用电脑软件或其他技术来进行评价了。技术评价的途径之一就是借助**评价软件**（assessment software）。通过电脑软件得到的评价是可以变成书面评价的，像阅读或数学题检核表以及一些和特殊课程相关的评价。其他软件可用来设计活动和制订课程计划或者持续地修正评价工具。

我们从网上也能找到与评价相关的资源。我们在电子学习管理中收集、分析和汇报学生学习的发展情况，记录学生的学习成绩，并为以后的学习目标和活动制订计划。这种评估管理使用网页的形式。通过电子学习管理，父母、教师和管理者能了解到幼儿学习的信息状况以及评估导向的课程设计。

技术评价的途径之二是依靠智能解决方案。该计划与共同核心研究所合作，以解决 K-12 的课程、教学和评估的问题。这些技术评价的途径只是在《共同核心标准》下出现的商业软件评估公司所利用的两种。

利用评价结果进行教学和评价教学计划

在本章的前面部分，我们已经讨论了 21 世纪需要的各种各样的评价，还讨论了全面的评估系统的构成。现在我们来总结如何和何时使用评估系统。这项讨论只涉及学前和一年级的儿童，而不涉及婴儿和学步儿。为了与评价应让儿童受益并改进他们的学习的前提保持一致，贯穿整个学年的全面评估的三个主要目的包括设计教育策略、汇报儿童的发展情况和评估整个学年的课程。

利用评价结果来设计教育策略

如果评价应让儿童受益，那么学前和小学低年级的评价就应该与学习经验及教导有关。要想公平、公正和真诚地对待所有儿童，就应该采纳多种类型的策略，以全面地了解每名儿童的发展和需要。教师可以选择一些与所需信息相关的评价方法，利用评价结果设计课程和教育计划。教师应关注个体发展的程度和学习情况，并努力解决个体差异的问题。课堂上的活动和通过教师的指导而开展的学习活动，不仅反映了学校确定的课程目标，而且反映了如何最大限度地让每名儿童完成这些目标的内容。

利用评价结果来汇报发展情况

表现性评价可以提供更广泛的关于儿童发展的信息。正如我们需要使用多种评价策略来对儿童进行评价一样，应用这些评价策略可以帮助我们汇报儿童是如何成长的和他们学到的东西。如果评价策略很全面，那么汇报儿童发展情况的方法也应该很全面，而且可以提供一些事例表明儿童是如何成长和发展的。父母从报告中只能获取一些有限的信息——把学前儿童分为正常的、超常的和有缺陷的。关于儿童发展情况的报告（无论针对学龄前儿童还是小学低年级儿童），一般是呈现儿童全面发展的概貌，而不是简单地介绍儿童的发展情况。

利用评价结果来评价教学计划

评价过程包括对教师指导的有效性的评价以及儿童使用教材和参加活动的评价。教师可以运用评价信息来判断教育策略对儿童学习新概念、新技能是否有用，或者看看是否需要采用新方法。教师可能会针对教育是否成功提出如下问题：儿童对活动和教学材料是否感兴趣？通过教学活动，儿童能否更深入地理解概念？活动时间是否合适？是太长还是太短？应做出哪些改变来改进活动的效度？

获得这一评价反馈形式以后，教师可以证明评价不应只看重儿童的学习成绩，而应多关注儿童是如何发展的以及教育在其发展中发挥了多大作用。如果儿童需要额外的机会来获取信息和技能，教师关于多样化的活动类型的考虑将有助于实现这一目标。概念是否应该被纳入不同的活动类型中？或者是否应被列入一个包括新方向或关注点的序列中？儿童需要很多的机会来学习新技能。在新环境下遇到一些新概念时，我们要提供一些有意义的理解途径让他们使用所学的能力。

环境评价

在讨论教学计划评价时，幼儿的发展是**教学目标**（instructional objective）的一部分；尽管如此，我们也对教师进行了评价。对环境的评价也会表明教学计划对幼儿的服务效果。对室内环境和室外环境均可进行评价。环境评价量表用于评价室内环境中的要素以及教师在其中的作用。《幼儿评定量表（修订版）》（Early Childhood Rating Scale, Revised Edition）（Harms, Clifford, & Cryer, 2005）和《婴幼儿环境评定量表（修订版）》（Infant/Toddler Environment Rating Scale, Revised Edition）（Harms, Cryer, & Clifford, 2006）适用于环境评价。师范学院出版社有印刷版，布拉纳信息集团持有电子版（ERS Data System, 2009）。

《课堂评价评分系统》（Classroom Assessment Scoring System, CLASS）是由弗吉尼亚大学高级教学研究中心开发的。这是一种用来观察教师的评价工具，可以用来衡量课堂师生互动以及有效的教师互动与学生成绩之间的关系。高级教学研究中心的研究表明，《课堂评价评分系统》能提供课程、学校和地域中与教师表现有关的可靠有效的数据（Rector and Visitors of the University of Virginia, 2013, p.2）。具体内容如下。

- 形成跨学科领域和年级的有效教学实践的共同语言。
- 帮助教师更好地理解他们在课堂上的互动是如何影响学生学习的。
- 提高教师与学生互动的有效性。

目前《课堂评价评分系统》有学步儿、K-3 和学前三种形式（LaParo, Planta, & Hamre, 2012; Pianta, LaParo, & Hamre, 2013; Rector and Visitors of the University of Virginia, 2013）。

国际儿童教育协会的《全球指导性评估》是一个评价幼儿保育情况和教育环境的国际评价工具，是为那些希望评价其学前教育计划或需要发起新项目的技术援助的新兴国家而设计的。该工具形成的基础是 1999 年在瑞士苏黎世举行的一次研讨会上由 80 名儿童专家代表 27 个国家所制定的全球准则。基于准则的评价工具草案于 2000 年在讲英语和西班牙语的国家发布，随后在 5 个国家试行。此后，《全球指导性评估》在各个国家试行了两次，当前正用于测量和改善儿童教育项目的质量（Barbour，et al.，2004；Rentzou，2010；Sandell，et al.，2010；Hardin，Bergen，& Hung，2013）。《全球指导性评估》目前在官网上有 11 种语言版本。

学年期间如何实施对学龄儿童的评价

我们在前文提到评价应贯穿于整个学年。在这个部分，我们将描述评价如何从学年初持续到学年末。针对汇报周期的周期评价是发展性评价的补充。

预评价

当教师每年接手一群新生时，其首要任务就是了解个体差异和判断儿童的当前发育水平。儿童的发育速度有所不同。儿童在成长过程中，每个领域——身体状况、社交能力、认知能力和语言发展——都存在着差异。儿童的发育发生在生长期，并且有段时间会滞后。教师可以通过观察、检核表、与儿童及其父母讨论来判定儿童的发育程度。这种最初的评价为教师设计学习活动提供了依据。评价过程中的这一步骤也叫作**预评价**（preassessment），因为教师开展评价时要基于个体需要确定课程计划。

发展性评价

发展性评价贯穿于整个学年中。在班级集体上课、活动和对儿童游戏的观察中，教师可以注意儿童的发展情况和阻碍其发展的障碍，并把这些信息记录到**逸事记录**（anecdotal record）或其他记录系统中，以便利用它们来制订课程计划。

教师在实施发展性评价的过程中也可以使用**形成性评价**（formative assessment）和**总结性评价**（summative assessment）。形成性评价是教师使用的一种策略，主要通过一系列的学习活动来观察儿童在掌握信息或技能上是否有发展。总结性评价在学期结束时用来确定儿童是否掌握了相关信息或技能。

教学周期结束时的评价

总结性评价用于教学周期中的期末评价，以此确认儿童掌握信息或技能的情况。总结性评价可以确保儿童理解教师所教授的概念，也是教师进入下一教学阶段的必备条件。

汇报周期结束时的评价

一般来说，在一段持续几个星期的学习周期后，教师会对儿童的发展情况和成绩进行评估。此时，教师记录儿童这段时间的发展情况，以便为下一阶段做计划。因为教师会将某种类型（口头或者书面）的报告在汇报周期结束时交给父母，所以教师可能会在其中收集儿童的作品以及关于儿童发展的总结。除了观察儿童以外，教师还会通过特定的任务来记录儿童对知识和技能的掌握情况。教师可能会与儿童面谈，看看他们能否理解和运用在课堂中所学的知识。另外，儿童还可以进行自我评价，父母也可以描述他们对于儿童发展情况的观察结果。

学年结束时的评价

最完整的关于发展情况的评价和汇报会在学年结束时进行。这时，教师需要在汇报期间总结儿童的发展情况。在有些机构中，这种总结性评价在学期中和学期末进行。教师可以用多样化的策略来评价儿童的发展情况，包括针对不同内容设计的评价、标准化测验、自我评价和书面的考评手册。正如本章后半部分讲到的，当评价儿童在本学年有哪些发展时，我们应将各种可能性都考虑在内。在许多学区，这种总结性信息将会交给儿童的下一任教师，作为儿童下一学年的首次评价信息。

应对挑战及评价标准

本章重点研究如何评价儿童及评价的目的。在本章，我们将考查学校、州和国家的评价是如何对儿童产生影响的，尤其是学龄前儿童。

早期教育标准的发展

近十几年来，我们对儿童的评价用一种适宜的评价方法得以实施。基于标准的运动是20世纪后半叶美国努力改进公立学校运动的一部分。第一个标准是由美国数学教师委员会（the National Council of Teachers of Mathematics，NCTM），美国历史教育中心（the National Center for History in the Schools，NCHS）和美国英语教师委员会（the National Council of Teachers of English，NCTE）等组织提出的。20世纪90年代中期，美国所有中小学都实施了这些标准（Gronlund，2006；Seefeldt，2005）。这些标准的目的是阐明课程内容和提升学生的学习期望。

在评价标准发展的早期，儿童教育工作者没有使用该评价标准。由于年龄范围的广泛性和课程的多样性，人们认为很难为儿童确定评价标准。此外，儿童教育课程的组织类型有所不同，其功能也与公立学校不同。

当各州开始制定课程的评价标准时，也应当包括幼儿园及其他学校的学前课程。因为各州都有自己独特的评价标准，每个人也都与众不同。此外，各州的评价质量标准也不尽相同（Scott-Little，Kagan，& Frelow，2006）。各州的评价标准在《不让一个孩子掉队法案》的要求下成为问责制的一部分，并由美国幼儿教育协会和国际儿童教育协会等组织实施。

最近，大多数州都为学前儿童制定了评价标准。许多州也为婴幼儿课程制定了评价标准。该评价标准针对课程内容，给儿童的关爱教育项目指明了方向，尤其是公共课程。建立并致力于早期教育标准，会使我们受益无穷。首先，早期教育标准促使教育工作者了解儿童的学习潜能，帮助我们提高儿童教育课程的质量。其次，早期教育标准为不同年龄阶段的婴幼儿确立了明确的期望值，指导儿童就成绩问题进行沟通。最后，早期教育标准要求将儿童的发展、成绩和课程质量纳入问责制（Gronlund，2006；NAEYC，2012）。

评价儿童是否符合标准时面临的挑战

早期教育者如何使幼儿评价符合国家标准中的期望和问责要求？本章描述的发展适宜性评价的原则与早期教育标准所需的评价一致吗？如果一致，教师将面临承担更多的责任和培养学生的技能的挑战（Oliver & Kulgman，2006）。这些标准要求教师对如何评价幼儿有一定的目的和策略。在教学和评价计划中，教师需要清楚地建立学习经验和标准之间的联系。这些标准将需要整合到现有的已被证实的高质量的幼儿课程和评价中。否则，教师会发现自己正在限制课程、依赖于直接教学法和使用不适宜的考试方法（Cress，2004；Gronlund，2006；Oliver & Klugman，2006；Rosen，2012）。

印第安纳州对标准的评价

一位印第安纳州的大学教授打算把真实性评价应用到研究生的教育中。她打算与学生讨论如何将真实性评价整合到符合州级标准的评价中。学生积极地交流自己的观点。他们告诉教授，他们以前都是参加工作表式的考试，而且自己的回答基本上都能接近正确答案。这些是幼儿园评价阅读标准和数学标准的主要工具。

资料来源：Cress, S.W.(2004).Assessing standards in the "real" kindergarten classroom. Early Childhood Journal,32,95-99.

学前教育中的《共同核心标准》

《共同核心标准》的发展详情见第一章。该标准的发展得益于在所有州内实施一套标准，而不是在不同的州内采用不同的标准。因为《共同核心州立标准》（*Common Core State Standards*）涉及幼儿园的幼儿，所以幼儿教育专家受到了影响。虽然低于幼儿园水平的幼儿教育项目并不包括在内，但是幼儿教育专家及教育工作者很担忧学前教育法案的实施情况。

一个担忧是《共同核心标准》只包括语言、语言艺术及数学，并不包括社会和情感发展以及体育和运动发展。同样，创造性表达和思想表达也不包括在内（NAEYC，2012；NAEYC & NAECS/SDE，1992）。

另一个担忧是，该标准是否会导致学前教育课程减少对发展适宜性实践的重视。该标准会强制幼儿园开展更适合较高年级学生的教学实践吗？该担忧可追溯至 19 世纪 80 年代，当时公立小学的学前班正在扩招。其问题在于幼儿园是否将对小学低年级开展更多的发展实践产生一定的影响，或者小学低年级是否将推动幼儿园开展更多的学术教学实践（Copple & Bredekamp，2009；NAEYC，2012；Nemeth，2012）。

美国幼儿教育协会在《共同核心州立标准：幼儿教育的警示和机会》（the Common Core State Standards: Caution and Opportunity for Early Childhood Education，2012）中提出了《共同核心州立标准》的内容。除了为强调幼儿教育的特点提供机会外，我们可以鼓励幼儿教育专家与基础教育专家一起共事，以便对《共同核心州立标准》的实施产生更深远的影响（Meisels，2011；NAEYC，2012）；可以鼓励教育专家将上述《共同核心州立标准》的相关目标应用到以教师为主的评价策略中（Ferguson, Green, & Marchel，2013）。

评价环境中的儿童工作指南

当教师和其他专业人士评价婴幼儿时，他们尤其需要考虑与低幼阶段儿童合作的特殊要求。他们需要持续性地关注评价所有儿童时所需的职业道德，并对通过评价所获得的信息和评价结果保密。父母应了解评价的原因结果（Darragh，2009）。儿童的注意时间较短，而且容易分心。教师和其他专业人士可以从以下的指导方针中受益。

- 与家庭建立联系并在获得家长的许可后开展评价工作。
- 评价前备齐所有材料，并审核相关程序，以便于管理评价。
- 如果可能的话，须确保在评价过程中儿童能够熟悉评价环境。对于低幼阶段的儿童来说，评价环节也可在儿童各自的家庭中进行。对于进入一个环境的儿童来说，如果已经给予儿童足够的适应学校环境的时间，其评价结果将更为准确。测验管理者也应与儿童相互熟悉。
- 开始评价环节前，与儿童建立一种密切的关系。教师要与儿童进行交谈或向其介绍一种玩具。一旦儿童觉得安全和放松，第一项评价任务才能开始。
- 注意关注儿童的疲劳现象或行为。当他们出现疲劳现象或行为时，这表明他们不再对评价任务做出任何反应。这时候可以让他们休息一段时间，尤其是对于低幼阶段的儿童来说，要确保在评价环节继续开始前让他们有充分的放松时间。
- 有效地利用评价时间。不应催促儿童，但是布置评价任务可以稍微延迟，同时留意儿童的注意力。
- 考虑到评价对残疾儿童的适应性。同时，考虑到评价在管理标准化测验的要求下的适应性。如果允许使用可替代性程序，那么就允许儿童对同一种测验项目做出不同的反应。但是必须要时刻注意不能改变测验项目的原本意图以及所允许的合适和正确的反应类型。

评价阿姬的概念知识

　　6 岁的阿姬（Aggie）上融合班的一年级。所有儿童均要参加基本概念的测验，并在测验过程中对给出的 3 张图片标出正确答案，以识别出教师讲授的概念。由于阿姬的体力状况影响到她的精细运动发展，因此她不能够拿起一支铅笔或蜡笔，或不能够在测验文件上做记号。对此，她的教师可以用口头的形式进行测验，并要求她指出哪个图片是正确答案。阿姬指出正确答案较为困难，因此教师可以对她展示一些图片，但仅此一次，并要求她指出与其描述的概念相匹配的图片。

总 结

　　我们要能够评价儿童多方面的成长和发展情况。从多角度研究儿童的专家已经提出了两种评价方式，即正式评价和非正式评价，并且这两种方式可适用于新生儿和幼儿。医疗职业成员、心理学家、教育家和父母都想知道儿童是否正在以一个正常的速度发展。如果儿童的发展出现问题，我们可以采用相关测试和其他评价方法，研究儿童并采取早期干预措施最大限度地解决儿童的发展问题。

　　我们在新世纪研究幼儿的问题时，需要考虑如何才能最大程度地利用评价方法。考虑到考查儿童时所遇到的很多担忧和问题，评价工作应关注儿童的发展和学习需要。我们应该利用许多可用的评价策略。当我们将这些策略纳入一个系统中进行综合评价和汇报时，我们要明确每种评价类型的目的、优点和缺点。所有评价工作需要一个有意义的目的和方法，并与儿童的发展和学习方面有关。用于汇报发展的评价也应对父母和其他需要知道儿童在发展和学习需要方面的水平的成人具有重要意义。如果评价过程被视为最全面和最具教育性的过程话，该过程应涉及儿童及其父母。

　　在接下来的内容中，我们将讨论一个综合评价系统的组成部分，并引出标准化测验。在此之后，我们将会讨论非正式评价方法，并将档案袋评价作为一种模型，以用于预期的综合评价计划，进而使幼儿更好地受益。

关键术语

评定量表	真实性评价	非正式评价	评价量规
检核表	叙述性报告	范围（技能序列）	新生儿学专家
基于标准的评价	学习障碍	产科医生	总结性评价
面谈	儿科医生	形成性评价	预评价

相关网站

在线搜索以下组织或机构的网站：

National Institute for Early Education Research

Child Care Exchange

Common Core State Standards Initiative

Council for the Accreditation of Educator Preparation

Education Week

参考文献

Apgar, V. (1975). A proposal for a new method of evaluation of a newborn infant. Anesthesia and Analgesia, 32, 260 - 267.

Barbour, A., Boyer, B., Hardin, B., & Wortham, S. C. (2004). From principle to practice. Using the global guidelines to assess quality education and care. Childhood Education, 80, 327 - 331.

Barrera, I. (1996). Thoughts on the assessment of young children whose sociocultural background is unfamiliar to the assessor. In S. J. Meisels & E. Fenichel (Eds.), New visions for the developmental assessment of infants and young children, 69 - 84. Washington, DC: Zero to Three: National Center for Infants, Toddlers, and Families.

Bowers, F. B. (2008). Developing a child assessment plan: An integral part of program quality. Exchange, 51 - 55.

Caspe, M., Seltzer, A., Kennedy, J., Cappio, M., & DeLorenzo, C. (2013). Engaging families in the child assessment process. Young Children, 68, 8 - 14.

Copple, C, & Bredekamp, S. (Eds.). (2009). Developmentally appropriate practices in early childhood programs (3rd ed.). Washington, DC: National Association for the Education of Young Children.

Cress, S. W. (2004). Assessing standards in the "real" kindergarten classroom. Early Childhood Education Journal, 32, 95 - 99.

Darragh, J. (2009). Informal assessment as a tool for supporting parent partnerships. Exchange, pp. 91 - 93.

Division of Early Childhood/Council for Exceptional Children (DEC/CEC). (2007). Recommendations on early childhood curriculum, assessment, and program evaluation.

Elicker, J., & McMullen, M. B. (2013). Appropriate and meaningful assessment in family-centered programs. Young Children, 68, 22 - 26.

Epstein, A. S., Schweinhart, L. J., DeBruin-Parecki, A. & Robin, K. B. (2004). Preschool assessment: A guide to developing a balanced approach. National Institute for Early

Education Research.

ERS Data System. (2009). Software for the Environment Rating Scales.

Espinosa, L. M. & Ló pez, M. L. (2007). Assessment considerations for young English language learners across different levels of accountability. Paper presented at The National Early Childhood Accountability Task Force and First 5 LA.

Feld, J. K., & Bergan, K. S. (2002). Assessment tools in the 21st century. Child Care Information Exchange, 146, 62 – 66.

Ferguson, C. J., Green, S. K., & Marchel, C. A. (2013). Teacher-made assessments show children's growth. Young Children, 68, 28 – 37.

Genishi, C., & Dyson, A. H. (2009). Children, language, and literacy. New York, NY: Teachers College Press.

Gonzalez-Mena, J., & Stonehouse, A. (2008). Making links: A collaborative approach to planning and practice in early childhood programs. New York, NY: Teachers College Press.

Goodwin, W. L., & Goodwin, L. D. (1993). Young children and measurement: Standardized and nonstandardized instruments in early childhood education. In B. Spodek (Ed.), Handbook of research on the education of young children, 441 – 463. New York, NY: Macmillan.

Greenspan, S. I., Meisels, S. J., & the Zero to Three Work Group on Developmental Assessment. (1996). Toward a new vision for the developmental assessment of infants and young children. In S. J. Meisels & E. Fenichel (Eds.), New visions for the developmental assessment of infants and young children, 11 – 26. Washington, DC: Zero to Three: National Center for Infants, Toddlers, and Families.

Gronlund, G. (2006). Make early learning standards come alive: Connecting your practice and curriculum to state guidelines. St. Paul, MN: Redleaf Press.

Guss, S. S., Horm, D. M., Krebiel, S. M., Petty, J. A, Austin, K., Bergen, C., Brown, A., & Holloway, S. (2013). Using classroom quality assessments to inform teacher decisions. Young Children 68, 16 – 20.

Hardin, B. J., Bergen, D., & Hung, H-F. (2013). Investigating the psychometric properties of the ACEI global guidelines assessment (GGA) in four countries. Early Childhood Education Journal, 41(2), 91 – 101.

Harms, T., Clifford, R. M., & Cryer, D. (2005). Early Childhood Environment Rating Scale, Revised edition (ECERS-R). New York, NY: Teachers College Press.

Harms, T., Cryer, D., & Clifford, R. M. (2006). Infant – Toddler Environment Rating Scale, Revised Edition (ITERS). New York, NY: Teachers College Press.

LaParo, K., Pianta, R. C., & Hamre, B. (2012). Classroom Assessment Scoring System (CLASS) Toddler. Baltimore, MD: Brookes Publishing.

McAfee, A., Leong, D. J., & Bodrova, E. (2004). Basics of assessment. A primer for early childhood education. Washington, DC: National Association for the Education of Young Children.

Meisels, S. J. (1996). Charting the continuum of assessment and intervention. In S. J. Meisels & E. Fenichel (Eds.), New visions for the developmental assessment of infants and young children, 27 - 52. Washington, DC: Zero to Three: National Center for Infants, Toddlers, and Families.

Meisels, S. J. (2011). Common Core Standards pose dilemmas for early childhood. The Washington Post: The Answer Sheet Blog.

Mindes, G. (2011). Assessing young children (Fourth Ed.). Upper Saddle River, NJ: Pearson Education, Inc.

Moreno, A. J., & Klute, M. M. (2011). Infant-toddler teachers can successfully employ authentic assessment: The learning through relating system. Early Childhood Research Quarterly, 26, 484 - 496.

National Association for the Education of Young Children. (2005). NAEYC early childhood program standards and accreditation criteria. Washington, DC: Author.

National Association for the Education of Young Children. (2009). Where we stand on assessing English language learners. Washington, DC: Author.

National Association for the Education of Young Children. (2012). The Common Core Standards: Caution and opportunity for early childhood educators. Washington, DC: Author.

National Association for the Education of Young Children and the National Association of Early Childhood Specialists in the State Department of Education. (1992). Guidelines for appropriate curriculum content and assessment in programs serving children ages 3 through 8. In S. Bredekamp & T. Rosegrant (Eds.). Reaching potentials: Appropriate curriculum and assessment for young children, 9 - 27. Washington, DC: Author.

National Education Association. (1994). Assessing learning in the classroom. Washington, DC: Author.

Nemeth, K. (2012). All work, no play? What Common Core means for the pre-k crowd.

Oliver, S. J., & Klugman, E. (2006). Play and standards-driven curricula: Can they work together in preschool? Exchange, 170, 12 - 16.

Pianta, R. C., LaParo, K. M., & Hamre, B. (2013). Classroom Assessment Scoring System (CLASS) PreK. Baltimore, MD: Brookes Publishing.

Popper, B. K. (1996). Achieving change in assessment practices: A parent's perspective. In S. J. Meisels & E. Fenichel (Eds.), New visions for the developmental assessment of infants and young children, 59 - 66. Washington, DC: Zero to Three: National Center for Infants, Toddlers, and Families.

Rector and Visitors of the University of Virginia. (2013). Classroom Assessment Scoring System. Charlottesville, VA: Center for Advanced Study of Teaching and Learning.

Rentzou, K. (2010). Using the ACEI Global Guidelines Assessment to evaluate the quality of early child care in Greek settings. Early Childhood Education Journal, 38, 75 – 80.

Rocco, S. (1996). Toward shared commitment and shared responsibility: A parent's vision of developmental assessment. In S. J. Meisels & E. Fenichel (Eds.), New visions for the developmental assessment of infants and young children, 55 – 58. Washington, DC: Zero to Three: National Center for Infants, Toddlers, and Families.

Rosen, S. (2012). Aligning early childhood education with the Common Core.

Sandell, E., Hardin, B., & Wortham, S. (2010). Using the ACEI Global Guidelines Assessment for improving early education.

Scott-Little, C., Kagan, S. L., & Frelow, V. S. (2006). State standards for children's learning. Exchange, 168, 27 – 34.

Seefeldt, C. (2005). How to work with standards in the early childhood classroom. New York, NY: Teachers College Press.

Segal, M., & Webber, N. T. (1996). Nonstructured play observations: Guidelines, benefits, and caveats. In S. J. Meisels & E. Fenichel (Eds.), New visions for the developmental assessment of infants and young children, 207 – 230. Washington, DC: Zero to Three: National Center for Infants, Toddlers, and Families.

Shepard, L. A. (1989). Why we need better assessments. Educational Leadership, 46, 4 – 9.

Widerstrom, A. H., Mowder, B. A., & Sandall, S. R. (1991). At-risk and handicapped newborns and infants. Upper Saddle River, NJ: Prentice Hall.

Wiggins, G. P. (1993). Assessing student performance. San Francisco, CA: Jossey-Bass.

Wiggins, G. P. (1998). Educative assessment. San Francisco, CA: Jossey-Bass.

Wodrich, D. (1984). Children's psychological testing. Baltimore, MD: Brookes.

标准化测验

第三章

标准化测验的使用、设计和选择

本章目标

阅读完本章，您将可以：

1. 讨论如何在婴幼儿中使用标准化测验。
2. 描述标准化测验的设计步骤。
3. 解释测验的效度和信度之间的差异。
4. 描述选择和评价测验的注意事项。

我们已经在第二章讨论了测量和评价儿童的多种手段与目的。本章将研究一些用于婴幼儿的标准化测验的方法，讨论实施标准化测验的实例和目的。

标准化测验究竟与其他测验方式有何不同？我们会讨论如何设计标准化测验以及如何运用它们来测量想要测量的内容。另外，我们还会解释测验的效度和信度之间的差异等内容。

如何在婴幼儿中使用标准化测验

标准化测验的类型

可以在婴幼儿的身上运用多种类型的标准化测验。无论考查能力、成绩、能力倾向、兴趣和态度，还是考查个性特征，都属于心理测验。我们将在以下内容中逐一探讨这些测验类型。

能力（ability）是指在某一特定领域中知识和技能的当前水平。有三种类型的心理测验——智力测验、**成绩测验**（achievement test）和**能力倾向测验**（aptitude tests）——因为这三种测验都考查能力，所以都可归纳为能力测验。人们经常用测验来判断幼儿在成长中的发展情况。测验可以评价运动、语言、社交或认知的能力。例如，《贝利婴儿发育量表（第三版）》（BSID-III）（Bayley，2005）用来诊断发育迟缓的问题。最近，该量表用于了解儿童的整体发育情况，测评智力残疾儿童的自我适应能力。《文兰适应性行为量表（第二版）》（Vineland™ II）（Sparrow，Cicchetti，& Balla，2005）可以用来记录父母和主要照顾者的情况以对儿童的沟通、社交和日常生活技能做出判断。

成绩（achievement）是反映了一个人已经获得某些知识或已经掌握某种技能的程度。成绩测验考查幼儿根据特定的预先指令做出反应的能力。《皮博迪个人成绩测验（修订版）》（PIAT-R/NU）（Markwardt，1997）用于考查数学、阅读识别、阅读理解、拼写和一般的知识的掌握情况。

能力倾向（aptitude）是一个人在某个领域学习和发展的潜能。假如情况允许并能得到适当的训练，有资质的学生能达到精通的程度。例如，一个人可能在音乐或者艺术上有很高的资质。和成绩测验一样，能力倾向测验也能测量已经学习到的能力。资质测验既考查一般学习和无意学习的结果，也预测未来学习的结果。图 3-1 说明教师可以利用标准化测验的结果来设计针对个人需求的指令。

智力测验是能力测验，可以全面评价智力。它们也是资质测验，因为它们评价学习和解决问题的能力。《斯坦福 - 比奈智力量表（第五版）》（SB5）（Roid，2003）是能够考查个体资质的智力量表的示例。

人格测验（personality test）可以用来衡量一个人的独特行为方式的倾向。此类测验用来诊断儿童的情绪问题。用来评价人格特征的调查表通常包括几百个需要判断正误的题目，由父母、儿童或全家一起作答，然后通过分析判定儿童是否具备某种人格特质。

图 3-1　教师利用标准化测验的结果来设计针对个人需求的指令

兴趣调查表（interest inventory）用来判断个体对某一特定领域或职业的兴趣，不宜用于幼儿。但对于学龄儿童来说，教师可以运用阅读兴趣调查表，获得相关信息，选择阅读材料。

针对婴幼儿的测验

我们已经有很多不同的关于婴幼儿的心理测验。之前讨论的例子是《新生儿行为评定量表(第三版)》（NBAS3）以及《沟通和象征性行为发展量表》（CSBS DP）（Prizant & Wetherby，2002）。由于儿童的发展限制，这些测验很具有挑战性。我们较难评价婴儿是因为他们不易集中注意力。他们的注意时间非常短，并且适合于测试他们的时段有其自身的规律。除此之外，婴儿的发展变化较为迅速，得到的短时间的测验结果并不可靠。通常，由于这些限制，婴儿行为量表的有效性和可靠性值得怀疑。这些测验的结果难以管理和解释说明。虽然如此，它们对新生儿和婴儿的状态评价还是有效的（Campbell，et al.，1995; Hack，et al.，2005; Wodrich，1997）。为了更好地了解婴儿和学步儿的行为类型，我们将这些测试分为新生儿的状态评价、婴儿和学步儿的**发展评价**（developmental assessment）与诊断性测验三个部分。

新生儿的状态评价

我们可以用不同的测量方法来了解新生儿的状态。《阿普加量表》利用婴儿出生后的 1～5 分钟来评价婴儿的健康状况（Apgar,1975）。每一项都为 0～2 分，总分为 10 分。7～10 分表明婴儿的状态良好；5 分说明婴儿有发展障碍；3 分及以下证明婴儿处于危及生命的危险当中。《布雷泽尔顿新生儿行为评定量表》（BNBAS），是另一个新生儿测试，能够考查婴儿的性情变化、神经系统功能和互动能力（Als，et al.，1979）。测试的目的在于检测婴儿是否有轻微的神经功能障碍和婴儿的性情变化。《新生儿行为评定量表（第四版）》（NBAS4）（Brazelton，Berry，& Nugent，2011）可以在新生儿出生的第一天至满月这段时间使用，通过行为项目来考查婴儿的相关能力。除了鉴定婴儿的行为之外，如果有家长的监护，测试还能帮助家长理解婴儿的动机和技能。对儿童的发展和婴儿的能力的支持可以发展家长的育儿能力（Widerstrom，Mowder，& Sandall，1991）。《早产儿行为评价》（APIB）使《新生儿行为评定量表》对早产儿的评价做了调整（Als，Butler，Kosta，& McAmulty，2005）。《早产儿行为评价》包含了《新生儿行为评定量表》中的许多项目，还改善了一些项目以便观察早产儿的机能。《盎司量表》（Ounce Scale）是适用于家长、育儿人员、开端计划中的教师及管理者的发展量表（Meisels，et al.，2008）。《盎司量表》适用于出生至 3.6 岁的儿童，通过六大发展领域来帮助家长观察儿童发展中的关键事件。

婴儿和学步儿的发育评价

婴儿发展量表不仅能测量新生儿的状况，而且专注于评价满月至两岁的幼儿的发展情况。《盖泽尔发育诊断量表》（GDS）是第一个评价婴儿发展情况的量表（Ball，1977）。盖泽尔（Gesell）将其设计为监测发育迟缓和需要特殊服务的婴儿的量表。《贝利婴儿发展量表（第三版）》（Bayley，2005）进一步用来了解婴儿的整体发展情况。《沟通和象征性行为发展量表》用来评价沟通和象征性行为的发展，包括象征游戏和建筑游戏（Prizant & Wetherby，2002）。《穆伦早期学习量表》（MSEL）（Mullen，1995）

可以评价 0 ~5、7 岁的儿童的认知功能，还通过儿童对准备活动的反应来测量其智力发育情况。盖泽尔和贝利（Bayley）的量表因其测量周期较长而较难实施；这些量表已经用于诊断有特殊需求的儿童，所以细致全面地监测儿童发展的关键事件是非常重要的。

《德弗罗幼儿评价》（DECA-I/T）是一个用来为评价婴儿和学步儿的社会性和情感发展的量表（Powell，MacKrain，& LeBuffe，2007）。它分为两部分：一部分用于评价婴儿；另一部分用于评价学步儿。

《丹佛发育筛查量表（第二版）》（Denver Ⅱ）（Frankenburg，et al.，1992）是用来识别有严重发育迟缓并需要早期鉴定和干预的儿童。《适应性行为测评系统（第二版）》（ABAS-2）用来评价儿童的适应性技能的发展情况（Harrison & Oakland，2003）。《早期应对调查》（ECI）用来评价 4 ~ 36 个月的儿童的反应和应对困境的能力（Zeitlin，et al.，1988）。除此之外，婴儿和学步儿的症状自评量表是为家长准备的筛查工具（DeGangi，et al.，1995），旨在筛选出那些有睡眠紊乱和情绪忧虑的婴儿和学步儿，适用于 7 ~ 30 个月的儿童，可以由一位家长或保育者来管理操作。

诊断性测验

诊断性测验是鉴定儿童的发展情况或者是否有生理紊乱的测验。由于是对儿童的发展情况的筛查检测，因此要准确获得必要的信息很困难的。就评价肺功能来说，其所需的措施会被认为对儿童有干扰性（Panitch，2004）。同样，给婴儿做怎样的测验，如何呈现测验结果，测验将如何有助于发现威胁生命的因素都是具有挑战性的（Brand，et al.，2005）。使用评价是否有脊髓损伤的儿童的观察会出现观察者的结论的不一致的问题（Calhoun，et al.，2009）。无论如何，婴儿筛查和诊断方面的专家将继续开发可以提供可靠结果的测验。表 3-1 描述了新生儿和婴儿的测验。

表 3-1　新生儿和婴儿的测验

名　称	水　平	类　型	目　的
《阿普加量表》	新生儿和婴儿	出生的状态	评价新生儿和婴儿的健康状况
《布雷泽尔顿新生儿行为评定量表》	新生儿	新生儿的状态	检测轻微的神经功能障碍和性情变化
《新生儿行为评定量表（第四版）》	1 个月	新生儿的状态	检测婴儿为应对外界刺激而调节自身行为的能力
《适应性行为测评系统（第二版）》	婴儿和学前儿童	适应性技能	评价适应性技能的发展情况
《早产儿行为评价》	早产儿	早产儿的发展	检测早产儿的发展情况
《贝利婴儿发展量表（第三版）》	婴儿	智力	诊断婴儿的发育迟缓问题
《德弗罗幼儿评价》	婴儿和学步儿	发展	评价社会性和情感发展
《丹佛发育筛查量表（第二版）》	1 个月到 6 岁	发育筛查	检测发育迟缓问题
《沟通和象征性行为发展量表》	婴儿、学步儿和学龄前儿童	发展	评价沟通和象征性行为发展
《穆伦早期学习量表》	出生到 5、7 岁	智力发育	评价认知功能
《盖司量表》	出生到 3.6 岁	六大发展领域	帮助家长观察儿童发展中的关键事件

针对学龄前儿童的测验

心理学家已经设计了种类繁多的测验来评价学龄前儿童的发育情况，检测他们的发育问题。正如测验人员在对婴幼儿进行测验时所面临的挑战一样，对 6 岁以下的学龄前儿童的评价也必须考虑他们的发育特点。通常，用于识别影响儿童学习潜能的发育障碍或诊断儿童残疾的原因的评价方法，每次只对一名儿童使用。测验项目是能够反映儿童的能力的具体任务或活动；然而，儿童的有限注意的持续时间及是否愿意配合观察者等因素，会影响测验的效度和信度。当儿童处于学龄前这个年龄阶段时，我们可以利用更多的测验工具来检测他们的发育情况和识别潜在的发育障碍。为了更好地了解种类繁多的测验，我们可以把学龄前儿童的测验分为筛查测验、诊断性测验和语言测验。

筛查测验

这种测验是用来检测儿童患有哪些需要进一步检查的发育疾病。筛查测验可以与从深层次检查儿童可能出现的问题的诊断性测验进行对比，从而确定采取何种措施来解决这些问题。

较早提出的《丹佛发育筛查量表（第二版）》（Frankenburg, et al., 1992）是测验人员实施的一个适用于婴儿和较大年龄的儿童的量表。相反，《年龄和阶段问卷（第三版）》（ASQ-3™）（Squires & Bricker, 2009）需要父母予以反馈。父母可以完成问卷或同测验人员一起参与访谈。这种方法适用于 4 个月 ~ 5 岁的儿童。

《AGS 早期筛查》（AGS Early Screening Profiles）可以用于评价 2 岁到 6 岁的儿童，包括家长—教师问卷调查和认知语言、动机与社会性发展的情况。《学习评价发展指标（第四版）》（DIAL™-4）用来检测发育迟缓问题，以评价 2 岁到 6 岁的儿童，包括直接观察和针对儿童的任务（Mardell & Goldenberg, 2011）。《早期筛查调查（修订版）》（ESI-R）有两个部分：一部分用于评价 3 ~ 4.5 岁的儿童，另一部分用于评价 4.5 ~ 6 岁的儿童（Meisels, et al., 2008）。《AGS 早期筛查》用来检测儿童的发展情况并确定儿童是否需要接受进一步的评价。还有针对家长的问卷调查来作为筛查的补充信息。《布里根斯幼儿筛查（第三版）》（Brigance Early Childhood Screens Ⅲ）（Brigance, 2013）用来检测儿童的身体、语言、认知和社交情绪领域等方面的发展情况，分为三部分：针对婴儿和学步儿的筛查、针对学龄前儿童的筛查、针对幼儿园和小学一年级的儿童的筛查。《评估学前儿童的第一步筛查测验》（the First STEₚ™: STEP）由认知、交流、动机类别下的 12 个子测验构成（Miller, 1993）。还有一个可选择的社交情绪量表和适应性行为测验。《评估学前儿童的第一步筛查测验》有三个水平：水平一是针对 2 岁 9 个月到 3 岁 8 个月的儿童的；水平二是针对 3 岁 9 个月到 4 岁 8 个月的儿童的；水平三是针对 4 岁 9 个月到 6 岁 2 个月的儿童的。盖泽尔中心开发的一个新的量表是《盖泽尔发展观察（修订版）》（Gesell Developmental Observation-Revised），适用于 2 岁半到 6 岁的儿童。它测评儿童的成长、认知发展和社交情绪发展的情况。

在贝克学校接受早期教育

　　贝克学校是一所由公共住房中心支持、致力于服务婴幼儿的社区学校。这里的孩子说着不同的语言。一些孩子是最近刚同父母一起从其他国家移民来的。教师需要和父母沟通，了解孩子进入学校前的发育状态。父母可以填写关于孩子的信息的年龄和等级问卷。这份问卷包括孩子的行为能力、语言能力、运动能力和其他发育状态的相关指标。因为教师对孩子可能存在的语言和读写能力的问题比较敏感，所以如果父母有需要的话，他们就可以提供帮助。在很多情况下，他们将问卷上的问题读给父母，然后记录父母对这些问题的反应。

　　筛查测验只围绕发展的各种类别进行了讨论。接下来，我们要了解的测验强调社会性和情感发展的问题。由于儿童的行为易受环境的影响，因此这些筛查工具研究社会性行为，并且需要家庭和学校细致而谨慎的合作。虽然这种类型的测验很难做到精确，但社会性和情感能力至关重要，必须受到关注（Meisels & Atkins-Burnett，2005）。

　　《早期筛查项目》（ESP）用来评价 3～6 岁的儿童，并包括 3 个实施步骤（Walker，Severson，& Feil，1995）。它根据儿童社交沟通的适应性行为、不适应性行为、攻击性行为、重大事件反应进行排名。一份家长调查问卷用来调查儿童怎样与其他儿童玩耍，儿童与保育院的互动情况以及对维护自尊或者社交回避等问题的处理方式。《学前和幼儿园儿童行为量表》（PKBS-2）（第二版）是一种利用家长评分的工具（Merrell，2003），用来评价 3～6 岁的儿童并检测其积极行为和问题行为。表 3-2 为筛查测验的内容举例。

表 3-2　筛查测验的内容举例

运动能力
大动作：双脚跳，跳绳，单脚跳，接球，走直线
精细动作：搭建立方体，切割，摹绘表格，写名字，抄写单词，画图形
认知发展
指出身体的各部位
背诵计数
物品计数
整理并归类图片
识别并说出颜色和形状
回答简单的概念问题
语言发展
在一组图片中识别正确的选项
回答个性化的问题
识别食物和图片
根据方位词（如在下面、在上面、在里面）放置物体

诊断性测验

在儿童被筛查之后，有指标显示其需要更进一步的评估时，可实施诊断性测验。适应性行为测验试图测量儿童每天对上厕所和吃饭等生活任务的掌握程度。《文兰适应性行为量表（第二版）》通过儿童的日常行为来评价其发展水平（Sparrow，Cicchetti，& Balla，2005）。该量表评价儿童的交流能力和需求、日常生活、社会化和动作技能。《适应性行为量表（第二版）》（ABS-S: 2™）用来评价 3 ~ 16 岁的人在社交和独立方面的 16 个领域下的适应性行为（Lambert，Nihira，& Leland，2008）。表 3-3 描述了部分适应性行为的分类。

表 3-3　部分适应性行为的分类

独立生活的分类	社会行为的分类
身体发育	社会参与
语言发展	协调一致性
独立行动	守信程度
	干扰他人的行为
	多动行为
	自虐行为
	刻板行为

《斯坦福 - 比奈智力量表（第五版）》是最早的智力测验，用来评价一般性思维或者问题解决能力，对检测发育迟缓和发育障碍的问题非常有价值（Roid，2003）。《韦氏学前儿童和小学生智力量表（第三版）》（WPPSP- Ⅲ）在鉴定 2 岁到 8 岁的儿童的不均衡发展上非常有效（Wechsler，2002）。

其他测验工具强调发展领域的全面评价。《考夫曼儿童评定量表（第二版）》（KABC™- Ⅱ）、《巴特尔发展调查（第二版）》（BDI-2™）（Newborg，2004）和《布拉肯基本概念量表（第三版）》（BBCS-3:R）（Bracken，1998）涉及对儿童发展的综合测评。此外，《布里根斯早期发展调查（第三版）》（IED Ⅲ）用来评价从出生到 7 岁的儿童，包括**标准参照测验**（criterion-referenced test）和**常模参照测验**（norm-referenced test）两个版本（Brigance，2013）。

《德弗罗幼儿评价（第二版）》（DECA P-2）是一个为 2 ~ 5 岁的儿童设计的测验，是旨在促进韧性和社会情绪发展的评价系统（LeBuffe & Naglieri，2012）。它可以通过教室内的观察来管理实施。它包括考查注意力和偏激、抑郁、情绪管理等问题的项目。

语言测验

学龄前儿童语言测验的分类是非常重要的，因为许多儿童由于语言能力不足或第一语言不是英语而处在不能上学的风险中。尽管针对有语言风险的儿童所进行的一些语言测验使用的是英语，但其他的测验使用的是西班牙语，偶尔还会用其他语言。《学前儿童语言发展量表（第四版）》（PLS-4）（Zimmerman，Steiner，& Pond，2007）和《皮博迪图片词汇测验（第四版）》（PPVT-4）（Dunn & Dunn，2007）给儿童提供有关语言能力发展的信息，可以确定儿童是否会从翔实的语言计划中受益。

随着英语学习者的增加，语言评价测验的重要性也日益增强。英语能力有限的儿童可以通过双语课程或英语学习课程进行语言学习。《学前语言评价调查》（Pre-LAS）、《IDEA 能力测验》（IDEA Proficiency

Test）和《伍德科克 - 穆尼奥斯语言调查》（WMLS）既有英语版，也有西班牙语版。学龄儿童的测验也有这两种形式。

　　《学前语言评价调查》的观察评估是针对儿童的口语能力的测验;《学前语言评价调查》（CTB / McGraw-Hill，2000）测量的是幼儿园到一年级的儿童的语言能力和读写能力。它可以用于确定随着时间的推移和监测的开展学习者的学习需求。《IDEA 能力测验（第四版）》（IDEA Proficiency Test，Fourth Edition）（Ballard & Tighe，2006）旨在评估学前班到 12 年级的学生的西班牙语和英语的品语、阅读与写作能力。《IDEA 能力测验》主要是评价 3 ~ 5 岁的儿童。《伍德科克 - 穆尼奥斯语言调查（修订版）》（WMLS®-R NU）可以评价 2 岁左右的儿童。表 3-4 列出了不同类型的学前教育阶段的测验（Schrank，et al.，2010）。

表 3-4　不同类型的学前教育阶段的测验

测验名称	年龄段	测验类型	测验目的
《年龄和阶段问卷（第三版）》	4 个月 ~ 5 岁	发育筛查	评价认知、语言、运动和社会性发展情况
《AGS 早期筛查》	2 ~ 6 岁	发育筛查	评价认知、语言、运动、独立性和健康发展情况
《学习评价发展指标（第四版）》	2 ~ 6 岁	发育筛查	评价运动、语言和认知发展情况
《早期筛查调查（修订版）》	3 ~ 6 岁	发育筛查	检测发展领域，确定是否需要对儿童做进一步的评价
《评估学前儿童的第一步筛查测验》	2 岁 9 个月 ~ 6 岁 2 个月	发育筛查	评价影响儿童发育迟缓的五个领域
《德弗罗幼儿评价（第二版）》	2 ~ 5 岁	社会性和情感筛查	检测社会性和情感行为的发展情况
《早期筛查项目》	3 ~ 6 岁	社会性和情感筛查	从社会反应、适应性行为、不良适应行为、攻击性行为几个方面对儿童进行等级划分
《学前和幼儿园儿童行为量表（第二版）》	3 ~ 6 岁	社会性和情感筛查	运用父母评定的方法，检测儿童的积极行为和问题行为
《布里根斯幼儿筛查（第三版）》	出生至一年级	社会性和情感筛查	检查积极行为和消极行为
《文兰适应性行为量表（第二版）》	3 ~ 16 岁	适应性行为	评价日常生活任务的优劣势
《适应性行为量表（第二版）（学校用）》	3 ~ 16 岁	适应性行为	从个体独立性和发展方面评价适应性行为;与儿童发育常模进行对比，确定发育是正常、迟缓还是极度迟缓
《斯坦福 - 比奈智力量表（第五版）》	2 岁至成年	整体智力	检测发育缓慢问题和智力落后问题
《韦氏学前儿童和小学生智力量表（第三版）》	2 ~ 8 岁	智力	鉴别不均衡的发展，检测发育迟缓问题
《考夫曼儿童评定量表（第二版）》	—	全面发育评价	评价发育情况
《巴特尔发展调查（第二版）》	出生至 8 岁	全面发育评价	鉴别儿童的发育情况，制订干预计划和教学计划
《布拉肯基本概念量表（第三版）》	2 岁 5 个月 ~ 7 岁 11 个月	基本概念发展	全面诊断儿童的基本概念发展情况

续表

测验名称	年龄段	测验类型	测验目的
《学前儿童语言发展量表（第四版）》	出生至6岁11个月	语言测验	考查儿童的语言接受能力和表达能力
《皮博迪图片词汇测验（第四版）》	2岁5个月～18岁	词汇测验	考查对标准美语的可接受性
《学前语言评价调查》	4～6岁	语言测验	考查儿童的口语水平和学习需求
《IDEA能力测验（第四版）》	3～5岁	语言测验	考查儿童的发展情况
《伍德科克-穆尼奥斯语言调查（修订版）》	2岁至成人	语言测验	考查英语或西班牙语的运用水平；确定是否有资格接受双语课程或做好参与英语学习的准备

针对学龄儿童的测验

当儿童到了上学的年龄时，教师、学校的心理学专家、项目评估人员以及其他对儿童和儿童的课程负有责任的个人会对儿童进行测验。除了针对残疾儿童的学前教育评价方案以外，许多州也有针对4岁及幼儿园儿童的项目。我们已经在前面章节关于学前教育阶段的测验的介绍中提到过这些评价方法。同样，这部分提到的一些评价方法也适用于入园之前和幼儿园阶段的儿童。尽管使用单项测验是为了满足学龄项目的某些目的，但仍需要团体测验。团体测验需要儿童用到纸笔，因此测验结果会受到儿童对此种方式的回应能力的影响。测验的效度和信度既会受到儿童在群体环境中对测验的回应能力的影响，也会受到在测验中用笔作答的影响。但当儿童上小学后，这些影响将变得不那么明显。在这一部分中，我们要讨论的测验不包括各州为满足《不让一个孩子掉队法案》而设计的各项测验。我们要讨论的是针对儿童上学后出现的语言、认知、身体发育迟缓和发育障碍的问题而设计的测验。

许多公立学校项目是专为残疾儿童设计的。许多有效的项目在此列之中，包括为母语不是英语的儿童准备的双语和英语项目，为有生理残疾或者智力缺陷的儿童准备的干预辅导项目，以及为低收入家庭的儿童准备的有着良好学习前景的学龄前项目。这些项目可能包含一种筛查手段，以用来决定哪些儿童有资格参与这些特殊服务项目。《韦氏儿童智力量表（第四版）》（WISC®-IV）（Wechsler，2003）和《本德视觉运动完型测验（第二版）》（Bender-Gestalt-Ⅱ）（Bender，2003）通过学校的心理医生或者诊断医生对儿童的决策来决定是否需要专为残疾儿童准备教育服务。学龄儿童在该测验中的不良表现表明其需要进一步的检查。《贝利-布克泰尼卡视觉运动整合发育测验（第六版）》（BEERTU™ VMI）（Beery，Buktenica，& Beery，2010）也存在相同的情况。

成绩测验可以用于教师做出数学指令的决定。如果儿童表现出一些学习障碍，一位心理学家就会利用《皮博迪个人成绩测验（修订版）》（Markwardt，1997）或者《广范围成绩测验（第四版）》（WRAT 4）（Wilkinson & Robertson，2006）来获得儿童在数学、阅读和拼写能力上的信息。教师也许还会运用《贝姆基本概念测验（第三版）》（Boehm-3）（Boehm，2000）来确定儿童在基本概念上是否需要额外的教导，并评价儿童对之前教授过的概念的掌握程度。

小学教师也许需要关于儿童在课堂上所遇到的问题的详细信息。例如，《斯帕奇诊断性阅读量表》

（Spache，1981）的诊断性测验可由教师执行，以精准地确定哪些知识需要额外的教导。由高瞻教育研究基金会研发的《学前儿童观察记录（第二版）》（PCOR2）可用来观察学龄前到五年级的学生在六大发展领域的表现，包括社会性发展。《婴儿和学步儿观察记录》（ITCOR）测量儿童的发展领域并与《学前儿童观察记录》相联系（High/Scope Educational Research Foundation，2003）。表3-5是有关儿童的主动性和社会关系的测验项目的范例。该项目可以用在参与开端计划的儿童和育儿中心的儿童以及将英语作为第二语言的儿童身上。

表3-5　儿童的主动性和社会关系的测验项目的范例

1. 主动性
（1）做选择和决定
①儿童通过指点或其他动作来确定选择。
②儿童用一两个词来表达自己的选择。
③儿童用一个短句来表达自己的选择。
④儿童制订出计划的一两个细节。
⑤儿童制订出计划的三个或更多的细节。
（2）借助材料解决问题
①遇到困难时，儿童借助材料表达困惑。
②儿童借助材料确认问题并寻求帮助。
③儿童借助材料尝试用一种方法解决问题。
④儿童借助材料尝试用两种方法解决问题。
⑤儿童借助材料尝试用三种及三种以上的方法解决问题。
（3）开始游戏
①儿童参与探索游戏。
②儿童用材料制作东西。
③儿童参与模拟游戏。
④在与其他伙伴玩耍的过程中，儿童加入自己的想法以调整游戏。
⑤在需要遵守规则的游戏中，儿童参与其他伙伴的游戏。
（4）关注个人需求
①在其他人进行自我保护活动时，儿童在旁观察。
②儿童完成自我保护活动的一部分。
③儿童完成自我保护活动的全部内容。
④儿童确定是否需要运用某种工具，如果需要则独立运用工具完成个人目标。
⑤儿童在自我保护活动中帮助其他人。
2. 社会关系
（1）与成人的社会关系
①儿童参与一名熟悉的成人发起的谈话。
②儿童参与一名不熟悉的成人发起的谈话。
③儿童发起与成人的互动。
④儿童维持与成人的互动。
⑤儿童让一名成人参与自己发起的活动并能维持这种参与现象。
（2）与其他儿童的社会关系
①当其他儿童发起互动时，儿童能有回应。

续表

②儿童发起与其他儿童的互动。

③儿童维持与其他儿童的互动。

④儿童邀请其他儿童一起游戏。

⑤儿童表现出对其他儿童的忠诚。

（3）解决人际关系的争端

①在与其他儿童发生争执时，儿童用喊叫或身体动作做出回应。

②在解决与其他儿童的争执时，儿童要求成人给予帮助。

③在解决与其他儿童的争执时，儿童能识别问题。

④在成人的帮助下，儿童能提供一种解决争执的方法。

⑤在与其他儿童发生争执时，儿童能与其协商解决方法。

（4）理解和表达情绪情感

①儿童能表达某种情绪。

②儿童会安慰其他儿童。

③儿童会谈论某种情绪。

④儿童通过模拟游戏或戏剧表演的方式来描述某种情绪。

⑤儿童能辨别某种情绪并给出理由。

资料来源：Preschool Child Observation（COR）.（2003）. Ypsilanti，ML: High/Scope Educational Research Foundation.

圣·派厄斯幼儿园

　　最近，许多来自墨西哥和中美洲的移民涌入阿肯色州西南部的一家大型造纸厂。他们当中住在这一社区的许多家庭都去圣·派厄斯天主教堂做礼拜，原来的教区居民发现这些新移民父母需要英语课程和其他服务，以尽快适应新国家和学会使用新语言。当父母们找到工作后，教区居民又考虑为他们的孩子提供帮助。他们决定开展一个集中的英语学习项目。

　　在项目开始初期，他们意识到要通过一项测验来评价儿童的英语学习是否有进步，并且当这些儿童离开圣·派厄斯幼儿园的时候，要向当地的开端计划办公室、托幼机构等提供语言能力评价服务。他们从公立学校联盟处学习了学前语言评价调查的知识。在学会如何使用这一测量工具后，他们就要开始使用测验来帮助儿童更好地学习英语。

　　团体成绩测验可用于评估个体成绩、团体成绩和项目的成效。所有这些由个别州研发的新测验，都是团体成绩测验。一个学区每个学年都会对学生组织成绩测验以检测学生的发展，同时也会获得学生是否需要进一步的指导的诊断信息。同样的测验结果用于学区获取学校之间或学校中的学生发展的信息，并确定学区指导项目的成效。

　　教学的成效还可以在州或国家的层面上进行评估。一个州的教学机构可以设计全州范围内的成绩测验，以确定州内所有学校的教学成效标准。测验结果可以检测学区学生的学业成绩。许多学区内教学薄弱的学校会被明确指出弱点并要求进行具体的改进。我们在第一章已经提过，2001 年通过的《不让一个孩子掉队法案》已经在全美范围内实施，并在公立学校进行了成绩测验。《共同核心州立标准》用于测量各州学生的学业成绩（NAEYC，2012）。定期进行的国家评价明确指出了在不同学科领域内美国学生发展的优缺点。这些测验结果经常用来和其他国家学生的成绩进行比较。表 3-6 为学龄儿童测验。

表 3-6　学龄儿童测验

测验名称	年龄段	测验类型	测验目的
《双语句法测量（第二版）》（Bilingual Syntax Measure Ⅱ）	幼儿园至二年级	语言	确定语言优势
《韦氏儿童智力量表（第四版）》	6 岁半～16 岁半	智力	诊断神经发育迟缓和学习障碍问题
《本德视觉运动完型测验（第二版）》	4～10 岁	视觉运动功能	评价感知能力和手眼协调能力，识别学习障碍
《视觉运动整合测验》（Test of Visual-Motor Integration）	4～17 岁	视觉运动功能	评价视觉运动能力
《皮博迪个人成绩测验（修订版）》	幼儿园至十二年级	个体成就	评价儿童在数学、阅读、拼写和获取一般信息方面的能力
《贝姆基本概念测验（第三版）》	幼儿园至二年级	认知能力	检测儿童的概念掌握情况
《布里根斯基本技能理解调查》（Brigance Comprehensive Inventory of Basic Skils Ⅱ）	幼儿园至六年级	学习成绩	评价学习能力，诊断在语言、数学和阅读方面是否有学习障碍
《斯帕奇诊断性阅读量表》	一年级至八年级	诊断性阅读测验	确定阅读问题，设计补救措施
《儿童观察记录（第二版）》（COR）	入园前至五年级	全面发育评价	利用发育检核表提供适宜的评价

在这一部分，我们讲到了如何运用标准化测验的问题。尽管涉及的测验的用途、类型不同，但设计过程基本相同。本章下一部分要重点讲到如何设计标准化测验的内容，也就是标准化测验的设计步骤。

标准化测验的设计步骤

测验设计人员在设计一项新测验时要遵循一系列的步骤。这些步骤可以确保测验的顺利实施。要设计一项测验，设计人员首先要明确测验的目的，其次要确定测验的形式。在正式设计测验的时候，设计人员要确定目标，编写、调试、分析测验项目，最终确定测验的形式。在此之后，设计人员还要制定测验规范以保证效度和信度。最后，测验人员会确定包含不同步骤的测验程序，用于实施基于标准结果的测验和收集统计信息。

明确测验的目的

每一项标准化测验都需要有明确的目的。描述测验的目的是构建测验的框架。在设计和构建步骤完成之后，还需要对该工具进行评价。《教育心理测验标准》（ *the Standards for Educational and Psychological Testing* ）包含基于测验目的的测验手册准则（ American Psychological Association，1999 ），并在 2013 年进行了修订。1999 年的准则内容如下。

- 测验手册应该清晰阐述测验的目的和用途。
- 测验手册应准确描述基于测验的心理、教育和推理方面的特征。

测验设计人员还要解释测验的结构或特点、如何运用测验结果、谁能获得和掌握测验结果。

被测人群的选择是测验设计的一个重要方面。为儿童设计的测验完全不同于为成人设计的测验。测验设计人员在设计时要考虑儿童的性格特点、年龄、**智商**（ intelligence quotient，IQ ）或受教育程度、社会经济背景、文化背景和是否识字等因素。

确定测验的形式

测验的形式由测验的目的和被测人群的个性决定。测验项目应该如何呈现和被测人群应该如何回答，共同决定测验的形式（ Kaplan & Saccuzzo，2013 ）。我们还需要考虑考试是口语的还是书面的。即使成人对书面考试非常熟悉，但婴儿和年幼儿童可能会无法阅读或书写。针对年幼的儿童设计的考试通常是由一位考试管理人员口述。还有一种方法是用动作技能回应，给儿童一个物品来操作或者要求他们完成一项体能测验。在儿童玩耍或者日常生活中进行评价是一个常用的方法（ Linder，2008 ）。

对于年龄较大的儿童、高中生和成人而言，我们需要利用其他测验形式。被测人群可能会做一套包含判断对错、**多项选择**（ multiple choice ）、配对等题型的书面测验。这种测验会以**团体测验**（ group test ）的形式出现，而不是进行一次**个体测验**（ individual test ），也可能以简答题和小文章的形式出现。

在选择好测验的形式和被测人群后，测验设计人员就要开始真正构建测验了。确定好测验目标并为每个目标编写好测验项目后，就构建了试验性的测验的形式。

研制测验的形式

在准备初步的测验的形式的同时，设计人员会以测验目标为指南。之后，测验内容也被确定下来。例如，如果一项针对学龄儿童的成绩测验被编写出来，那么就需要通过分析课程来确保测验能反映教学计划。如果是全国通用的成绩测验，那么就要通过系列教材、教学大纲和课外材料来检测测验目标是否准确地反映了课程的发展趋势。教师、课程专家会被要求审查作为测验项目参考的教学大纲和**行为目标**（ behavioral objective ）。

测验项目的内容包括书写、编辑、实验、重写或者修改测验项目。在检验测验项目之前，每个成绩测验的项目都会由测验编辑人员、教师和该领域的专家重新审查。因为在编辑和重写时会删除很多项目，所以一开始要编写很多预备的项目（ Mehrens & Lehman，1991 ）。

预测验需要组合在一起，以便运用选择好的测验项目对学生样本人群进行测验。用于试验的测验的形式类似于最终的测验的形式。为了指导测验的实施，还要编写测验说明。测验中包含的问题要多于最终版用到的问题，因为许多问题在试用后会被删去或改写。选择参与试验的样本人群，其特点要与测验最终被测人群的类型大体一致。

预测验的试用就是对测验项目的试验和分析。**项目分析**（item analysis）包括了解每个测验问题的三个特征——难度水平、区分度、难度等级（McMillan，2007）。难度水平就是答对题目的被测人群的数量。区分度是指问题能够区分做得好和做得差的被测人群的程度。做得好的被测人群应该要比做得差的被测人群在回答问题上更加成功。项目可以区分人们在知识和能力上的差异。难度等级是指测验由学校中不同年级的学生参与（Mehrens & Lehman，1991；McMillan，2007）。

将测验的形式组合起来

分析完测验项目后，就需要对测验的最终形式进行组合。通过分析，测验项目会被复查、改写和删减。测验的问题或反映测验目标的行为也已经确定好了。如果要用到一种以上测验的形式，设计人员必须保证替代形式在内容和难易程度上是**等效**（equivalent）的。最后，要确定适用于被试和主试的测验说明。此外，有关主试的要求还包括测验环境和步骤的选择。

将测验标准化

虽然测验的最终形式被组合好后，就意味着测验的构建已完成，但此时尚未进行测验的标准化。测验的最终形式必须在更大的被试样本中试行，才能获得**常模**（norms）数据。常模参照测验为比较儿童测验中样本组与对照组的表现提供了工具。

可以选取符合测验设计要求的儿童作为对照组来达到建立常模的目的。在标准化的程序中，对照组或样本组在测验的最终形式中的表现，可以用来评价个体或团体未来参与测验的得分。

样本组用来反映测验设计的适用人群的构成情况。如果要进行一项全国范围的学校成绩测验，那么标准化样本就要包含来自全国不同地方的学生，他们有着不同的性别、年龄，来自不同规模的社区、地域以及不同社会经济群体和民族。对于其他类型的测验而言，我们会利用不同的特性，使常模样本与今后的被测人群相匹配。

在标准化的过程中，不同类型的标准会被建立起来。样本人群的**原始分数**（raw score）会被转化成衍生分数或者**标准分数**（standard score）以做比较。标准分数是通过计算原始分数或者正确回答的项目数量得到一个可以创建标准的分数。不同类型的标准分数可以用来比较被选来参加标准化测验的被测人群和未来参与测验的被测人群。每种**等级常模**（grade norm）可以让测验人员对照测验中所有儿童的成绩来说明一名儿童的成绩（Miller，Linn，& Gronlund，2012；Payne，1997）。例如，当测验一个常模样本时，决定年龄分组常模的年龄分数就被创建了。年龄常模用来描述不同年龄的儿童的平均成绩。同样，常模组中不同等级水平的儿童的平均成绩用来确定等级常模和等级当量标准（Kaplan & Saccuzzo，2013；McMillan，2007）。

研发测验手册

测验设计的最后一步是研发测验手册。测验设计人员会描述测验的目的、测验的设计过程和标准化程序。为了让被试信赖这项测验,还要强调测验的信度和效度。在解释使用者手册上的标准化信息时,测验设计人员要描述选择样本组的方法,还需要说明用于促使测验标准化的样本数量以及他们所代表的社区、地域、社会经济群体和民族。

测验的效度与信度之间的差异

常模信息为分析和解释测验分数的意义提供了依据。测验使用者也需要信息来证明测验对预期目的是有价值的。因此,测验手册必须提供有关效度和信度的信息。在确定测验的质量时,可靠性指标的所有类型同等重要。效度是指测验能测出所需测量的目标的程度。信度是指测验的稳定性和一致性程度。测验的效度由**内容效度**(content validity)、**效标关联效度**(criterion-related validity)和**结构效度**(construct validity)决定。

在最初设计测验时,设计人员会描述其目的。测验的目的或测验大纲提供了测验内容的框架。当内容效度被写入测验手册后,设计人员就要明确测验项目所能测量的目标及完成目标的程度。因此,在一项成绩测验中,内容效度是指测验内容代表的教学项目预期覆盖的样本的程度。

效标关联效度是关于能力倾向测验的效度。这种测验项目的重点是预期某些领域未来需要的技能和任务,而不是分析课程内容。对效度的评估关心的是随着时间的推移效度的稳定性。比如,一项智力测验会预测学校成绩。同样,美国大学本科标准入学考试的分数可以预测高中学生能否顺利升入大学。对于学生而言,成功的标准是入学时可取得的未来等级或未来学分绩点的平均数,因此效度具有预测性。

效标关联效度是**共时效度**(concurrent validity),而不是**预期效度**(predictive validity)。作为确定效度的测量的一种替代形式,共时效度被投入使用。当测验被标准化以后,就需要评价外部标准。智力测验的研发人员会引用现有的智力测验作为衡量效度的标准。测验人员会把两套智力测验都用到样本组中。如果新测验的得分与现有测验的得分联系密切,这两套测验就可以用来建立共时效度。

如果一项测验要估测一个抽象的心理特点,测验手册会描述样本群体是怎样创建结构效度的。结构效度用来估测一个相对抽象的心理特点,如个性、语言能力等(Miller, Linn, & Gronlund, 2012)。除了利用测验的目的检验测验项目外,我们可以利用测验结果和解释行为的变量来检测结构效度。例如,结构的假设可以包含某些行为特征,如社交性或者诚实度。一种工具的结构效度可以通过分析实验的条件是怎样改变心理特点来检测。或者,一种工具可以测量焦虑等级,通过创建影响焦虑等级的条件的实验可以确定其结构效度(Miller, Linn, & Gronlund, 2012)。

一项测验的效度是指测验用来测量需要测量的内容的程度。然而,测验使用者还会关心测验的可靠性或稳定性。因此,测验研发人员需要把建立测验工具的信度作为标准化进程的一部分。

测验的信度与测验项目的甄别有关。在初始项目试用后对测验项目进行分析时,我们需要对它们进行检测以确定其甄别力。当测验的最终形式被用到一个常模样本群体中时，我们要再次分析测验项目以保证测验工具相当可靠，还要分析整个测验的项目而不是个别测验的项目。测验手册通过复本法、半分法、**重测信度**（test-retest reliability）测量来汇报测验的信度。测验的信度系数是指测验不受测量误差影响的程度。如果运用**复本信度**（alternative-form reliability）策略，测验设计人员需要构建测验的两种等效形式。这两种形式会在短期内用于常模样本组，所得结果的相关性就表明了信度系数。例如，标准化测验可以使用几种不同的测验形式。为了确保测量的可靠性，常模样本组进行了两种形式的测验，然后比较结果，看看每一项测验的作用是否相同或相似。

如果**半分信度**（split-half reliability）系数可以用来确定信度，我们就可以在常模样本组中实施一个单项测验，那么这个测验所取得的一半分数就和另一半分数有关。单项测验的内容决定了半分信度。一个具有半分信度的测验也会被认为具有**内部一致性**（internal consistency），即这两半测验的项目在测量同样的特性时呈正相关。

重测信度同样可以通过实施单项测验来确定。在这种情况下，测验用于常模样本组并在短暂间隔后继续使用。通过比较两次测验的分数，我们可以确定测验在目标上是否一致。

影响效度和信度的因素

尽管在标准化测验中我们会运用测量方法和程序来保证测验的效度和信度，但其他因素也会影响测验结果。比较常见的因素有被测人群的阅读能力、测验室的自然条件、被测人群的记忆力和身体条件。因此，如果测验室内的温度高，让人感到不舒服，或者被试在测验前没有休息好，都会影响测验分数。

缺乏时限和一致性的测验说明，也会影响测验分数。其他影响因素还包括测验评级中个体之间的不一致性以及学生对答案的猜测（Payne，1997）。

测验指令不明、被试在测验中阅读单词吃力以及测验项目不能正确地反映测验的目的，都会影响测验的效度（Miller，Linn，& Gronlund，2012）。测验项目的数量、缺乏**评分者间的信度**（interrater reliability）以及影响测验环境的无关事件，会影响测验的信度（Miller，Linn，& Gronlund，2012；McMillan，2007）。

诸如此类的因素可能会使测验出现错误，从而影响测验的质量。测验的质量的变化是**测量标准误**（standard error of measurement）产生的原因之一。

测量标准误

一项测验无论设计得有多好，都不可避免地会出错。尽管有假设性**真实分数**（true score），但这种真实分数在实际操作中是不存在的。测验的信度取决于选择和分析可以确定信度的方法后产生的测量标准误的大小。如果信度的相关系数小，那么测量标准误就大；测量的标准误越大，测验的信度就越低。测量标准误是对变量的总数的估计。我们可以利用信度的相关系数来预测变量的总数。

在前文中，我们已在标准化影响测验的信度的部分介绍了一些变量。首先是样本人群的规模。一般来说，样本人群的数量越多，测验的信度越高。其次是测验的数量。篇幅长的测验的信度往往比篇幅短的测验的信度高。因为篇幅长的测验包含更多的测验项目，能够更好地反映行为。测量一个行为的项目越多，越能得出真实分数，信度也越高。测验人员只有严格遵守测验的要求才能保证信度。

影响测量标准误的第三个变量是从常模样本组中获得的一系列的测验分数。分数的分布范围越广，测验区分的信度就越高。因此，分数的分布范围能够很好地区分表现好的学生和表现欠佳的学生（Miller，Linn，& Gronlund，2012）。测验分数的分布与参加测验的学生的人数有关。测验的样本越大，测验分数的分布范围就可能越广。

选择和评价测验的注意事项

无论私立学校、公立学校还是学前班或儿童看护中心，当这些机构决定通过测验来评价儿童时，教育者必须决定如何选择合适的测验来达到目的。他们必须明确关于测验的相应问题。布朗（Brown，1983）明确了测验使用者必须考虑的几个方面的因素：测验的目的、要测量的特征、如何应用测验结果、测验结果使用者的资格如何、实践中的制约因素。所有这些因素对于选择适合儿童的测验都至关重要。由于儿童自身发展的局限性，测验的形式必须兼顾他们的反应能力。发展的局限性包括注意持续的时间短，精细运动技能尚未发展，在测验中不会使用阅读技巧和在团体测验中表现欠佳。测验人员的经验不足也是影响测验选择的因素。

需要考虑的其他相关因素（特别是在为儿童选择测验时），包括所需的费用、测验时间，能否轻易得分和运用测验结果（Kaplan & Saccuzzo，2013）。测验的花费必须合理，测验时间对儿童而言也应适宜。

测验的质量是最大的问题。对于儿童来说，这是不是个好的测验？我们选择合适的测验，是想检验它能否像测验手册介绍的那样规范。测验手册应包含如下几个方面的信息。

- **测验的目的**。测验的目的应该描述测验的合理性、测验想要测量的特征和测验的用途。
- **测验设计**。测验设计需要说明选择测验项目的步骤和合理性，以及测验的研发和试验情况。
- **建立效度和信度**。测验手册应该描述建立测验的效度和信度的步骤，包括能说明效度、信度和常模的足够数据。
- **测验的实施和评分**。测验手册应包含如何实施测验、如何评分和如何解释测验结果的准确信息。信息要充足，以便使测验使用者可以确定测验是否实用、是否符合他们的目的。测验手册还应指出在测验的实施和评分过程中会遇到的潜在问题（Kaplan & Saccuzzo，2013）。表3-7列出了测验手册设置的问题，包括可接受的信度系数。

在测验和测量中，测验使用者需要接受大量的培训，以充分理解和解释测验手册。对于许多使用者而言，测验手册中的解释和数据是复杂且难以理解的。读者很难确定信度系数是否适当，常模组的人口规模和特征是否适宜，测验的内容和形式是否适合预期的用途。在理解测验适宜性的过程中，为了获得额外的帮助，测验使用者将会寻求有关测验标准和审查的资源。《教育心理测验标准》包含了关于测验、手册和报告的标准，还包括效度标准、信度标准以及应该包含在测验用途中的内容（APA，1999）。

布罗斯精神测量研究所或许是鉴定、描述、评估已发布的测验的重要机构。一系列已出版的测

表 3-7　测验手册设置的问题

信　度
1. 如何确定测验的信度？用什么方法确定？
2. 信度能否达到推荐水平？（适用于个体的测验的信度需要达到 0.90 或以上；适用于研究的测验的信度需要达到 0.70 或以上）
效　度
1. 测验能否真正测量想要测量的内容？
2. 测验要达到的目的是否有意义？
3. 如何验证测验的效度？有何具体标准？
标准化样本
1. 是否有足够的样本数量来确定信度、效度和常模？
2. 被测人群包括哪些类型的人群，具有哪些人格特征？他们和实际受测人群的特征是否相似？
评　分
1. 获取评分的关键是什么？
2. 进行合理评分需要多长时间？
3. 如果采用电脑评分，花费是否合理？可以获得哪些类型的报告？需要多长时间才能获得测验结果？
其他注意事项
1. 实施测验需要多长时间？
2. 如果测验需要用于幼儿，测验内容和测验项目的数量是否符合他们的发展水平？
3. 测验需要读出来吗？阅读的难度水平是否适合参加测验的学生？
4. 需要对测验人员进行多少次培训？测验可以由班里的教师实施吗？

验是包含五卷的上千套测验。最新的是包含两卷的已出版的测验的第七版（Murphy，Spies，& Plake，2006）。

《心理测验年鉴》（the Mental Measurements Yearbooks）包含每项测验的描述性信息和专业评论。其内容包括测验结构的信息源、批准日期和用途。测验的批判性评论也被包含在内。例如，《斯坦福 - 比奈智力量表》是美国最早的智力测验（Terman & Merrill，1973）。但是，该测验的第四版被发现与先前版本非常不同（Thorndike，Hagen，& Sattler，1986）。评论家指出测验给使用者提供的关于分数的信息的准确度很低，测验对儿童的吸引力下降，并且在标准化的过程中过多地参考来自收入高和教育水平高的家庭的儿童样本（Anastasi，1989；Cronbach，1989）。《斯坦福 - 比奈智力量表》的最新版本是第五版（Roid，2003）。教育者在为儿童选择测验时需要考虑到测验的质量。

《测验评论（1～10 卷）》（Test Critiques，Volume I–X）特别适合没有测验设计技术基础的人阅读（Keyser & Sweetland，1984—1994）。这套书包括测验设计及使用的信息、对测验的评论。这套书还提到了适用于儿童的标准化测验的附加内容。

我们可以在网络上看到测验的评论。布罗斯测验中心为在线测验评论的网站提供了搜索引擎。还有一种在线资源是心理软件资源（Krug，1993）。它可以鉴定和描述用来在教育、心理、商业方面进行评价的电脑产品。

布朗（Brown，1983）总结了选择和评价测验的步骤。

- 确定测验的目的、需要测量的特征和被测人群的特征，还要考虑测验使用者的资格和实际操作中的注意事项。

- 明确何种测验能满足需求。比如,《心理测验年鉴》、测验出版商的目录和测验汇编都是最有帮助的。
- 从教科书、期刊、参考书中可以获得更多的关于测验的信息,还可以请教已经用过此类测验的人。
- 选择最有前景的测验,获得这些测验的样本。
- 根据自己的特殊需要对各类测验进行详细的评价,在各种评价的基础上选择可用的测验。
- 如果条件允许,在测验正式使用前可以进行试用。
- 使用测验时,时刻监测和评价其有用性、有效性。

总 结

现在心理测验已适用于各年龄段的儿童。测验可以用来考查成就、天资和智力等,同样可以用来了解儿童的兴趣、态度、价值和性格特征。这些心理测验在本章中根据年龄来排列。因此,有适用于婴儿和学步儿、学龄前儿童、学龄儿童的不同测验。有些测验,如兴趣和态度测验只适用于学龄儿童。测验的质量因为设计和评估的方法不同而有所不同。

尽管标准化测验有其缺点,但对测验使用者而言是有用的。这是因为通过一系列的步骤,测验已经发展成熟,能够保证信度,可以让教育机构用来测量儿童的特质。好的标准化测验通过运用到不同地方、不同背景的个人身上而被常模化,因此它们能准确地测量所代表的人群。

尽管研发一项标准化测验的过程看起来很枯燥,但好的测验设计的每一步都需要精心计划和关注。测验的效度和信度是由设计的细节决定的。测验手册包含了从介绍测验的目的的概念到关于测验建构的技术数据的描述。

关键术语

成绩测验	常模	复本信度	团体测验
态度测试	个体测验	原始分数	共时效度
智商	信度	结构效度	智力测验
半分信度	内容效度	测量标准误	标准参照测验
重测信度	效标关联效度	项目分析	真实分数
等值形式	效度		

选定的网站

在线搜索以下组织或机构的网站:

Buros Institute of Mental Measurements

Test Reviews Online

参考文献

Als, H., Butler, S., Kosta, S., & McAmulty, G. (2005). The assessment of preterm infants' behavior (APIB): Furthering the understanding and measurement of neurodevelopmental competence in preterm and full-term infants. Mental Retardation and Developmental/Disabilities Research Reviews, 11, 94–102.

Als, H., Lester, B. M., Tronick, E., & Brazelton, T. B. (1982). Towards a research for the assessment of preterm infants' behavior (APIB). In H. E. Fitzgerald, B. M. Lester, & M. W. Yogman (Eds.), Theory and research in behavioral pediatrics (Vol. 1), 1–35. New York, NY: Plenum Press.

Als, H., Tronick, E., Lester, B. M., & Brazelton, T. B. (1979). Specific neonatal measures: The Brazelton Neonatal Behavioral Assessment Scale. In J. D. Osofsky (Ed.), Handbook of infant development, 185–215. New York, NY: Wiley.

American Psychological Association. (1999). Standards for educational and psychological testing. Washington, DC: Author.

Anastasi, A. (1989). Review of the Stanford–Binet Intelligence Scale, Fourth Edition. In J. C. Conoley & J. J. Kramer (Eds.), The tenth Mental Measurements Yearbook. 771–772. Lincoln, NE: University of Nebraska Press.

Apgar, V. (1975). A proposal for a new method of evaluation of a newborn infant. Anesthesia and Analgesia, 32, 260–267.

Ball, R. S. (1977). The Gesell Developmental Schedules. Journal of Abnormal Child Psychology, 5, 233–239.

Ballard, W., & Tighe, P. (2006). IDEA Proficiency Tests (Pre-IPT), Fourth Edition. Brea, CA: Author.

Bayley, N. (2005). Bayley Scales of Infant Development, Third Edition (BSID-III). San Antonio, TX: Pearson Assessments.

Beery, K. E., Buktenica, H., & Beery, N. (2010). Beery-Buktenica Developmental Test of Motor Integration, Sixth Edition. San Antonio, TX: Pearson Assessments.

Bender, L. (2003). Bender Visual Motor Gestalt Test for Children, Second Edition (Bender-Gestalt-II). San Antonio, TX: Pearson Assessments.

Boehm, A. E. (2000). Boehm Test of Basic Concepts, Third Edition. San Antonio, TX: Pearson Assessments.

Bracken, B. A. (1998). Bracken Basic Concept Scale-Revised (BBCS-R). San Antonio, TX: Pearson Assessments.

Brand, D. A., Altman, R. L., Puttill, K., & Edwards, K. S. (2005). Yield of diagnostic testing in infants who have had an apparent life-threatening event. Pediatrics, 115, 885–893.

Brazelton, T. B., Berry, T., & Nugent, J. K. (2011). Neonatal Behavioral Assessment Scale (NBAS), Fourth Edition. Cambridge, England: Cambridge University Press.

Brazelton, T. B. (1996). A window on the newborn's world: More than two decades of experience with the Neonatal Behavioral Assessment Scale. In S. J. Meisels & E. Fenichel (Eds.), New visions for the developmental assessment of infants and young children, 127 – 146. Washington, DC: Zero to Three: National Center for Infants, Toddlers, and Families.

Brigance, A. H. (2013). Brigance Early Childhood Screens, III. Woburn, MA: Curriculum Associates.

Brown, E. G. (1983). Principles of educational and psychological testing (3rd ed.). New York, NY: CBS College Publishing.

Buros, O. K. (1999). Tests in print V. Lincoln, NE: University of Nebraska Press.

Calhoun, C. L., Gaughan, J. P., Chafitz, R. S., & Mulcahey, M. J. (2009). A pilot study of observational motor assessment in infants and toddlers with spinal cord injury. Pediatric Physical Therapy, 21, 62 – 67.

Campbell, S. K., Kolobe, T. H.A., Osten, E. T., Lenke, M. L., & Girolami, G. L., (1995). Construct validity of the Test of Infant Motor Performance. Physical Therapy, 75, 585 – 596.

Cronbach, L. J. (1989). Review of the Stanford-Binet Intelligence Scale, Fourth Edition. In J. C. Conoley & J. J. Kramer (Eds.), The tenth Mental Measurements Yearbook, 773 – 775. Lincoln, NE: University of Nebraska Press.

Cronbach, L. J. (1990). Essentials of psychological testing (5th ed.). New York, NY: Harper & Row.

CTB/McGraw-Hill. (2000). Pre-LAS 2000. Monterrey, CA: Author.

DeGangi, G., Poisson, S., Sickel, R., & Wiener, A. S. (1995). Infant/Toddler Symptom Checklist: A screening tool for parents (ITSC). San Antonio, TX: Pearson Assessments.

Dunn, L. M., & Dunn, L. (1997). Peabody Picture Vocabulary Test, Fourth Edition (PPVT-4). San Antonio, TX: Pearson Assessments.

Frankenburg, W. K., Dodds, J., Archer, P., Shapiro, H., & Bresnick, B. (1992). Denver II. Denver, CO: Denver Developmental Materials.

Geisinger, K. F., Spies, R. A., Carlson, J. F., & Plake, B. S. (Eds.). (2007). The seventeenth Mental Measurements Yearbook. Lincoln, NE: University of Nebraska Press.

Gesell Institute. (2011). Gesell Developmental Observation—Revised. New Haven, CT: Author.

Gronlund, N. E. (1990). Measurement and evaluation in teaching (6th ed.). New York, NY: Macmillan.

Hack, M., Taylor, H. G., Drotar, D., Schluchter, M., Carter, L., Wilson-Costello, D., Klein, N., Friedman, H., Mercuri-Miinicih, N., & Morrow, M. (2005). Poor predictive validity of the

Bayley Scales of Infant Development for cognitive function of extremely low birth weight children. Pediatrics, 116, 333 - 341.

Hammill, D. D., Pearson, N. A., & Voress, J. K. (1996). Test of Visual - Motor Integration. Austin, TX: PRO-ED.

Harrison, P., Kaufman, A. S., & Kaufman, N. L. (1990). AGS Early Screening Profiles (ESP). Bulverde, TX: Pearson Assessments.

Harrison, P., & Oakland, T. (2003). Adaptive Behavior Assessment System, Second Edition (APAS-II). Los Angeles, CA: Western Psychological Services.

High/Scope Educational Research Foundation. (2003). Preschool Child Observation Record. Ypsilanti, MI: Author.

Kaplan, R. M., & Saccuzzo, D. P. (2013). Psychological testing principles: Applications and issues (8th ed.). Belmont, CA: Wadsworth.

Kaufman, A., & Kaufman, N. (2005). Kaufman Assessment Battery for Children (K-ABC-II): Sampler manual (2nd ed.). San Antonio, TX: Pearson Assessments.

Keyser, D. J., & Sweetland, R. C. (1984—1994). Test critiques (Vols. I - X). Kansas City, MO: Test Corporation of America.

Krug, S. E. (1993). Psychware Sourcebook. Kansas City, MO: Test Corporation of America.

Lambert, N., Nihira, K., & Leland, H. (2008). Adaptive Behavior Scale-School, Second Edition (ABS-S:2 tm). North Tonawanda, NY: Multi-Health Systems.

LeBuffe, P. A., & Naglieri, J. A. (2007). Devereux Early Childhood Assessment, Infant and Toddler (DECA-I/T/). Villanova, PA: Devereux Center for Resilient Children.

LeBuffe, P. A., & Naglieri, J. A. (2012). Devereux Early Childhood Assessment Preschool Program, Second Edition (DECA P-2). Villanova, PA: Devereux Center for Resilient Children.

Linder, T. W. (2008). Transdisciplinary Play-Based Assessment-2. Baltimore, MD: Brookes.

Mardell, C. D., & Goldenberg, D. S. (2011). Developmental Indicators for the Assessment of Learning (Fourth Edition ed.). San Antonio, TX: Pearson Assessments.

Markwardt, F. (1997). Peabody Individual Achievement Test—Revised Normative Update.(PIAT-R/NU). San Antonio, TX: Pearson Assessments.

McMillan, J. H. (2007). Classroom assessment: Principles and practice for effective instruction (4th ed.). Boston, MA: Allyn & Bacon.

Mehrens, W. A., & Lehmann, I. J. (1991). Measurement and evaluation in education and psychology (4th ed.). New York, NY: Harcourt Brace.

Merrell, K. W. (2003). Preschool and Kindergarten Behavior Scales, Second Edition (PKBS-2). Austin, TX: PRO-ED.

Meisels, S. J., & Atkins-Burnett, S. (2004). The Head Start National Reporting System: A critique. Young Children, 59, 64 – 66.

Meisels, S. J., & Atkins-Burnett, S. A. (2005). Developmental screening in early childhood: A guide (5th ed.). Washington, DC: National Association for the Education of Young Children.

Meisels, S., Marsden, D. B., Dombro, A. L., Weston, D. R., & Jewkes, A. M. (2008). The Ounce Scale. San Antonio, TX: Pearson Assessments.

Meisels, S. J., Marsden, D. B., Wiske, M. S., & Henderson, L. W. (2008). Early Screening Inventory—Revised (ESI-R). New York, NY: Pearson Education.

Miller, L. J. (1993). First Step: Screening Test for Evaluating Preschoolers (First Step). San Antonio, TX: Pearson Assessments.

Miller, M. D., Linn, R. L., & Gronlund, N. M. (2012). Measurement and assessment in teaching (Eleventh ed.). Upper Saddle River, NJ: Pearson.

Mullen, E. M. (1995). Mullen Scales of Early Learning, AGS Edition. San Antonio, TX: Pearson Assessments.

Murphy, L. L., Spies, R. A., & Plake, B. S. (2006). Tests in print, VII. Lincoln, NE: University of Nebraska Press.

Newborg, J. (2004). Battelle Developmental Inventory—II (BDI-II). Chicago, IL: Riverside Publishing.

National Association for the Education of Young Children. (2012). Common Core Standards: Caution and opportunity for early childhood educators. Washington, DC: Author.

Nihira, K., & Lambert, N. (1993). AAMR Adaptive Behavior Scale—School (ABS-S:2). Washington, DC: American Association on Mental Retardation.

Panitch, H. B. (2004). The role of pulmonary testing in infants. NeoReviews, 5.

Payne, D. A. (1997). Applied educational assessment. Belmont, CA: Wadsworth.

Powell, G., MacKrain, M., & LeBuffe, P. (2007). Devereux Early Childhood Assessment Infant and Toddler (DECA-I/T) technical manual. Lewisville, NC: Kaplan Early Learning Company.

Prizant, B., & Wetherby, A. (2002). Communication and Symbolic Behavior Scales Developmental Profile (CSBS DP), First Normed Edition. Baltimore, MD: Brookes Publishing.

Roid, G. (2003). Stanford-Binet Intelligence Scales (SBS), Fifth Edition. Rolling Meadows, IL: Riverside Publishing.

Schrank, F. A., Wendling, B. J., Alvarado, C. G., & Woodcock, R. W. (2010). Woodcock-Munoz Language Survey—Revised Normative Update (WMLS-R NU). Rolling Meadows, IL: Riverside Publishing.

Spache, G. D. (1981). Diagnostic Reading Scales: Examiner's manual. Monterey, CA: CTB/McGraw-Hill.

Sparrow, S. S., Cicchetti, D. V, & Balla, D. A. (2005). Vineland Adaptive Behavior Scale (2nd ed.). San Antonio, TX: Pearson Assessments.

Squires, J., & Bricker, D. (2009). Ages and Stages Questionnaire, Third Edition (ASQ:3). Baltimore, MD: Brookes.

Terman, L. M., & Merrill, M. A. (1973). Stanford–Binet Intelligence Scale: Manual for the third revision form L-M. Boston, MA: Houghton Mifflin.

Thorndike, R. L., Hagen, E. P., & Sattler, J. M. (1986). Stanford–Binet Intelligence Scale (Fourth ed.). Chicago, IL: Riverside.

U.S. Department of Health and Human Services Head Start Bureau. (2003). National Reporting System. Washington, DC: Author.

Walker, H. M., Severson, H. H., & Feil, E. G. (1995). Early Screening Project (ESP). Longmont, CO: Sopris West.

Wechsler, D. (2002). Wechsler Preschool and Primary Scale of Intelligence, Third Edition (WPPSI-III). San Antonio, TX: Pearson Assessments.

Wechsler, D. (2003). Wechsler Intelligence Scale for Children, Fourth Edition (WISC-IV). San Antonio, TX: Pearson Assessments.

Widerstrom, A. H., Mowder, B. A., & Sandall, S. R. (1991). At-risk and handicapped newborns and infants. Upper Saddle River, NJ: Prentice Hall.

Wilkinson, G. S., & Robertson, G. J. (2006). Wide Range Achievement Test 4 (WRAT4). Lutz, FL: Psychological Assessment Resources.

Wodrich, D. (1997). Children's psychological testing: A guide for nonpsychologists. Baltimore, MD: Brookes.

Woodcock, R. W., & Muñoz-Sandoval, A. F. (2005). Woodcock-Muñoz Language Survey—Revised (WMLS-R). Chicago, IL: Riverside.

Zeitlin, S., Williamson, G. G., & Szczepanski, M. (1988). Early Coping Inventory (ECI): A measure of adaptive behavior. Bensenville, IL: Scholastic Testing Service.

Zimmerman, I. L., Steiner, V. G., & Pond, R. E. (2007). Preschool Language Scale, Fourth Edition (PLS-4). San Antonio, TX: Pearson Assessments.

第四章

使用和汇报标准化测验的结果

本章目标

阅读完本章，您将可以：

1. 解释如何使用常模参照测验和标准参照测验。
2. 了解如何解释测验分数。
3. 解释如何汇报标准化测验的结果。
4. 描述如何将测验结果汇报给儿童的父母。
5. 讨论标准化测验的优缺点。

对儿童进行测验有助于获得对他们有益的信息。在第三章，我们已经讨论过如何使用、设计和选择标准化测验。

在本章，我们会更详细地讨论如何运用测验分数。测验设计者在将测验标准化的过程中会建立常模，使测验分数的解释更具有说服力。我们不仅要关注常模参照测验，而且还要研究另一种类型的标准化测验——标准参照测验——是如何反映儿童的学习需求的。学区测验报告可用来分析和改进一个学区内处于不同水平的课程和教学；个体测验报告可供任课教师用来为个别或全班学生组织适宜的学习体验活动。

在本章，我们还会讨论如何利用个体测验报告和班级测验报告来汇报儿童的发展情况及项目成效。测验结果对于教师、学区管理者、父母和学校董事会而言很重要。测验结果将会给他们提供关于测验的有意义的解释。最后，我们要思考使用标准化测验的优缺点。

常模参照测验和标准参照测验的使用

常模参照测验和标准参照测验的区别

常模参照测验和标准参照测验都是标准化测验工具。有些标准化测验是为获得常模参照结果而设计的，有些标准化测验是为获得标准参照结果而设计的。这两种测验的目的不同，测量儿童的学习成绩的测验项目也不尽相同。常模参照测验提供某个个体与他人表现的比较信息。我们通过对个体所处位置与某个已知团体所处位置进行比较，记录这个常模组获得相同分数或稍低分数的比例，确定个体在常模组中所处的相应位置，从而获得个体的**百分等级**（percentile rank）。

相反，标准参照测验关注在同样的标准和目标下个体的表现。测验结果可用来解释个体不参考他人行为可以做什么。标准参照测验可用来评价教学结果，即评价个体在具体行为或教学目标完成方面的表现（Brassard & Boehm, 2008；Zucker, 2003）。林（Linn）和米勒（Miller）描述了这两种测验的不同点："标准参照测验强调行为描述，常模参照测验强调个体间的差异。"（Linn & Miller, 2005）

无论常模参照测验还是标准参照测验，我们都已经在第三章介绍了它们的设计和研发过程。这些测验通过所有步骤的构建和标准化，具备了一定的效度和信度。虽然常模参照测验和标准参照测验也有可能未被标准化，但标准参照测验非标准化的可能性更大。如果标准参照测验用来考察儿童，那么它的效度和信度就同样重要（FairTest, no date）。

这两种测验也有相同点。林和米勒列举了两者的相同点（Linn & Miller, 2005）。

- 两者都需要适用于代表性样本的测验项目。
- 两者都需要成就领域的说明以便测量。
- 两者都使用相同类型的测验项目。
- 两者在编写项目时使用相同的规约（试题难度除外）。
- 两者都通过相同的良好特质（效度和信度）来测量。
- 两者都适用于教育测量。

这两种测验都使测量儿童掌握知识的情况；然而，测验的目标却不同。常模参照测验的内容广泛，可以测量许多内容。因为它关注的是总成绩，所以只有表现出目标行为的小样本会被评价。标准参照测验关注的是目标的达成。它会利用许多的测验问题来确定是否达成了预期的目标（Zucker, 2003）。

数学成绩测验就是一个很好的例子。一年级的常模参照测验可以包含加法、减法、集合和其他数学课程内容。设计测验题目时，我们需要对一年级儿童的数学学习的总体表现进行采样，然后将儿童的所有原始成绩转换为总成绩，并且将其和测验常模进行对比。在标准参照测验中，儿童在个别课程目标上的表现是比较重要的。我们可以设计测验题目来衡量儿童是否已经掌握了特定的学习目标，如减法、加法或其他数学课程的目标（Hambleton, 1999；PBS Frontline, 2002）。

常模参照测验和标准参照测验的另一个区别是测验题目不同。在常模参照测验的工具中，测验题目必须涵盖各种难度。因为测验的目的是区分个别学生和学生群体的表现，所以测验题目的难度应该高于测验年级的平均水平。为标准参照测验编写的测验题目是专门为完成学习任务设计的。这些测验题目必须有简单的题目，目的是评估儿童在某个年级的学习水平（Hambleton, 1999）。

新的标准化测验是为这两种参照测验开发的。也就是说，它们既可以用于常模参照测验，也可以用于标准参照测验。虽然很难开发一种对这两种测验都适用的单一测验，但是获得这两种参照测验结果对于教育工作者是有帮助的。测验结构中的缺陷可以被测验的更有效运用抵消（Linn & Miller，2005）。一些标准参照测验还没有被标准化测验涵盖。这并不影响这些标准化测验的设计和实用性，但读者应该了解这种情况。

对婴儿使用常模参照测验和标准参照测验

对婴儿使用的测验也是常模参照测验或标准参照测验。《贝利婴儿发育量表（第三版）》（Bayley，2005）是常模参照测验，《丹佛发育筛查量表（第二版）》（Frankenburg，et al.，1992）也是常模参照测验。《早期学习成就》（E-LAP）（Hardin & Peisner-Feinberg，2001）是标准参照测验。所有婴儿测验均须单独进行。开发和验证针对婴儿的标准化测验的过程与所有标准化测验是相同的。用来进行测验的程序也适用于婴儿的发育范围，包括他们如何回应测验人员。

对学龄前儿童使用常模参照测验

常模参照测验用来测量指定小组内的个人成绩。常模不是要达到的标准，而是对一组儿童的考试成绩的描述。常模可以在国家或地方的层面上建立。常模参照测验常用来衡量儿童的学业成绩、智力、能力和性格特征。正式测验是在学前阶段进行的，以确保儿童能接受特殊的指导或者从中受益。同时，这些测验能够确定儿童的教育是否成功。

智力测验，如《韦氏学前儿童和小学生智力量表（第三版）》（Wechsler，2002），是常模参照工具，使测验人员能够判断学龄前儿童对知识技能的掌握情况。智力测验被描述为诊断，因为它是对儿童的全面检查，包括对可能在精神或身体上有发育延迟或有学习障碍的儿童的检查。这种测验还包括《考夫曼儿童评定量表（第二版）》（Kaufman & Kaufman，2005）和《麦卡锡儿童能力量表》（McCarthy's Scales of Children's Abilities）（McCarthy，1983）。除了识别残疾儿童之外，智力测验也可以用来鉴别有天赋的儿童。图4-1说明父母需要了解标准化测验的结果。

图 4-1 父母需要了解标准化测验的结果

　　常模参照测验用于考查学龄前儿童当前的知识、技能或表现水平。在国家资助的项目中，开端计划用常模参照测验来评估儿童在项目中的学习结果；《皮博迪图片词汇测验》（Dunn & Dunn，2007）提供了对语言发展的测验方法；《贝姆基本概念测验（第三版）》（Boehm，2000）用来评估儿童的能力和技巧，以及对概念的认识。

　　《早期读写技能基本动态指标》（DIBELS-NEXT）（Good & Kaminski，2012）用于评价读写技能。图 4-2 为幼儿园数学测验题目的示例。该测验要求儿童根据图片选择正确的答案（多项选择）。该测验中的有些问题会有简单的提问。

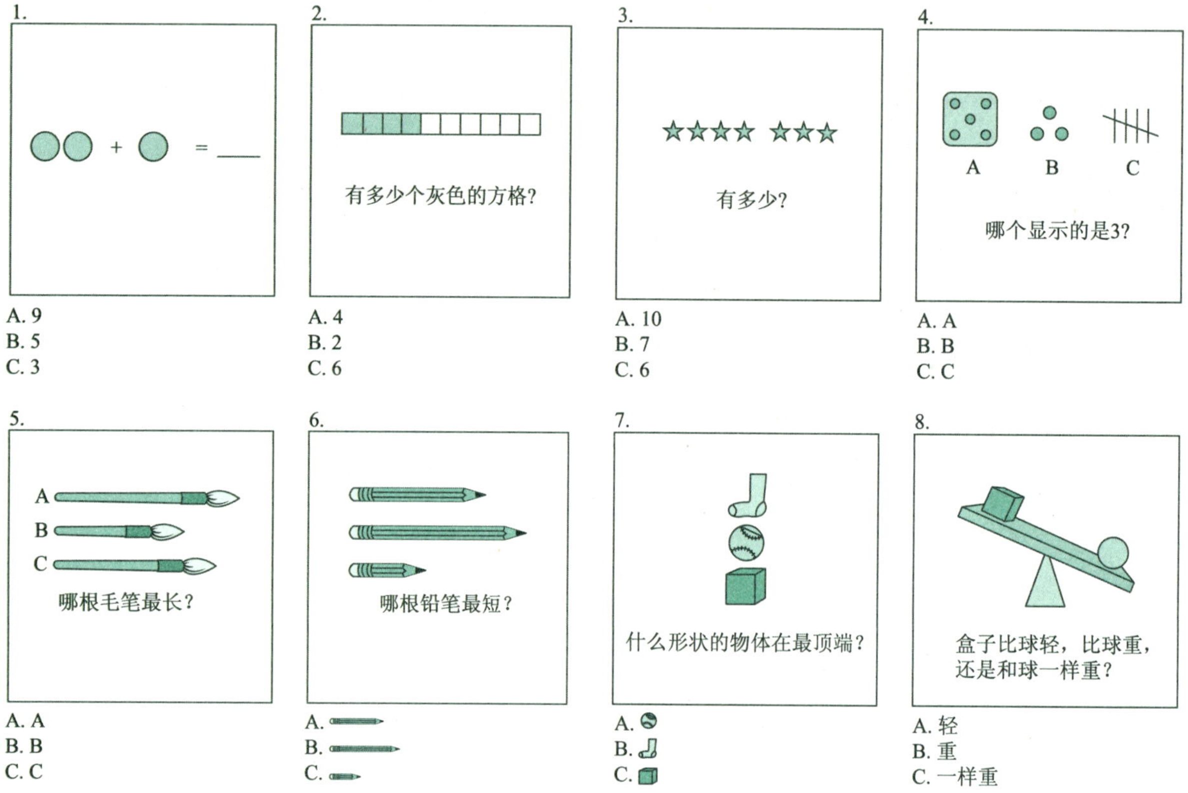

图 4-2　幼儿园数学测验题目的示例

资料来源：Good, R.H., & Kaminski,R.A.(Eds).（2010）. Dibels Data System: Easy CBM Math Test Items. Eugene, OR: University of Oregan Center on Teaching and Learning. Used by permission.

对学龄儿童使用常模参照测验

　　在儿童进入小学后，成绩测验是最常用的测验。当地开发的成绩测验与州和国家的测验相同，都是测量和分析教育计划中个人及群体的表现。我们要对在学校遇到困难的儿童进行筛查和诊断测验。但是他们早在幼儿园就已经开始接受成绩测验了，从一年级开始就变得更频繁。

　　常模参照测验的结果更多地用于小组测验结果的比较。其中的一个用途是评估某个学科领域中的成绩水平。我们还可以研究一所学校中每个班级或者某一年级所有班级的成绩，包括学区内所有学校的年级以及该年级在州内一个或多个学科领域的成绩。我们可以利用连续的测验结果分析学业成绩的趋势。

我们还可以通过使用小组测验的分数来研究教学计划。我们可以尝试使用新的教学计划或者评估现有的方法来确定计划是否需要改进，还可以使用测验成绩来调查教学计划的有效性；也可以通过制订决策和计划来改进课程中的薄弱环节。

对学龄前儿童使用标准参照测验

标准参照测验的分数用来描述儿童在特定目标下的个体表现。标准参照测验不是强调个体表现之间的差异，而是要说明个体能否完成测验目标。这种测验适用于**发育筛查**（developmental screening）、**诊断性评价**（diagnostic evaluation）和制订教学计划。

在儿童的发育评价和诊断性评价中，标准参照测验是最常用的测验。虽然**发育评价**（developmental assessment）主要用于识别在学前或一年级时需要接受早期教育干预或特殊服务的儿童，但也可用于健全儿童（Payne & Miller，2009）。

各种筛查测验已经发展成为《公法》的 94 ~ 142 条的重要组成部分，现在是《残疾人教育促进法》的重要内容。这要求 3 ~ 21 周岁的残疾人尽可能处于最少限制的环境。发育筛查考查情感、认知和动作技能的发展情况，以确定是否需要进一步的评估来确定是否有残疾和需要补救策略（Payne & Miller，2009）。

我们为学龄前儿童确定了如下各种筛查措施。《丹佛发育筛查量表（第二版）》（Frankenburg，Dodds，Archer，Shapiro，& Bresnick，1992）是小儿科医师和其他医疗专业人员常用的筛查工具。《早期筛查调查（修订版）》（Meisels，Marsden，Wiske，& Henderson，2008）也是用于筛查的。表 4-1 是发育筛查工具的范例。

表 4-1 发育筛查工具的范例

《早期筛查调查（修订版）》 为 4.5 ~ 6 岁的儿童设计				筛查总得分： 参考 复筛查 良好	
儿童姓名：			男 女		
筛查人员：			筛查时间：		
学校：			出生日期：		
教师：			目前的年龄：		
是否完成父母问卷调查？ 是 否			四舍五入的年龄：		
1. 视觉运动 / 适应性			完成、失败或弃权		评 论
（1）用 10 块积木游戏热身 ①搭建高塔 在一张手工纸上放 10 块积木。 这里有些积木，儿童可以搭个塔。儿童利用所有的积木，看看能搭多高的塔。		完成	失败	弃权	
搭建高塔		0		弃权	

续表

②根据范例搭建大门			
在手工纸上搭建。 现在教师要搭建一个大门。教师希望在自己搭建好以后，儿童也可以建一个和教师的类似的大门。 让儿童在屏障后面搭建大门，然后撤掉屏障。 现在请儿童搭建一个和教师的类似的大门。（给儿童 5 块积木。） 在儿童快要搭建完毕后询问：你们搭建的大门是否和老师搭建的一样？			
根据范例搭建大门	2	失败	弃权
如果儿童不能完成任务，就撤掉屏障。 让儿童观察教师是怎样搭建的。（演示如何搭建大门。） 现在让儿童搭建一个和教师的类似的大门。（给儿童 5 块积木。） 在儿童快要搭建完毕后询问：你们搭建的大门是否和老师搭建的一样？			
模仿搭建大门	或者 1	失败	弃权
2. 语言和认知	完成、失败或弃权		评　论
（1）数的概念 ①对 10 块积木计数 对这些积木计数。让儿童大声告诉教师自己的答案。 把 10 块积木打乱顺序放在纸上。保证积木之间互不接触，让儿童重新排列它们。	完成	失败	弃权
10 块积木（计数）	2	失败	弃权
如果儿童不能完成任务，减少到 5 块积木。 移走 5 块积木。对剩下的积木计数。请儿童用手指向每一块积木并大声告诉老师。让儿童迅速一起做一遍。			
5 块积木（计数）	或者 1	失败	弃权
如果儿童能完成对 5 块积木的计数，就迅速一起做一遍；如果儿童无法完成任务，就让其改用语言解释。			
②总的计数 如果儿童在计算方面完成得很好，快速问他们一共有多少块积木。 如果儿童需要重新数一遍，告诉他们要直接说出答案，不能数。			
10 块或 5 块积木	或者 1	失败	弃权

对学龄儿童使用标准参照测验

诊断性评价同样适用于学龄儿童。教师对表现出学习困难的儿童可采用学科内容领域的成套智力测验和诊断性测验。此外，标准参照测验的结果可用于制订针对具有不同的学习需求和成绩的儿童的教学计划。

标准参照测验的结果也可用来描述个体的表现，从而进一步指导教学计划的制订。

精熟测验（mastery testing）是一种评价教学目标的标准参照测验。在掌握一个教学目标后，教学会继续推进到一个新目标。就成绩测验而言，通过儿童的测验结果，我们可以判断出他们已经掌握了哪些目标、需要加强哪些目标。这一测验结果可用于为一组儿童制订教学计划。同样，**个性化教学**（individualized instruction）可以基于标准参照测验的结果来开展。表4-2是标准参照测验的目标范例。

表4-2 标准参照测验的目标范例

初级阅读领域的标准参照测验项目
1. 把大写字母和小写字母配对。
2. 识别大写字母和小写字母。
3. 完成3个字母的单词配对。
4. 完成4个字母的单词配对。
5. 识别字母、单词和数字。
6. 识别文中出现的单词。
7. 展示抄写字母、数字和单词的能力。
数学领域的标准参照测验项目
1. 数到10。
2. 认识20以内的数字。
3. 认识硬币。
4. 给数字标号到10。
5. 累加数字到10。
6. 可进行10以内的减法。
7. 认识基本形状。

在个性化教学中，教师根据学生的个人需求实行个别教学，而不是实行大组授课。教师不再为整个班级设计课堂活动，而是组织不同规模的教学组，根据不同组的学生的学习情况分别制订教学计划。标准参照测验是实行个性化教学的依据。

最低能力测验（minimum-competency testing）同样也会用到标准参照测验的结果。在最低能力测验中，教师会根据学生达成测验目标的能力来设置最低能力标准。教师可以通过分析个体的成绩来筛选达到或超过既定能力水平的儿童。在美国，许多州已经为小学生制定了最低能力标准。

标准参照测验大范围地用于评价地方、州或国家层面的学生成绩，以便更好地了解教育的发展情况。我们通过分析大范围的学生群体的成绩来评估学区层面教学的优势和劣势。例如，我们发现阅读测验中学生的单词识别能力比理解能力强。最近，美国教育发展评价报告对学生学习情况进行了调查，结果如下。

总的来说，2012年学生学习情况的调查表明，9岁和13岁的学生在阅读和数学上的得分高于20世纪70年代的学生。13岁的学生的每个科目的总体平均分也比2008年最后一次评估的成绩要高。然而，对于 17 岁的学生而言，2012 年调查的阅读和数学的平均分与第一个评估年的成绩相比没有显著差异（National Center on Educational Statistics，2012）。

我们在州或国家的层面上获得标准参照测验信息后，可以对课程资源的使用和教学实践进行分析。加利福尼亚成绩测验是一项包括标准参照测验信息的成绩测验。

我们很容易想到，教师不想使用标准化测验，是因为其他类型的评价更适用于课堂。尽管广泛使用标准化测验是为了促进有效教学和对学生、教师、学校进行基于标准的评价，但标准化测验的结果所包含的有价值的信息可以帮助教师了解学生的需求和成绩。特别是标准参照测验的结果能够为教师进行总体评价和制订教学计划提供指导。

教师可以利用团体测验提供的信息制订个别教学计划和集体教学计划。个体成绩和班级成绩为确定标准参照测验的目标提供了依据。如果测验目标与为班级制定的学习目标相匹配，教师就需要在学年开始时考虑如何制订教学计划。

我们在第二章中建议所有的评价都要与教学相结合。最近的研究表明，教师认识到了标准化测验与教学彼此分离。他们无法理解标准化测验会有助于制订教学计划以满足学生的需求。相反，尽管标准化测验的受关注程度很高，但对于教师来说，它不过是作为有效地制订教学计划的依据之一。

解释测验分数

如果不将儿童的标准化测验的分数与其他分数进行有效的比较，那么标准化测验就没有意义。我们必须将原始分数转换成可以很好地反映儿童表现的分数，并将其与参加同种测验的儿童的分数进行比较。我们已经讨论了如何在常模组的分数的基础上设立常模来比较个体或团体的测验分数。现在有几种不同的解释、说明原始分数的评分系统，其中正态曲线可以通过一些标准分数来显示分数的分布情况。

正态曲线

正态曲线展示了理想状态下一群人的测验分数的**正态分布**（normal distribution），也可用于展示其他人类特质的分布，如图 4-3 所示。反映身体和心理特征的测验分数呈钟形分布，大部分的分数集中在曲线的中心。例如，我们做一个图来反映美国成年男性的身高。图上绝大部分人的身高会集中在平均高度的附近，只有很少的人会分布在很低和很高的部分。

在理想状态下，团体测验分数会出现相似分布。正态曲线可以用来作为理解个体测验分数的依据。任何数值量表都可以用来作为正态曲线，以表示测验工具的分数范围。

曲线的中点是**平均值**（mean）。曲线展示了测验分数的全部分布情况，平均值把曲线分成两部分。有些分数分布在平均值以上，有些分数分布在平均值以下。正态曲线可以描述标准化测验中的个体表现情况，也可以精确地指出个体分数在曲线上的位置（Miller，Linn，& Gronlund，2012）。

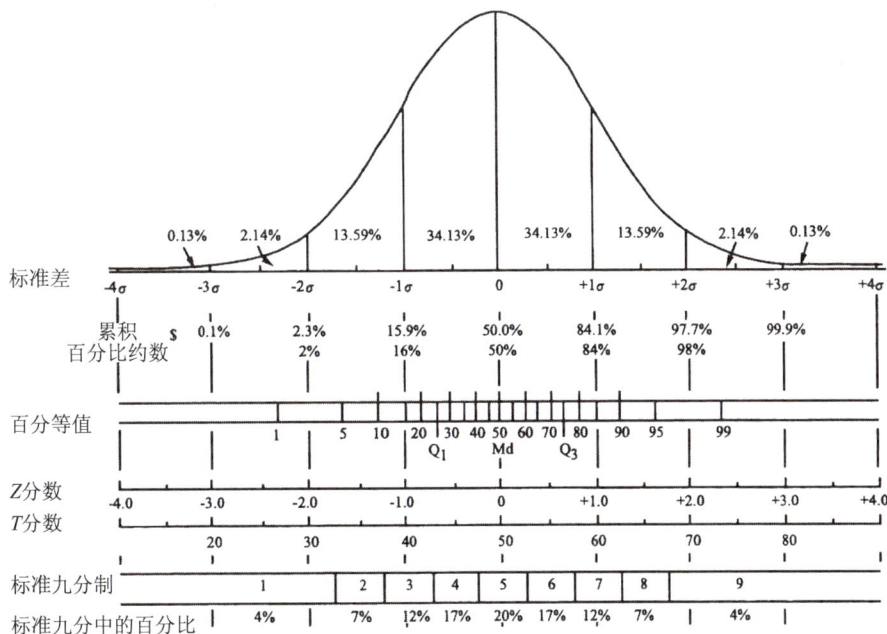

图 4-3 正态曲线

标准差

正态曲线可以再分为 8 个等份，被称为**标准差**（standard deviation）（用 σ 表示）。标准差可以用来计算个体的得分，并与标准化测验的常模组的得分进行比较。标准差描述了测验分数如何在平均值的左右分布。例如，个体的分数高于平均值，意味着个体的分数高于常模样本的平均得分。并且，这个个体的分数比 84% 的其他个体都要高。如果我们观察每个标准差的分数百分比，我们会发现大概 68% 的分数集中在平均值的左右。在每个连续标准差中，平均值左右的分数百分比在超过一个标准差时会急剧下降。但原始分数转化成百分制分数或标准分数后，标准差会进一步解释个体分数和正态分布分数的比较情况（Saccuzo & Kaplan，2013）。

我们可以把平均差作为参考，用来比较个体分数和小组的平均分数。接下来我们会介绍如何利用百分等级、**标准九分制**（stanine）、**Z 分数**（Z score）和 **T 分数**（T score），把原始分数转换为标准分数。

百分等级和标准九分制

将一项测验标准化后，我们就会利用百分等级、标准九分制来评价、比较常模样本和个体测验的得分。图 4-3 展示了如何通过观察正态曲线下的累积百分比和百分等值来得出百分等级。我们已经了解了正态曲线下每个标准差中全部分数的百分比的分布情况，以及去除平均值后更小的百分比在每个误差中的位置。

在曲线负端的起点，每个标准差的百分比可以累加。在平均值的位置，累积百分比是 50%，达到高于平均值的 3 个标准差时是 99.9%。

百分当量来自累积百分比。如果累积百分比代表测验分数的百分比沿着正态曲线降到标准差，那么百分制就表示低于该百分比的测验分数分布的一个正常的曲线点。得分在第 40 个百分位，表示等于或超过 40% 的参与测验的样本的分数。因此，儿童在测验中的百分等级解释了对照组中得分低的儿童比例。如果儿童的百分等级是 60%，即 60 分，那么这名参加测验的儿童在对照组的得分会超过 60% 的儿童。最重要的是，当我们将测验标准化和建立常模时，我们就可以将百分比同一个特定小组的分数进行比较。

在为标准化测验设立百分等级的常模后，设计人员要确定常模样本的分数如何在正态曲线上分布。我们利用标准差和百分比能共同得出这个分布情况。未来的测验使用者就会用这些常模来比较个体或团体的分数与原来的常模组的分数。

标准九分制为我们提供了理解分数分布的另一种方法。正如在图 4-3 所展示的那样，标准九分制把正常规模的常模人口划分为九等份。除了第九份和第一份外，每一个标准九分代表了标准差的一半。标准九分制为比较正态曲线下的累积百分比和百分等级提供了一种有效的方法。我们可以通过这种方式看到分数比例在每个标准九分上的分布情况，以及百分等级是如何同整个分布情况联系起来的。个体分数的九分等级可以反映个体在一组测验中的排名（Miller，Linn，& Gronlund，2012）。因此，标准九分聚集在正态曲线的中心代表了分数的最高比例，在平均值左右波动的一个或多个标准差反映了分数较低的百分比。

父母通常会认为九分制是反映儿童在标准化测验中的表现的最简单的方法。他们能了解儿童是在哪些方面失分的。九分制的结果如下：9 为非常优秀；8 为优秀；7 为中上等水平；6 为稍高于中等水平；5 为中等水平；4 为稍低于中等水平；3 为中下等水平；2 为较差；1 为差（Psychological Corporation，1980）。

Z 分数和 T 分数

一些标准化测验的结果可以用 Z 分数或 T 分数来汇报，因为它们提供了一种沿着正态曲线定位单个分数的简单方法。Z 分数和 T 分数被称为标准分数，因为它们反映的是正态曲线上的平均值左右的标准差。Z 分数用来描述一组分数中某个人的位置。Z 分数的 0 分位于正态曲线的中间。标准差可以把这些分数移动到低于零或零以上的位置。T 分数表明个人得分离平均值的差距。最低分数是低于平均值的 4 个标准差，最高分数是高于平均值的 4 个标准差，T 分数的 50 分是正态曲线的平均值。一名学生的成绩为 30 分，其低于平均值的 2 个标准差（AEA/267，2013）。

Z 分数被认为是所有标准分数中最基础的分数，是其他标准分数形成的基础。我们可以利用 Z 分数确定标准差中的分数与平均值的差距。我们通过观察累积百分比落在正态曲线上的位置，可以理解百分等级的含义。Z 分数中的标准差用来确定个体分数所处位置的标准。由于平均值分布在正态曲线的中心，因此 Z 分数和标准差是相互对应的。如果一个分数落在高于平均值的标准差的位置，那么 Z 分数是 +1；如果该分数落在低于平均值的两个标准差的位置，那么 Z 分数是 −2。

T 分数也是正态曲线中与标准差相对应的分数。像百分制一样，T 分数也沿着正态曲线累积。T 分数从 0 到 100，每两个标准差之间是 10 个点的范围。T 分数几乎和 Z 分数一样，但 Z 分数有一个 0 的平均值和 1 的标准差，T 分数有一个 50 的平均值和 10 的标准差（Hopkins，1997；Kubiszyn & Borich，2013）。多种标准化测验都采用 T 分数表示测验结果。《麦卡锡儿童能力量表》（McCarthy，1983）和有关智力测验的《斯坦福 - 比奈智力量表》反映的都是 T 分数（Terman & Merrill，1973）。

利用成绩测验结果改进教与学

学校董事会在他们的团体内分析了学生成绩的年度报告。分析结果表明，通过三年级的学习，学生已经达到了国家标准。但在一些学生小组中，分数表现出急剧下降的趋势。少数民族学生的分数的跌幅远超过本地学生。来自低收入家庭的学生的表现不如来自中等收入家庭的学生的表现。

小学教师通过研究标准参照测验的结果来探寻某些目标的达成是否存在不足之处。在阅读理解和解决数学难题中，大家发现了不足的一致指标。作为一个团体，学区中的学生做阅读题时的猜词能力和做数学题的计算能力，比他们分析、整合的高阶技能强得多。

每个年级的教师委员会都被分派任务去寻找教学资源，以便加强教学的辅助材料。他们尤其感兴趣的是找到涉及学生数学学习的资料，并允许学生获得有意义的阅读体验。

年级委员会首先寻找适合学生的阅读和数学材料，其次通过学区资料中心寻找有用的材料，最后到地区教育服务中心寻找材料。在那里，教育顾问会帮助他们找到能够解决学生在数学和阅读需求方面的问题的额外资源。同时，教育顾问还要在设计工作坊里集合委员会的成员，与每个年龄阶段的教师分享教学资源和策略。

在使用辅助材料的第二年，学生的测验成绩有了小幅的提高，第三年又有所提高。

现在，教师每年都要研究测验结果，看学生在哪方面有困难，从而确定是否要改进教学计划，同时特别关注分数较低的学生。学校董事会对基础测验分数的稳步提升非常满意。

标准化测验结果的汇报

在使用标准化测验得出分数并对个体分数和团体测验分数加以解释后，测验使用者不仅可以用这些信息向学区的专业人士汇报，而且还可以向儿童的父母汇报。报告包括个体测验结果和其他个体的分数，也涉及班级、学校和学区的测验结果。

个体测验报告

表 4-3 的个体测验报告选自《斯坦福成绩测验（第十版）》（Stanford Achievement Test Series, Tenth

Edition）。假设学生是四年级的，测验是在 4 月份（也就是这一学年的第八个月）进行的。这种形式的测验报告只反映了常模参照分数。在表 4-3 中，常模参照分数列在了左侧。

常模参照分数

个体测验报告包括各项子测验或成套测验的内容领域。阅读分为三个子测验，数学分为两个子测验。其他测验还包括语言测验。每一项测验和子测验，要反映比率分数、全国百分等级、标准九分制和正态曲线等值。比率分数是评价所有年级的连续分数，它反映了学生在每一类别上的持续发展情况。

在学生的常模参照分数的右边是百分位带数。在这些百分位带数中，百分比等级成为解释测验标准误的可能分数范围。例如，这名学生的总阅读分数在第 65 个百分位；然而，百分位带数为 50 ～ 68 个百分位。测验可以表明分数是否在接近平均值或高于平均值的范围内。

我们可以把标准参照分数细分成不同的分数。例如，数学的标准参照分数中给出了数学问题解决和数学程序的总分。数学问题解决和数学程序的标准参照分数中给出了对应的不同的分数。除了个别国家的百分比之外，学生的排名都低于平均值或平均值以上所对应的每个分测验的排名。这名学生的成绩主要集中在平均值以上。

班级测验报告

表 4-4 是《斯坦福成绩测验（第十版）》的班级测验报告，其参考对象同样是四年级的。标准参照分数出现在页面的顶部。这个班级测验报告结合了**百分位数**（percentile）和标准九分制，包括正态曲线等值分数。本次测验的平均分反映了每个测验和子测验在正态曲线上的班级平均分。

学校和学区的测验报告

我们利用班级测验报告的总结可以形成学校和学区的测验报告。我们可以把常模参照测验和标准参照测验的结果整理后呈现给校长、学区评价人员、院长和管委会；可以对全年级、全校或全学区内所有学校同一年级的成绩报告进行研究。同时，除了可以按照学校或年级水平来分析教学的优缺点以外，我们还可以根据教学内容的领域来分析教学的优缺点。我们可以通过比较近几年学生的成绩来确定需要长期改进的目标或诊断成绩下降的问题。我们必须考虑测验中测量误差的因素，以便通过研究测验结果来得出真实的结论。

向儿童的父母汇报测验结果

父母有权知道自己的孩子在学校的表现情况，学校也有义务让父母了解这些情况。反映儿童学习的一种方式就是标准化测验。学校应采取有利于父母的方式汇报儿童的测验结果。

表 4-3　个体测验报告

学生报告

教师：蒂尔顿（Tilton）
学校：纽敦小学
区：纽敦区

年级：04
测试日期：04/03

全国比较
年龄：9 岁 8 个月
学号：8

《斯坦福成绩测验（第十版）》
《奥提斯 - 勒农学习能力测验》（第八版）

关于该学生的表现

该学生最近参加了《斯坦福成绩测验（第十版）》。该测验比较了该学生与美国同年级学生的表现情况。其中，百分位带数显示了该学生的真实学习成绩可能属于的范围。例如，某位学生的某一门课的百分位带数落在 70% 上，表示其他的分数同等或超过了全国 70% 的学生，但是落后后 30% 的学生。

右侧是该学生每一门课的表现情况。

关于使用蓝思阅读分级的信息，请参见 www.lexile.com。

使用蓝思阅读分级前已获得许可。

子测验和总分	可能的分数	正确的分数	量表分数	全国 PR–S	全国 NCE	等效成绩	AAC 范围	全国百分位带数 （1 10 30 50 70 90 99）
阅读总计	114	82	639	59–5	54.8	5.4	中等	
单词学习技能	30	25	664	76–6	64.9	7.6	高	
阅读词汇	30	22	627	46–5	47.9	4.5	中等	
阅读理解	54	35	634	53–5	51.6	5.0	中等	
数学总计	80	56	633	64–6	57.5	5.5	中等	
数学解题	48	30	623	54–5	52.1	5.0	中等	
数学计算	32	26	650	74–6	63.5	6.3	高	
语言	48	28	610	39–4	44.1	3.5	中等	
语言机制	24	15	617	46–5	47.9	4.3	中等	
语言表达	24	13	603	36–4	42.5	3.5	中等	
拼写	40	30	647	73–6	62.9	6.4	高	
科学	40	30	643	69–6	60.4	6.3	中等	
社会科学	40	22	607	40–5	44.7	3.5	中等	
听力	40	22	603	35–4	41.9	3.4	中等	
思维能力	190	122	623	56–5	53.2	5.1	中等	
基础测试	322	218	NA	57–5	53.6	5.0	中等	
完整的测试	402	270	NA	56–5	53.4	5.0	中等	

奥提斯 - 勒农学习能力测验	可能的分数	正确的分数	SAI	平均 PR–S	量表分数	全国成绩 PR–S	全国百分位带数 （1 10 30 50 70 90 99）
总计	72	38	106	65–6	605	56–5	
语言	36	21	112	77–7	613	63–6	
非语言	36	17	102	55–5	597	46–5	

续表

C/P	类别	NP	NA	NC	低于平均	平均	高于平均
	单词学习技能						
C	结构分析	30	30	25		●	
C	语音分析—辅音	12	12	10		●	
C	语音分析—元音	9	9	8			●
	阅读词汇	9	9	7		●	
C	同义词	30	30	22		●	
C	多义词	12	12	9		●	
C	上下文线索	9	9	5	●		
P	思维能力	9	9	8		●	
	阅读理解	18	18	13		●	
C	文学	54	54	35		●	
C	资料	18	18	12		●	
C	功能	18	18	10		●	
P	初步理解	12	12	13			●
P	解释	20	20	11		●	
P	批判性分析	12	12	12		●	
P	策略	10	10	8		●	
P	思维能力	42	42	4		●	
	数学解题	48	48	24		●	
C	数感和数字运算	24	24	30	●		
C	图案/关系 I	6	6	16			●
	代数	8	4	6		●	
C	数据、统计和概率	10	10	4		●	
C	几何和测量	6	6	4		●	
P	沟通和表述	8	8	2			●
P	估算	21	21	5		●	
P	数学练习	13	13	13		●	
P	推理和解题	40	40	10			●
P	思维能力	13	13	26		●	

C/P	类别	NP	NA	NC	低于平均	平均	高于平均
	数学计算						
C	整数计算	32	32	26		●	
C	小数计算	18	18	14		●	
C	分数计算	8	8	6		●	
P	情境计算	6	6	6			●
P	计算/符号表示法	16	16	13		●	
	语言机制	16	16	13		●	
C	大写	16	16	13		●	
C	使用	24	24	15		●	
C	标点符号	8	8	7	●		
	语言表达	8	8	3		●	
C	句子结构	8	8	5		●	
C	写作前的构思	24	24	13			●
C	内容和组织	8	8	4		●	
P	思维能力	5	5	3		●	
	拼写	11	11	6		●	
C	语音管理	12	12	6		●	
C	结构原理	40	40	30			●
C	无错误	18	18	14		●	
C	同音异义词	10	10	7		●	
	科学	7	7	7			●
C	生命	5	5	2		●	
C	物理	40	40	30		●	
C	地球	11	11	9		●	
C	自然科学	11	11	6		●	
P	模型	7	7	5			●
P	稳定性	14	14	11		●	
		13	13				

C/P	类别	NP	NA	NC	低于平均	平均	高于平均
	科学（续）						
P	表格和函数	13	13	9		●	
P	思维能力	20	20	16		●	●
	社会科学	40	40	22		●	
C	历史	10	10	6		●	
C	地理	10	10	8			●
C	政治科学	10	10	6		●	
C	经济学	10	10	2	●		
P	知识的运用	14	14	7		●	
P	组织总结和信息解释	15	15	7		●	
P	因果关系的确定	11	11	8		●	
	听力	20	20	11		●	
P	思维能力	40	40	22		●	
C	词汇	10	10	3	●		
C	理解	30	30	19		●	
P	初步理解	8	8	6		●	
P	解释	12	12	7		●	
P	分析	7	7	4		●	
P	策略	3	3	2		●	
C	文学	10	10	7		●	
C	资料	10	10	7		●	
C	功能	10	10	5		●	
P	思维能力	22	22	13		●	
	思维能力	190	190	122		●	

注：C 表示内容聚类分析结果，P 表示过程类聚类分析结果。

表 4-4　班级测验报告

学生报告

教师：蒂尔顿　　　　　　　　　　年级：04　　　　　　　　　　全国比较

学校：纽敦小学　　　　　　　　　测试日期：04/03　　　　　年龄：9 岁 8 个月

区：纽敦学区　　　　　　　　　　　　　　　　　　　　　　　　学号：8

《斯坦福成绩测验（第十版）》
《奥提斯-勒农学习能力测验（第八版）》

关于该小组学生的表现

该小组学生最近参加了《斯坦福成绩测验（第十版）》。该测验比较了小组中典型学生与美国同年级学生的表现情况。基础分是小组学生表现的综合指标。如果小组中典型学生的成绩为年级中等，则意味着该小组学生的表现为平均水平。

右侧是该小组学生每一门课的表现情况。

关于使用蓝思阅读分级的信息，请参见 www.lexile.com。

使用蓝思阅读分级前已获得许可。

子测验和总分	测验的分数	正确的平均分数	平均量表分数	全国平均 PR-S	全国平均 NCE	等效中等成绩	AAC 范围 低 中 高	国家成绩百分位带数
阅读总计	22	90.6	661	77–7	65.5	6.5	5 68 27	
单词学习技能	22	24.0	665	74–6	63.3	7.1	14 64 23	
阅读词汇	22	25.8	667	74–6	63.3	6.4	14 59 27	
阅读理解	22	40.6	660	75–6	64.2	6.9	0 77 23	
数学总计	22	62.7	654	79–7	67.0	6.3	5 64 32	
数学解题	22	35.0	646	73–6	62.8	6.4	14 77 9	
数学计算	22	27.7	674	86–7	72.9	6.9	5 32 64	
语言	22	38.5	658	80–7	67.4	6.6	5 68 27	
语言机制	22	19.2	660	79–7	67.1	5.9	6 77 18	
语言表达	22	19.3	656	76–6	64.9	7.5	5 77 18	
拼写	22	30.4	656	77–7	65.8	7.0	9 59 32	
科学	22	30.8	650	74–6	63.9	6.8	14 68 18	
社会科学	22	29.5	645	73–6	62.9	6.3	9 73 18	
听力	22	29.1	644	74–6	63.9	6.0	9 73 18	
思维能力	22	144.2	648	80–7	67.7	6.2	0 68 32	
基础测试	22	251.3	NA	77–7	65.4	6.7	0 82 18	
完整的测试	22	311.5	NA	76–6	65.0	6.6	0 86 14	

奥提斯-勒农学习能力测验	测验的分数	正确的平均分数	平均 SAI	平均 PR-S	平均量表分数	全国平均成绩 PR-S	全国百分位带数
总计	22	46.7	114	80–7	628	77–7	
语言	22	23.9	113	80–7	629	77–7	
非语言	22	22.9	112	78–7	628	75–6	

续表

C/P	类别	项目数	低于平均	平均	高于平均
	单词学习技能				
C	结构分析	30	9	45	45
C	语音分析—辅音	12	5	50	45
C	语音分析—元音	9	14	27	59
	阅读词汇				
C	同义词	30	0	68	32
C	多义词	12	5	50	45
C	上下文线索	9	5	50	45
P	思维能力	9	5	50	45
	阅读理解				
C	文学	18	0	55	45
C	资料	54	0	55	45
C	功能	18	0	32	68
P	初步理解	18	9	59	32
P	解释	12	0	50	50
P	批判性分析	20	5	36	59
P	策略	12	0	50	50
P	思维能力	10	0	64	36
	数学解题				
C	数感和数字运算	42	9	27	64
C	图案和数字关系／关系	48	0	45	55
C	代数	24	0	59	41
	数据、统计和概率				
C	几何和测量	6	5	45	50
C	沟通和表述	8	0	59	41
P	估算	10	0	55	45
P	数学练习	6	5	73	23
P	推理和解题	8	0	45	55
P	思维能力	21	0	55	45
		13	0	41	59
		40	0	55	45

C/P	类别	项目数	低于平均	平均	高于平均
	数学计算				
C	整数计算	32	0	36	64
C	小数计算	18	0	18	82
C	分数计算	8	0	41	59
C	情境计算／符号	6	9	41	50
P	计算／符号表示法	16	0	50	50
P	思维能力	16	0	32	68
	语言机制				
C	大写	16	0	50	50
C	使用	24	0	59	41
		8	5	59	36
		8	9	32	59
C	标点符号	8	0	41	59
	语言表达				
C	句子结构	24	0	55	45
C	写作前的构思	8	0	41	59
C	内容和组织	5	0	68	32
P	思维能力	11	0	55	45
C	拼写	12	0	68	32
C	语音管理	40	9	36	55
C	结构管理原理	18	9	32	59
C	无错误	10	5	41	55
C	同音异义词	7	5	32	64
	科学				
C	生命	5	9	45	45
C	物理	40	0	50	50
C	地球	11	5	73	23
C	自然科学	11	0	55	45
P	模型	11	0	50	50
P	稳定性	7	0	32	68
		14	0	55	45
		13	0	68	32

C/P	类别	项目数	低于平均	平均	高于平均
	科学（续）				
C	表格和函数	13	5	26	59
P	思维能力	20	0	59	41
	社会科学				
C	历史	40	0	68	32
C	地理	10	0	64	36
C	政治科学	10	0	68	32
C	经济学	10	9	55	36
P	知识的运用	14	0	73	27
	组织总结和信息解释	15	0	82	18
P	因果关系的确定	11	0	55	45
P	思维能力	20	5	64	32
	听力				
C	词汇	40	0	50	50
C	理解	10	18	50	32
P	初步理解	30	0	50	50
P	解释	8	0	41	59
P	分析	12	0	50	50
P	策略	7	5	77	18
P	文学	3	27	36	36
C	资料	10	0	50	50
C	功能	10	0	64	36
P	**思维能力**	22	5	41	55
P	**思维能力**	190	0	23	77
				50	50

注：C表示内容聚类分析结果，P表示过程聚类分析结果。

作为标准化测验报告的一部分的统计数据，会让父母感到困惑。这个看似复杂的测验报告，对于父母了解孩子的成绩十分重要。他们可以在家长会上讨论测验结果。

教师主要负责向父母解释标准化测验的结果。教师了解孩子的需求，因为教师每天都和他们在一起，而且也知道父母的想法和想要获得的各种信息。这对教师解释考试成绩的价值和局限性是有帮助的。父母也可以了解为什么选择测验以及如何让自己的孩子在测验结果中受益。儿童专家也可以和教师一起解释标准化测验的结果的影响。

了解如何利用标准参照测验的结果来为孩子制订适宜的学习计划，对于父母来说是很有帮助的。例如，教师可以利用测验结果来建议父母在家通过一些小活动帮助孩子学习。

教师可能还希望与父母讨论不同孩子的成绩，尤其是孩子的兄弟姐妹的成绩。但教师应该让父母明确孩子之所以在成绩上有个体差异，是因为受到很多变量的影响。因此，教师在比较不同孩子的成绩时需要审慎。

一旦孩子上了小学，父母就特别想知道他们在学习上的表现，如成绩有没有提升。对标准化测验的结果的分析可以解答父母的这些疑问。

《早期阅读诊断性评价（第二版）》（ERDA2）描述了如何向父母汇报儿童在具体目标上的表现。该测验针对二年级的学生。语音分析、词汇和理解是该测验所包含的阅读的子测验。在该测验中，标准参照分数在页面的顶部，国家百分位数在页面的右侧。需要注意的是，测验中所有的百分位数都高于第 50 位的百分位数，表明学生的整体表现都远高于平均水平。

该测验出现了其他测验中未见到的分数，即**等级当量**（grade equivalent）。等级当量用于比较不同年级学生的成绩，可以用所在年级和上课的月份数来表示。在进行等级水平测验后，教师可以将测验结果与该年级以上和以下班级的测验结果进行比较。测验结果表明，在这种测验中，二年级的儿童与四年级的标准组儿童都做出了正确的回答。

等级当量分数说明儿童的表现在平均水平以上或以下，但不反映学校年级水平的排名。我们通过把儿童理解能力的等级当量同当地或国家的百分等级进行比较，发现两者都表明儿童的表现要好于平均水平。

一些测验出版商建议不要向父母汇报等级当量分数，因为这会让他们产生误解。他们会认为学校每几年或几个月会汇报一次等级当量分数，而不能理解这个分数并不意味着儿童会处在高层次或低层次。斯坦福诊断性阅读测验是儿童在 11 月份（学期的第三个月）接受的测验。所有的等级当量分数都高于 2.3，但这并不能说明儿童处在更高的年级层次。

在椭圆报告中，每种技能水平是通过正确答案的数量与总数的比较来反映的，椭圆的阴影部分表示得分等于或高于掌握进度指标的分数。分数下面的注释表示椭圆没有阴影，因为儿童的分数高于测验水平。换句话说，儿童已经掌握了二年级所需的技能。

提供给父母的资源现在可以帮助他们理解标准化测验。了解和使用分析测验结果的指南（Flanagan & Caltabiano，2004）可以帮助父母理解标准化测验的组成部分和汇报测验结果的常用术语。前线报告在美国公共广播公司公布的标准化测验报告的术语表和图表中指出，比较赞成标准化测验的人员和对测验非常关键的人员的立场，并对关于如何开发标准化测验以及需要测量和不需要测量的信息有全面的介绍（PBS Frontline，2002）。

与残疾儿童和英语学习者的父母分享评价结果

与残疾儿童和英语学习者的父母分享评价结果时，我们需要注意如下几个事项。首先，与父母共享评价结果应该是一个以家庭的力量和资源为基础的协作过程，认可并重视父母对结果的意义的看法。其次，父母和专业人员应该就如何将测验结果用于教学计划或有关早期干预的服务达成一致的观点。最后，有关父母参与评价过程的信息可以在权利法和美国教育部门的网站上找到。

同样，来自英语学习者的父母的意见也需要成为评价过程的一部分。在分享评价结果时，所有书面信息和口头描述应该用父母的母语和英语来表达。如果有需要的话，我们应使用经过培训的口译员。专业人员应该询问父母是否了解整个讨论中的评价结果。专业人员应掌握有关如何提供早期干预或在学校提供特殊教育服务的信息，以及如何提供后续电话咨询服务或为父母提供相关建议的信息。这样，对于不太熟悉英语和特殊服务的父母来说，他们就会有时间去评价结果，同时组织他们的想法和问题。

标准化测验的优缺点

常模参照测验、标准参照测验为教师了解教学大纲和指导的效度提供了有价值的信息。在开学之初，这些测验可以检测儿童对教学大纲的了解情况。同样，教师在学年末进行成绩测验可以了解儿童对教学内容的掌握情况。教师可以利用测验结果来确定如何改变教学内容和方法。此外，教师还可以通过测验结果评价自己的教学大纲，并做出调整，以便更有效地适应儿童的学习需求。在接下来的内容中，我们会讨论标准化测验的优点和缺点，其中在讨论缺点时会涉及教师误用测验的内容。

标准化测验的优点

标准化测验可以看作一种评价工具。我们通过对每项测验的设计、实施和评分，以获得关于个体的特征的信息。个体对测验项目的反应，可以作为他们的行为样本。这些行为可以通过既定标准来评分和评价。不同于**非正式测验**（informal test）的是，标准化测验有其评价个体行为的独特优势。这些独特优势包括测验管理的一致性、量化评分、常模参照、效度和信度。

测验管理的一致性

标准化测验有精确的管理程序。由于测验结果要求具有可靠性，因此所有测验人员在给儿童做测验时要严格遵守测验说明。不管在威斯康星州还是在佛罗里达州进行测验，测验的步骤是一样的。由于那些非正式测验的精确性较低，因此测验人员可以结合运用个人评价策略进行测验。

量化评分

标准化测验的结果，是可以量化的。我们可以将所有正确答案累加得到原始分数，然后再把原始分数转化成导出分数。这样，儿童在测验中的表现就能同其他儿童的表现进行比较。我们可以将导出分数与既定标准进行比较，对导出分数加以解释，从而评价儿童的表现。

常模参照

它是指研发和阐释标准化测验分数的标准的过程。为了将测验中某名儿童的表现同其他儿童的表现进行比较，我们需要选择常模组。常模组可以测量某个分数范围内的反应结果，并将其与一名儿童的表现进行比较。

效度和信度

不同于非正式评价和测量的方法，标准化测验通过确定效度和信度而建立了可靠性。信度反映了测验能够在不同条件下准确评价儿童的特征的能力。如果对儿童进行多次测验，其结果会是一样的吗？

效度用于确定某项测验能否评价其想要评价的特征。如果设计一项测验来评价智力，那么它真能够提供结果来反映儿童的智力水平吗？

信度和效度是可靠的，它们可以运用到许多儿童的身上。不管个体测验还是团体测验，效度和信度能够保证测验结果正确地反映每名儿童的行为和特征。

效度、信度、常模参照和其他测验的特点保证了标准化测验的有效性，这也与细致而周全的测验设计分不开。测验设计的每一步都本着这样的目标，即研发可靠的、能够准确地测量个体特征的测验。

近年来，使用标准化测验一直存在争议。倡导者认为与学习标准相比，衡量学生成绩的测验会确保所有学生达到相同的教学标准要求。倡导者还表示标准化测验是通过将测验成绩与教师评价、学生升学和毕业联系起来促进学生学习的；标准化测验能够准确地测量学生的成绩。

让雪莉的理解能力有所提高

雪莉（Shirley）现在读二年级。尽管她能够利用照片来解码单词并有很好的词汇量，但她还是很难展示出她对阅读材料的理解。学校的阅读专家认为雪莉在阅读方面存在不足，并对她进行了诊断性的阅读测验。

测验结果表明，雪莉在回答关于阅读内容的问题时遇到了最大的困难。阅读专家和教师讨论了帮助雪莉专注并理解阅读内容的相关策略，同时给雪莉的母亲提供了一些建议，帮助她在家中与雪莉讨论书籍中的阅读内容。

标准化测验的缺点

尽管标准化测验在应用于儿童之前已经进行了细致设计和常模化，但它并非就是最适合儿童的评价方法。事实上，我们应该利用多种评价方法来评价儿童。无论一种标准化测验有多好，我们还是应该多利用其他的评价方法。第一章和第二章关注到了标准化测验被越来越多地使用的情况。这些测验被用到来自不同文化背景或母语非英语的儿童身上，而且标准化测验的运用否认了儿童在等级标准上的提升。

关于使用标准化测验的问题最早是在 1970 年提出的。教育工作者特别关注来自底层社会和少数民族的儿童的不良表现（Wesson，2001）。还有一个早期的担忧是测验对教学的控制。20 世纪 90 年代后期，尽管测验的设计有所改进，但 20 世纪 70 年代的出版物中仍然反映了许多问题。新的考试与课程是相匹配的，特别是全国成绩测验。另外，关于散文的问题和简答题被添加到了传统的多项选择题中（McGinn，1999）。最近，加州成绩测验增加了写作任务和表现性评价，这与评价的发展保持一致。然而在一些测验中，测验结果可以同时基于几个问题的答案得出，测验的时间限制了对儿童的充分评价（Popham，1999）。虽然标准化测验可以提供儿童在各个内容领域的相对优势和劣势的准确信息，但是大多数测验包含的内容都太少，还无法提供有意义的对课内优势和劣势的比较。

标准化测验的批评者认为，测验可能仍然存在文化偏见并包含少数人不熟悉的内容。测验的形式可能对残疾儿童不公平。批评者认为惩罚测验成绩低的学校可能会减少儿童最需要的资源。也有人关注通过缩小课程或教学的范围来提高分数。批评者认为我们需要利用多种评价方法，而不是依靠一种测验来考查儿童的学习情况（PBS Frontline，2002）。

尽管有这些关于标准化测验的担忧，但减少使用测验的次数的长期计划却失败了。可以响应优质教育的教育改革更加依赖标准化测验（FairTest，2007；McGinn，1999；Popham，2001）。20 世纪 90 年代后期，各州已经提出了关于强制参加暑期课程或拒绝高中毕业文凭的新标准。一些州内表现不佳的学校面临着被国家收购或者其教育工作者被解雇、裁减的状况（McGinn，1999）。这些做法都属于高风险测验，有可能对年龄较小的学龄前儿童和 K-12 的各年级学生产生负面的影响（PBS Frontline，2002）。

高风险测验

对高风险测验的担心包括：利用标准化测验的结果准许儿童入学；将测验投放在项目中，如特殊教育项目和双语项目；利用测验决定儿童的升学或留级；利用测验决定儿童能否从初中毕业（Heubert，2002）。当带着有益于儿童的目的设计项目或做出评价的决定时，对标准化测验的依赖会限制教师、父母和管理人员使用其他评价的相关资源。

当基于单项测验结果做出重大决策时，这种测验被称为高风险测验。当儿童被拒绝升入下一年级、入学或退学时，我们已经根据高风险测验对他们的未来做出了决定（American Psychological Association，2001；FairTest，2007；Heubert，2002）。

测量的限制

标准化测验在它们所测量的内容上是有限制的。它们在评估的时间和学习目标上受到限制。公平测验组织认为标准化测验不能作为一个公正和有用的评估工具。

标准化测验是所有学生回答相同问题的测验，通常以多选的形式出现。每个问题只有一个正确的答案。它们奖励快速回答不需要真正想法的浅层次的问题的能力；不衡量在任何领域思考或创造的能力；鼓励缩小课程的范围、采取过时的教学方法及保留等级和跟踪等不利做法；假定所有的考试人员都已经处于一个中产阶级的背景中。

各州编制的标准化测验在遵循《不让一个孩子掉队法案》的测验设计方面也有局限性。尽管该法案要求所有的州设计和实施学习问责制测验，但是一些州的测验比其他州更严格。此外，各州贫困程度的不同也影响了学区内和学区之间的改善程度。最近，美国教育部门放宽了测验的要求，努力达到学习目标的国家标准，并最终开展了国家测验。

对残疾儿童和英语学习者的评价

《不让一个孩子掉队法案》要求对所有的学生进行评价，不管他们的特殊需求是什么。几十年以来，没有要求这些学生参与这个标准化测验是因为它的局限性。这个实践的负面影响是这些学生也在忽视他们受教育的机会。

当应用在学生身上时，为《不让一个孩子掉队法案》设计的测验的局限性，立刻就变成一个问题。测验不得不适应那些残疾学生和说非英语或者英语能力有限的学生。《不让一个孩子掉队法案》的条款 3 提到，每年对幼儿园至 12 年级的学生进行一次英语水平测验，来检测这些英语学习者的语言需要并帮助其获得学业的成功。支持条款 3 实施的是国际教学设计和评价系统。它提供的是英语水平标准、评价和专业发展标准，以支持英语学习者从幼儿园至 12 年级的入学。近年来，33 个州和地区使用了国际教学设计和评价系统。儿童学习第二语言需要时间，这也是为什么对英语学习者的熟练程度进行持续的评价对于提供恰当的指导非常重要。了解儿童的英语的熟练程度有助于确定评价过程中所需的调整形式，从而可以更准确地了解儿童的发展情况和学习成绩。

《不让一个孩子掉队法案》和《残疾人教育法》的年度报告都要求对残疾儿童进行标准化测验。许多残疾儿童在基本没有做出调整的情况下接受测验。但是如果儿童需要做出调整（例如，这样便有更多的时间参加考试，还可以采取口头而不是书面的形式），那么我们必须将其纳入儿童的个人教育计划，这是个人教育计划团队同意的做法。个人教育计划团队可能会认为标准化测验不适合残疾儿童。个人教育计划对这个观点和儿童年度进展评价（称为替代性评价）进行了相关的描述。

2006 年，发展适宜性测验仍在发展。一些州由于发展适宜性测验的不一致性而面临资金损失的威胁。新的测量工具的效度和信度是另一个需要解决的问题。2010 年，各州共同设计可以适用于全国的测验。

缺乏效度和信度的数字分级法是有局限的。2005 年利用数字分级法开展的开端计划评价儿童成绩的努力失败了，其原因是缺乏效度和信度。如果努力改进和完善数字分级法，那么它还可以继续使用。数字分级法由于其局限性后来被停止使用了。

对课程与教学的影响

更高的考试成绩的压力会导致对课程内容的限制。教学重点放在将要测验的内容上，限制了儿童对课程的期望。

对高风险测验的担忧

目前越来越重视的测验的潜在问题并不一定在于测验本身，而是其对个别学生、学生群体或更广泛的教育系统所产生的意外的、潜在的负面影响。同样重要且须记住的是，在多数情况下，如果没有测验，表现不佳的学生和学校可能会被忽视，导致无法获得所需的资源或补助。

资料来源：American Psychological Association. (2001). Appropriate use of high-stakes testing in our nations schools.

对胡里奥的测验分数的误解

胡里奥的家庭最近将从波多黎各移民至美国。迄今为止，胡里奥已经在佛罗里达州的一所学校就读大约 2 年。现在他上四年级，因此学校要求对其进行标准化测验，并将测验结果作为《不让一个孩子掉队法案》的要求的一部分。胡里奥在阅读和数学方面的分数都非常低，即使后者比前者的分数稍高点。教师正在考虑让其参加一种特殊的教育计划。但是学校辅导员认为胡里奥较低的分数是由于其在使用英语上的不足所致，并不是由发展迟缓或残疾所致。她向教师提出如何才能使胡里奥的数学计算技能优于问题解决能力的问题。此种举措可以为胡里奥提供额外的英语作为第二语言的培训和辅导，以便弥补其在语言方面的不足。

对幼儿测验结果的误用

前面章节讨论了不恰当地使用标准化测验会排斥幼儿入学或在过渡时期的课堂中安置幼儿的问题。虽然这些做法促使各州已经放弃了一些政策，但仍然有证据表明这些做法是有问题的（NAECS/SDE，

2000）。

20 世纪 80 年代，幼儿专家对使用个人智力测验、发育筛查测验和学校阅读测验来决定入学的情况表示担忧。他们指出，发展测验和智力测验对智力不进行区分，发展测验也不应该用来决定入学（Shepard & Graue，1993）。

如果这样的测验具有预测的有效性，那么我们可以使用发育筛查测验来快速预测儿童从特殊教育的安置中获益（Meisels，1987; Meisels，Steele，& Quinn-Leering，1993）。尽管如此，迈泽尔斯表示应该使用发育筛查测验来确定需要进一步评估的儿童。特殊课程中关于入学、留级和安置等问题的决定不应该基于单项的考试成绩。其他信息包括系统的观察和儿童的作品样本，这些应该是评价过程的一部分（Bredekamp & Copple，1997; NAEYC，1988）。

2003 年，标准化测验的结果被滥用的问题出现了。布什总统宣布在 2003 年秋天所有新生都需要接受国家标准化技能评估测验（McMaken，2003）。产生的一个直接的问题是，学龄前儿童是否应该接受标准化测验，以及测验是否具有理想中的可靠性和有效性（Raver & Zigler，2004）。还产生了一些与仅关注认知技能和忽略儿童的能力、情感发展及文化多样性的测验有关的问题（Schumacher，Greenberg，& Mezey，2003）。有人建议不应该利用狭义的技能、识字和数学测验来衡量评价方案的整体质量（Meisels & Atkins-Burnett，2004）。

随后几年改进了标准化测验。公平测验报告提出，大多数州已经不再对幼儿进行测验，也不再对三年级以下的学生进行测验。此外，越来越多的学校开始采用包括表现性评价在内的基于课堂的考核方式。

人们现在采取一种新的方法来克服用于识别和诊断残疾儿童的标准化测验的局限性。作为残疾儿童的教育者要寻求更自然的评价方法，使以儿童游戏为主要评价策略的**基于游戏的评价**变得越来越普遍（Segal & Webber，1996）。

基于游戏的评价是对儿童游戏的结构化观察。成人跟随儿童玩耍，与儿童交谈，使用儿童选择的玩具和参与活动。在观察的四个阶段中，成人让儿童进行更结构化的游戏：儿童游戏、亲子互动游戏（Brookes Publishing，2002; Linder，2008）。

除了管理标准化测验和其他发育评价以外，我们还使用了基于游戏的评价。基于游戏的评价将会在第六章中进行进一步的讨论。

总 结

标准化测验在考查儿童的发展情况上有着重要的作用。但许多教育者没有使用标准化测验，而是使用了其他的测验。当教师的主观评估有所偏差时，系统化的测量和评估会具有优势。尽管用到儿童身上的标准化测验有缺点，但它还是比非正式的测量和教师的观察更有优势，特别是对于残疾儿童而言。

一方面，正式测验和标准参照测验可以有效地评估成绩和提供有指导性的改进建议；另一方面，测验结果的误用或者缺少对测验的错误和限制的考虑可能会对指导性决策造成影响，从而影响对学龄前儿童和小学生的评价。

尽管一直有人诟病标准化测验的弱点，但标准化测验的使用需求仍在增加。当前我们正在研发新的测验以应对教学质量的压力和学生与教师的最低竞争力标准。

越来越多的教育者和专家急于使用各种方法来评估儿童，特别是学龄前儿童。标准化测验的确有用，但它不是应该用来评估儿童的唯一方法。非正式的方法，如教师的观察和教师设计的任务，也可以用来或者更加精确地评估学龄前儿童和小学所学到的和完成的。

关键术语

标准参照测验	平均值	基于游戏的评价	发育评价
最低能力测验	标准差	发育筛查	正态分布
标准分数	诊断性评价	常模参照测验	标准九分制
等级当量	百分位数	T 分数	个性化教学
百分等级	Z 分数	精熟测验	

相关网站

在线搜索以下组织或机构的网站：

Pearson Education Assessments

American Psychological Association

FairTest

U.S. Department of Education

World-Class Instructional Design and Assessment (WIDA)

Wrightslaw

参考文献

American Education Agency 267 (AEA/267). (2013). Z scores and T scores.

American Psychological Association. (2001). Appropriate use of high-stakes testing in our nation's schools.

Bayley, N. (2005). Bayley Scales of Infant Development, Third Edition (Bayley, III). San Antonio, TX: Pearson Assessment.

Boehm, A. E. (2000). Boehm Test of Basic Concepts (3rd ed.). San Antonio, TX: Psychological Corp.

Brassard, M. R., & Boehm, A. (2008). Preschool assessment: Principles and practices. New York, NY: Guilford Press.

Bredekamp, S., & Copple, C. (1997). Developmentally appropriate practices in early childhood programs (Rev. ed.). Washington, DC: National Association for the Education of Young

Children.

Brookes Publishing. (2002). Using transdisciplinary play-based assessment: Structuring a play session.

California Achievement Test (Terra Nova CAT/6) (6th ed.). (2009). Monterey, CA: CTB/McGraw-Hill.

Dunn, L. M., & Dunn, L. (2007). Peabody Picture Vocabulary Test (4th ed.) (PPVT-4). San Antonio, TX: Pearson Assessments.

FairTest. (2007). What's wrong with standardized tests?

Flanagan, D. P., & Caltabriano, L. F. (2004). Test scores: A guide to understanding and using test results. Bethesda, MD: National Association of School Psychiatrists.

Frankenburg, W. K., Dodds, J., Archer, P., Shapiro, H., & Bresnick, B. (1992). Denver II. Denver, CO: Denver Developmental Materials.

Good, R. H., & Kaminski, R. A. (Eds.). (2012). Dynamic Indicators of Basic Early Literacy Skills (DIBELS), Administration and Scoring guide (6th ed.). Eugene, OR: Institute for the Development of Educational Achievement.

Hambleton, R. (1999). Criterion-referenced tests.

Hardin, B. J., & Peisner-Feinberg, E. S. (2001). The Early Learning Accomplishment Profile (Early LAP) examiner's manual and technical report. Lewisville, NC: Kaplan Press.

Heubert, J. P. (2002). High-stakes testing: Opportunities and risks for students of color, English-Language Learners, and students with disabilities. Wakefield, MA: National Center on Accessing the General Curriculum.

Hopkins, K. D. (1997). Educational and psychological measurement and evaluation (8th ed.). Upper Saddle River, NJ: Prentice Hall.

Kaufman, A., & Kaufman, N. (2005). Kaufman Assessment Battery for Children (K-ABC-II). San Antonio, TX: Pearson Assessments.

Kubiszyn, T., & Borich, G. (2013). Educational testing and measurement: Classroom application and practice (10th ed.). Hoboken, NJ: John Wiley & Sons.

Linder, T. (2008). Transdisciplinary play-based assessment (2nd ed.).

Linn, R. L., & Miller, M. D. (2005). Measurement and assessment in teaching (9th ed.). Upper Saddle River, NJ: Merrill/Prentice Hall.

McCarthy, D. (1983). McCarthy Scales of Children's Abilities. San Antonio, TX: Pearson Assessments.

McGinn, D. (1999). The big score. Newsweek, 46 - 49.

McMaken, J. (2003). Early childhood assessment. Denver, CO: Education Commission of the United States.

Meisels, S. J. (1987). Uses and abuses of developmental screening and school readiness testing. Young Children, 42, 68–73.

Meisels, S. J., & Atkins-Burnett, S. (2004). The Head Start National Reporting System: A critique. Young Children, 59, 64–66.

Meisels, S. J., Marsden, D. B., Wiske, M. S., & Henderson, L. W. (2008). Early Screening Inventory—Revised. Ann Arbor, MI: Pearson Early Learning.

Meisels, S. J., Steele, D. M., & Quinn-Leering, K. (1993). Testing, tracking, and retaining young children: An analysis of research and social policy. In B. Spodek (Ed.), Handbook of research on the education of young children, 279–292. New York, NY: Macmillan.

Miller, M. D., Linn, R., & Gronlund, N. E. (2012). Measurement and assessment in teaching—11th Edition. Upper Saddle River, NJ: Pearson.

National Association for the Education of Young Children. (1988). Position statement on standardized testing of young children age 3 through age 8. Young Children, 43, 42–47.

National Association of Early Childhood Specialists in State Departments of Education. (2000). Still! Unacceptable trends in kindergarten entry and placement. Washington, DC: Author.

National Center on Educational Statistics. (2012). The nation's report card: Trends in academic progress 2012.

Payne, M., & Miller, M. (2009). A collaborative approach to assessment: The Assessment and Improvement Management System (AIMS). Issues in Education, 18, 149–160.

Popham, W. J. (1999). Why standardized tests don't measure educational quality. Educational Leadership, 56, 8–16.

Popham, W. J. (2001). The truth about testing: An educator's call to action. Alexandria, VA: Association for Supervision and Curriculum Development.

Psychological Corporation. (1980). On telling parents about test results. Test Service Notebook 154. New York, NY: Author.

Public Broadcasting System (PBS) Frontline. (2002). Testing our schools: A guide for parents.

Raver, C. C., & Zigler, E. F. (2004). Another step back? Assessing readiness in Head Start. Young Children, 59, 58–63.

Saccuzo, D. P., & Kaplan, R. M. (2013). Psychological testing: Principles and Applications, 8th Edition. Belmont, CA: Wadsworth.

Schumacher, R., Greenberg, M., & Mezey, J. (2003). Head Start reauthorization: A preliminary analysis of HR 2210, the "School Readiness Act of 2003." Washington, DC: Center for Law and Social Policy.

Segal, M., & Webber, N. T. (1996). Nonstructured play observations: Guidelines, benefits, and caveats. In S. J. Meisels & E. Fenichel (Eds.), New visions for the developmental assessment of infants and young children, 207 – 230. Washington, DC: Zero to Three: National Center for Infants, Toddlers, and Families.

Shepard, L. A., & Graue, M. E. (1993). The morass of school readiness screening: Research on test use and test validity. In B. Spodek (Ed.), Handbook of research on the education of young children, 293 – 305. New York, NY: Macmillan.

Stanford Achievement Test Series (10th ed.). (2010). San Antonio, TX: Pearson Assessments.

Terman, L. M., & Merrill, M. A. (1973). Stanford – Binet Intelligence Scale: Manual for third revision forms L – M. Boston, MA: Houghton Mifflin.

Wechsler, D. (2002). Wechsler Preschool and Primary Scale of Intelligence (WPPSI-III) (3rd ed.). San Antonio, TX: Pearson Assessments.

Wesson, K. A. (2001). The "Volvo effect" —Questioning standardized tests. Young Children, 56(2), 16 – 18.

Zucker, S. (2003). Fundamentals of standardized testing. San Antonio, TX: Pearson, Inc.

第三部分

课堂评价

第五章

课堂评价与记录法

学习目标

阅读完本章，您将可以：

1. 描述课堂评价的目的。
2. 解释使用课堂评价的优点。
3. 解释使用课堂评价的缺点。
4. 讨论记录法的作用。
5. 讨论不同类型的记录法。

在本章，我们将讨论如何使用课堂评价策略。我们还将指出教师如何对儿童的发展和学习进行记录。教师使用记录法进行记录有益于进行教学规划。教师通过课堂评价，利用各种类型的记录法对儿童的发展情况进行记录。

使用课堂评价策略

标准化测验有两个目的：一是通过对一个样本组的儿童进行比较，使成绩同等化；二是根据具体的测验标准考查儿童的成绩。常模参照测验考查成绩；标准参照测验评估对测验目标的掌握程度。教师使用标准参照测验的结果，可以确定测验所考查的儿童在某一内容领域中的强项和弱项。教师利用测验结果可以对儿童的学习需要进行粗略的估计。但是，在标准化评价中，每个发展领域或学术领域的测验项目的数量通常是有限的。相比之下，教师通过课堂评价能够获得更多具体的信息，了解每名儿童对与课堂教学目标相关的知识和技能的掌握情况。这些非正式评价可以用于**分班评估**（placement evaluation）、**诊断性评估**（diagnostic evaluation）和教学设计以及形成性评价和总结性评价（ETS，2002；Snow & Van Hemel，2008）。

分班评估

在学年的开始或每学年的固定时期，学前教师或低年级教师必须明确如何对儿童进行分班或分组，以便更好地满足教育需要。在学年期间，随着教学需要的变化，教师要对这些分组进行相应的变化。教师需要了解每名儿童对知识和技能的掌握情况。因为儿童的背景差距较大，所以教师要评估所有儿童，以确定在教学中怎样为他们制订相应的计划。另外，这种评估可以帮助教师确定儿童是否适合这项计划。当前需要特别关注的是那些在英语口语方面能力有限、发育迟缓或有缺陷的儿童。

对这些儿童进行正式测验，是为了判定他们是否适合特殊项目。发育迟缓或有缺陷的儿童也需要基于教学分班的个别关注。这些儿童接受个性化教育计划，教师要评估这个计划以判定儿童是否已经获得充分的发展。虽然美国联邦法律目前允许每三年更新一次个性化教育计划的内容，但很多州选择在每个新学年开始时对个性化教育计划进行评估。因此教师会对儿童的需要进行重新评估和调整，以确保他们获得最好的发展。除了标准化测验之外，教师负责为特色教育分班（作为个性化教育计划团队的一部分）提供评估信息，为每年的充分改进提供支持。

在考虑那些在双语计划中学习英语的儿童时，教师需要实施额外的评估，确定儿童是否需要在第二语言计划中继续学习英语或他们是否已经完成该计划的任务。学区有责任理解并遵循联邦对教学的要求（U.S.Department of Education，2006）。

对学龄前儿童描述的过程会延续到对小学阶段中的母语为非英语的儿童或具有特殊需要的儿童的描述。此外，教师主导的测验可能用于对阅读和数学或其他学科领域的儿童进行分班。教师在学年开始时会进行分班评估，以确定儿童对内容的掌握情况。这样做的目的是在教学中把具有相同学习需要的儿童分为一组。这种类型的学习评估也适用于教师相信重新分班可以提高教学质量的情况。

诊断性评估与教学设计

诊断性评估的目的比分班评估更明确。当要评价诊断的目的时，教师需要考查儿童在实现特定目标方面的能力。对于幼儿来说，教师可以安排一些诸如颜色辨识的测验，以此来判定哪些幼儿已认识颜色，哪些幼儿需要学习有关颜色的知识。对于学龄儿童来说，教师安排纸笔测验以确定哪些儿童已经学过加法，哪些儿童需要学习该技能。对于有学习障碍的儿童来说，诊断性评估应贯穿整个学年。教师需要对儿童具体技能的发展指标进行监测，如有必要可对教学进行相应的调整。

形成性评价和总结性评价

形成性评价和总结性评价一般出现在某一特定的教学目标完成之后，或者一系列完整的教学阶段之后。形成性评价的实施贯穿整个学年，以确定儿童掌握学习目标的情况。在有些学校中，形成性评价每六周或每九周进行一次。在单个的教学班中，形成性评价进行得更频繁，因为在这种情况下儿童受特定课程目标的引导。在儿童学习一项知识技能后，教师可以使用形成性评价来确定哪些儿童已经达到掌握的程度，哪些儿童需要接受额外的辅导。

总结性评价是对儿童所学知识的最后评价，是在诊断性评估和形成性评价完成之后进行的。总结性评价可用于评定儿童在测验中所处的等级水平。例如，教师根据达成测验目标的表现，使儿童获得相应的等级水平。无论是否使用等级水平，评价的目的都是希望没有掌握知识或技能的儿童有更多的机会进行学习。

使用课堂评价的优点

课堂评价相对于标准化测验具有一定的优势。尽管课堂评价在用于课堂之前，没有被大样本的儿童验证过，但标准化测验并不能提供教师在评价中所需的测量的机会，而课堂评价却能提供。

课堂评价的重点是鼓励儿童建构知识而非复制知识。与皮亚杰（Piaget）"儿童建构知识"的观点一致，评价可以促进儿童在学习中的积极参与。这种观点已在儿童完成任务或作品样本时得以展现，而不是通过把评价局限在掌握单项技能上来体现（Guskey，2003；ETS，2002）。课堂评价的目的是测量缓慢发生在一段时间内的长期发展，而不是评价短期的学习。短期的学习可以通过没有相互联系的发展来进行评估。

课堂评价的一个优点它可以直接从教师确定的目标和课程中产生。与此相反，标准化测验测量的是一个国家的不同地区或校区的儿童的总体适用目标。教师个体或群体可以设计课程或配套措施来评价儿童对知识的掌握情况。因此，评价项目尤其强调教师的教学和评价计划（The Center for Comprehensive School Reform and Improvement，2010）。相关出版社也可以针对教师的教学材料专门设计非正式的评价手段。

我们一致认为标准化测验不能考查儿童在课堂上如何被教授的情况。因为这些测验的发展需要一段时间，所以测验项目很可能反映了陈旧的教学目标。因此，相对于标准化测验，教师自主设计的评价可能会更准确地考查学习情况。

虽然标准化测验不可能被取代，但是作为评价和测验的一部分，教师自主设计的评价具有重要的地位。它的作用就是设计教学和非正式测验，以保持建构主义学习的完整性，同时帮助儿童完成标准化测验（Taylor & Walton，1997）。教师在用同样的方法评估专家建议时，除使用标准化测验以外，还要将评价与当地教育发展的目标相一致（Bernauer & Cress，1997; Rathvon，2004）。

对阅读教学的研究表明，青少年读者使用现有资源，如教科书、先验知识和环境线索来理解阅读材料；标准化测验把阅读分成一系列独立的技能来进行评估。于是，教师会教授儿童割裂的阅读技能或者只是为了让儿童在标准化测验中取得好成绩而授课（Valencia & Pearson，1987）。有的学者建议，教师可以修订正式测验策略，以便更好地与有效教学的阅读研究结果相匹配，同时用整合的策略更准确地评价阅读过程。

关注读写萌发能力发展的本质可以作为运用课堂评价措施的一个基本原则。读写能力包括语言、听力、书写和阅读能力的发展，其各部分之间相互联系，共同发展。读写能力从儿童出生开始发展，并在幼儿期继续发展。教师可以通过儿童的表现或一段时间内收集到儿童的作品样本对读写能力进行评估。这些反映了儿童通过阅读和写作来发展交流能力的发展。更具体地说，对读写能力的评价，是教师利用读写萌发样本、读写萌发读物和口头讨论来进行的。这种评价建立在这样的基础上：随着时间的推移，儿童的读写萌发技能反映了他们通过读写经验去建构的读写能力（Arrow & Malachlan，2011; Snow，Griffen，& Burns，2005）。同样，读写萌发阶段是与技能相关的，如字母与发音的一一对应知识以及词的编码与解码，都可以通过学习活动和教学活动得到评估（Strickland & Schickedanz，2009）。尽管对于低年级阅读来说，语音学很重要，但读写萌发阶段对于发展儿童的读写能力也很重要（Fields，Groth，& Spangler，2008; NIEER，2007; Snow，Griffen，& Burns，2005）。此外，读写萌发的其他策略作为一种建构主义的方法被整合到评价活动中。开放式任务和表现活动反映了读写萌发能力发展的本质（Shepard，2000）。

教师利用教学方法，可以使儿童在标准化测验中取得好成绩，这对于教学和阅读都有一定的作用。尽管当前的数学教学理论强调学生应通过积极地与具体的物体互动来建构概念，但测验仍然侧重于对数学知识的考查（Anderson，Anderson，& Thouberger，2008; Kamii，Rummelsburg，& Kari，2005）。学校是为了测验而测验，而不是采用对儿童的发展最有利的教学方法。对于这些学校来说，无论测验成功还是失败，学校的教学都有很大的冒险性（Shepard，2000）。此外，测验往往强调的是较低层次的思维，而不是较高层次的思维。因此测验分数的提升，反映的是计算能力的提高，而非问题解决能力的发展（The Center for Comprehensive School Reform and Improvement，2010）。尽管较新的标准化测验，尤其是成绩测验在州的层面上得到了发展，融入了更多关于书写等方面的问题，但一般来说，它们仍然同多项选择题一样，有着同样的限制。替代性评价（如访谈、计划、游戏和观察）可以用来评价数学学习的建构本质（Chandler & Kamii，2009; Kamii，1985/2006; Kamii & Joseph，2004; Kamii & Russell，2012）。

与标准化测验相反，当地设计的评价更有时效性。因为标准化测验的发展需要经历一段时间，这就导致测验的设计与实施之间有两年或更长时间的滞后期，所以我们要修订或更新测验并不容易。但是，教师设计的评价策略可以根据需要进行改动。如果教学材料或教学目标发生变化，如发生早期学习标准的变化，教师可以通过重新设计评价策略来体现这种变化。

课堂评价的另一个优点就是与诊断需求相联系。如果教师想获取与分班、分组或者个性化教学相关的信息，课堂评价可以很容易地适应这些目标。虽然标准参照测验也有诊断的目的，但是对于追求效率的教师来说，它们通常只是一个出发点。教师必须使用课堂评价策略来遵循标准参照测验的诊断目的，这些评价策略可以提供额外的诊断信息。对于没有参加过标准化测验的儿童来说，设计的策略就是评价的第一步。之后，当儿童已经发展了相关的技能时，教师可以实施标准参照测验。

教师设计的评价策略的灵活性也是一项重要优势。在测验的发展过程中，标准化测验需要评估的目标早已确立。之后，目标不会再发生变化。教师将测验项目进行均匀的分布，均等地测量所有的总目标。教师利用设计的课程和方法来评价儿童的掌握情况。因此，测验项目要能适合教师的教学和评价（The Center for Comprehensive School Reform and Improvement，2010）。

使用课堂评价的缺点

尽管课堂评价有一定的优点，但不可避免地，它也有自身的不足。相对于标准化测验，任课教师更倾向于使用本地评价。如果这些评价策略要被有效地用于评价和教学，那么教师必须学会如何恰当地设计和使用非正式的评价策略。不合标准地设计和使用这些评价策略是教师设计的评价的最大缺憾——问题尤其集中在效度和信度、滥用、不恰当使用等方面。

本地设计的评价工具被广泛地运用于幼儿园和小学。从 20 世纪 70 年代开始，当诸如检核表这样的方法刚开始盛行时，许多学区已经研发了自己的检核表和其他评价策略。例如，在一些州，只有那些有学习失败危险的儿童才有资格进入州资助的幼儿园。当地学校应决定学区内 4 岁儿童的入学资格。单个儿童或一组儿童可将检核表用作自我反思的工具。例如，教师可以向儿童提供检核表来检验他们对某一特定技能或一类技能的掌握程度。

公立学校的教师和其他教育者要能研发出高质量的评价。一种方法就是可以建立评分者间的信度。教师可以借助相同的工具（如检核表或观察法）来确定在使用同一评价策略时能否得到同样的结果。同样，教师可以通过合作研发多项选择题或者判断题来确保在测验被正式实施之前能发现它们的不足。为了对这些策略进行项目分析，我们可以对儿童进行预测试，根据需要来决定保留或替换哪些测验题目。在下一章，我们将会探讨更多的有关开发高质量的评价策略的内容。

另外，教师可能会误用课堂评价。教师会利用检核表来组织和设计课程框架以对儿童的学习评价进行记录。儿童需要接受基于检核表的目标的测验。这些关于他们的发展记录从一个年级到另一个年级，一直跟随着他们。因为教师会研发自己的任务或测验来评价检核表的目标，所以关于什么需要被掌握、哪些类型的评价最合适的困惑，才是学校和整个学制的大问题。在评估目标是否已达成时，个别教师所使用的评价策略可能会受到严格的限制。教师可能会受制于相互冲突的标准，如对一个概念的掌握标准。一位教师可以确定一名儿童能否掌握 60% 的知识；另一位教师可能要求儿童获得其中的 90%。一些教师可能不接受将儿童在课堂白板上的作品视为他们已掌握了相关知识的做法，另一些教师却可以接受这种做法。在小学，低年级的教师应该经常将作品或其他文件作为儿童表现的有效记录的证明。这种要求排除了为评价而采用的其他课堂评价策略，如教师的观察或发展性任务。

当前在幼儿教育项目中加入真实性评价或表现性评价的运动，可以为评估幼儿提供其他选择。访谈、定向任务、叙述性报告和档案袋为教师研发与自身的教学风格、建构主义学习相一致的评价提供了新的方法（National Council for Curriculum and Assessment，2009）。然而，新的非正式评价方法可能存在的缺点令我们更为担忧，尤其是考虑到美国联邦对问责制所提出的要求。一个缺点是这些方法不能提供效度和信度，不能提供实物作为证据。另一个缺点是教师需要广泛的培训才能使用新的方法（Winograd & Webb，1994）。此外，就真实性评价而言，教师还会担心问责制的问题。教师采用较新的方法，所需的工作量和做好记录也是备受关注的问题。最后我们还要考虑到父母、大众和政策制定者的可接受程度（Adamson & Darling-Hammond，2010; Stecher，2010）。

课堂评价的主要缺陷在于教师不能为研发和使用评价方法做好准备。对于正式方法和非正式方法来说，教师不知道如何正确使用，甚至可能会误用。一些专家呼吁对幼儿进行评价时应采用多种形式的正式方法或非正式方法。同教师使用的其他方法一样，**记录法**（documentation）也需要熟悉环境和情况的、做好准备的教师来有效地操作。在本章接下来的部分中，我们会讨论记录法的作用，以及如何实施记录法以记录儿童的成长。

记录法的作用

记录法可以提供关于儿童的学习和发展情况的记录。这类记录能再现儿童的成长过程，讲述他们在成长为合格的学习者的过程中所发生的事情。成人可以记录下儿童所理解的内容、能做的事情和如何不断学习等要点。他们有时还会更详尽地记录儿童在具体的事件或活动中的参与情况，以生成儿童的学习和发展过程的全图景，从而提供丰富和全面的观察视角（National Council for Curriculum and Assessment，2009）。

教师需要一段时间来学习如何使用记录法。起初，教师必须养成记录的习惯。教师需要选择所需的记录工具，然后养成随时利用文档进行记录的习惯。由于进行记录的方式很多，初次接触记录法的教育工作者需要学习使用手边的记录工具，如照相机、录音机、电脑或者铅笔和便笺簿。教师需要学习适时地进行记录，如何记录是最有用的以及如何有效地利用记录法（Seitz，2008; Wein, Guyevsky, & Berdoussis，2011）。

瑞吉欧·艾米利亚的影响

对于瑞吉欧·艾米利亚计划的实际工作者来说，记录法让学习变得可视化。意大利北部城市瑞吉欧·艾米利亚的婴幼儿中心和幼儿园已经对很多国家的课程开发和利用记录法的实践产生了重要影响。在瑞吉欧·艾米利亚的课堂上，学习是儿童自我激发的过程；儿童的兴趣发展为过程，由过程演变为学习。儿童进行素描、绘画或使用三维创作物展示他们所学的东西，以及他们积累学习经验的策略等都体现这种学习理念（Guyevsky，2005）。

莉莲·卡茨（Lillian Katz）和西尔维娅·查德（Sylvia Chard）在美国幼儿教育项目中使用以儿童为中心的方案教学的记录法。儿童通过一些再现过程，包括绘画、故事、照片，和他们所学到的其他再现方式，表现出对于学习的兴趣（Katz & Chard，1996）。教师可以在记录法中使用各种资源，类似于瑞吉欧·艾米利亚的记录法。现在，记录法是教师对所有年龄段的儿童采用的实践方法，可以用于从婴儿和学步儿的教育项目到幼儿园和小学的课堂上。

了解什么是记录法，应在什么时候使用及如何使用

黛安娜·冈萨雷斯（Dianna Gonzales）是一位二年级的教师。她过去一直使用项目和主题课程。目前，她已对记录法有所了解，并且希望将这一方法纳入她的评价策略。因此，她的第一步就是在她的课堂上考虑可以在记录中呈现的主题。她考虑了以下可能的情况。

- 语言发展中的个体进步。
- 关于适当的游戏行为的列表，由班级成员提供意见。
- 有关课程项目进展的时间点的报告。
- 可以用来对数学学习目标的掌握程度进行记录的作品样本。
- 有关未来项目的创意的列表。

黛安娜开始编制检核表后，发现记录法很容易操作。于是，她开始记录当前项目的进展；通过展示儿童的作品汇报项目取得的重要成就。然后，她利用不同的学习结果对课程质量进行评估，如儿童活动的图片、语言经验、与课堂活动有关的故事讲述及儿童学习的新单词。

黛安娜很快发现，从记录的角度评价学习的策略包含她曾经使用过的一些评价策略。另外，她更加清楚地认识到记录法是如何促进儿童进行自我评价和自我反思的。

记录法的类型

用来记录儿童的学习和发展过程的方法数不胜数，其选择具体取决于记录的用途。教师试图将课堂中的所见所闻都记录下来，并不总是有益处的。对于那些有利于理解儿童在技能、态度和理解能力等方面的成长和进步的信息，教师必须有所取舍（National Council for Curriculum and Assessment，2009）。

儿童发展的记录注重可视化样本：照片和视频、与家长的谈话以及日常活动中的奇闻逸事。记录儿童的发展与学习的可视化样本由成人制作。表 5-1 是针对儿童的记录法策略。

表 5-1　针对儿童的记录法策略

记录法策略	方　法
照片和视频	成人制作记录儿童生活中的重要事件的照片或视频，如蹒跚学步或学习攀爬；有关集体的照片和视频可以帮助记录学校活动

续表

记录法策略	方　法
日志和日常记录	教师或护理员对儿童在教室中的日常生活进行记录；记录的信息可以是时间表、饮食规律、儿童的互动或有必要记录的游戏事件
关于儿童的故事	对日常生活的奇闻逸事的记录可以将儿童在教室中的参与扩展到生活；教师向家长讲述儿童有趣的言语或者可能使家长感兴趣的其他事件
发展检核表	教师经常评估儿童在发展领域的进步；当儿童学习新的文字或开始尝试与另一名儿童说话时，教师将这一过程记录在儿童的发展检核表上
报告	教师向家长定期进行汇报；报告的内容可以包括利用上述 4 个记录法策略所搜集的信息；教师和家长能够见面谈话时，报告可以是口头形式的；教师可以将书面形式的报告提供给家长

当儿童成长到学前年龄时，他们的生理条件、社会和自我认知的能力将支持教师进行更多类型的记录，以便讲述他们的成长故事，提供他们与他人谈话、探索和邂逅的事件。在小学阶段，他们能够提供有关自己的书面信息，通过艺术表达自己的想法。他们能够选择自己想要使用的活动类型来记录自己的学习成就。

记录法是一种用于评估就读于瑞吉欧·艾米利亚学校的儿童的学习过程的策略。教师通过笔记或照片来记录一段时间内儿童的发展情况或者使用摄影机记录发展过程。儿童完成的作品同样也可以作为评估儿童的思想变化的记录。教师需要观察并了解儿童每天做了什么事情；了解儿童的相互交流情况并倾听他们的真实谈话；记录儿童的探索行为，并与家长、其他教师和儿童分享这些信息（McDonald，2006）。

记录一般有图片、照片和书面说明几种形式。但是，记录可以扩展为多种形式。记录的策略可以包括档案袋、调查报告、录像带、毕业班纪念册和幻灯片（Seitz，2008）。尽管文件型档案最初指的是与项目有关的墙展，但现在我们可以使用记录法来证实儿童通过自己的学习培养了能力。图 5-1 说明了对儿童日常活动的观察可以评价他们的技能发展。

图 5-2 说明了记录法的类型。其中一些记录是教师主导的，另一些记录反映了儿童个体的学习成果，还有一些记录来源于教师主导的课程。对儿童的游戏活动或学习活动的观察能够证实儿童对某个技能或概念的学习效果。例如，儿童在基于数学的游戏中表现良好，可以作为学习状态或数学教学目标的实施效果的记录。

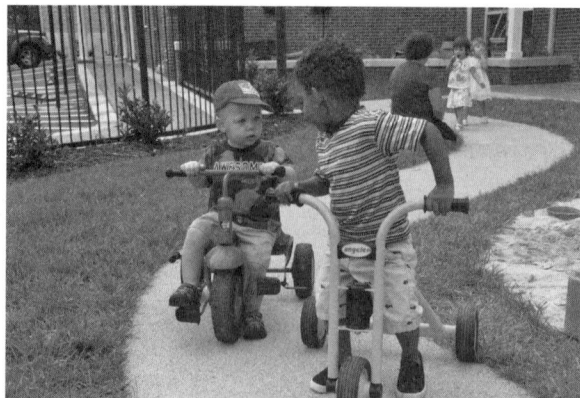

图 5-1　对儿童日常活动的观察可以评价他们的技能发展

记录法有五种类型：**叙事**（narratives）、发展和表现的观察、儿童的自我反思、学习和游戏活动的成果和个人档案袋。

叙　事

教师通常在与儿童交流时撰写叙事。叙事具有如下不同的类型。

教师日记：教师对每天发生的事件的日常记录。

专业团体笔记：教师在重要的会议、家长会、协作对话中做笔记。

针对儿童的叙事：教师和儿童编写故事，叙述一项室内活动。儿童为故事提供素材，教师利用素材编故事。

针对展示的叙事：教师在课堂上花费一段时间完成一个项目后，针对为项目创作的作品设计一场叙事的展示。叙事的展示是项目实施的一部分。叙事可以针对一件作品或者专注于项目活动实施的多个部分。

针对家长的叙事：教师向家长发送有关课堂活动的信息和描述儿童活动或所面临的挑战的信件。教师可以提醒家长在课堂中所要探索的主题，并请求家长提供材料。

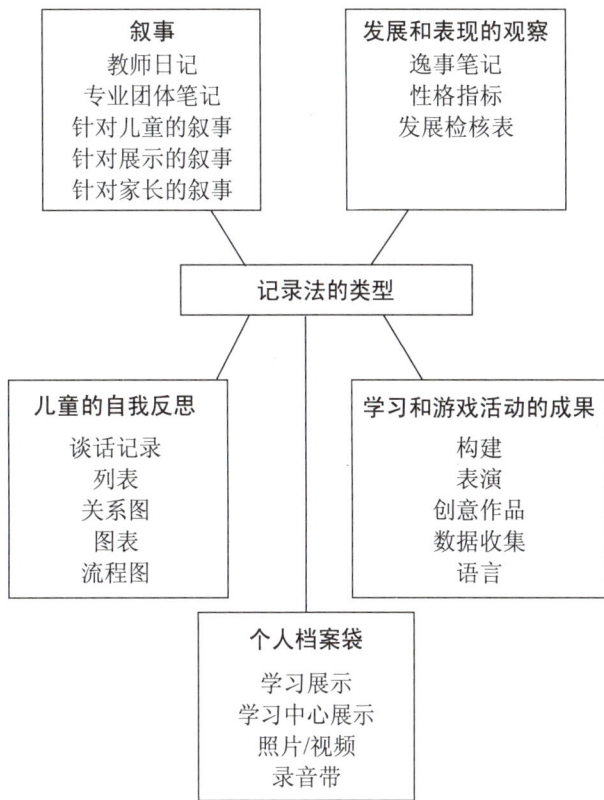

叙事
教师日记
专业团体笔记
针对儿童的叙事
针对展示的叙事
针对家长的叙事

发展和表现的观察
逸事笔记
性格指标
发展检核表

记录法的类型

儿童的自我反思
谈话记录
列表
关系图
图表
流程图

学习和游戏活动的成果
构建
表演
创意作品
数据收集
语言

个人档案袋
学习展示
学习中心展示
照片/视频
录音带

图 5-2　记录法的类型

发展和表现的观察

教师在当天的课程学习时间、集体讨论和其他活动中观察儿童。其主要关注点在于儿童的发展和学习成果。

逸事笔记：教师简要地记录在教室中观察到的活动。该笔记可以作为每日的工作笔记和儿童行为记录的一部分，或用于其他的目的。该笔记或许会涉及一名或若干名儿童的有趣事件，表明儿童在发展或社会能力上取得了进步。

性格指标：教师需要意识到儿童是如何感受自己和他人的。教师做笔记以记录那些体现儿童的快乐、忧伤、共鸣、毅力、好奇心或挫败感的指标性的行为。

发展检核表：教师使用发展检核表监测儿童的发展情况。教师可以在操场上和教室中观察儿童的生理发育情况，也可以在课程学习期间和儿童忙于完成作品或获得解决问题的机会时观察儿童认知发展的指标。儿童的互动提供了他们社会能力发展的信息，以及儿童与其他儿童建立关系时采用的有效策略或无效策略的信息。

儿童的自我反思

儿童思考自己的学习、创意和活动。这种文件型档案由儿童自己建立，但在记录时儿童可能需要教师的帮助。

谈话记录：儿童参与一个活动或话题的讨论。教师可以在儿童讨论实地考察或室内活动时进行谈话记录，或者在课堂讨论时进行谈话记录。

列表：儿童参与编制多种列表。该列表可以是儿童在早期读写活动中学习的新词语的列表。儿童可能会编制杂货店内一个货架上的生活用品的列表。课堂烹饪活动可能需要用到一个关于食谱的材料列表。儿童会自己编制一些列表，但由一组儿童编制列表的情况更为普遍。

关系图：在规划和实施项目时，教师要教儿童使用关系图。在获得构建关系图的一些经验后，儿童能够成功地帮助构建每个项目的关系图。关系图可以包括项目需要的主要活动和儿童能够学习到的知识。教师经常给儿童提供指导和建议。

图表：教师教儿童使用图表，儿童也能够在一定的协助下设计自己的图表。比如，儿童利用图表确定数学学习的目标。

流程图：学习主题或项目的方案需要包含流程图，用以说明方案如何开展。关系图可以反映目标和计划，流程图可以反映主题开展的时间规划。同样，教师指导儿童在日历上写出活动的时间规划。流程图成为儿童学习期间的记录来源。

学习和游戏活动的成果

这里所说的成果是指儿童能够做或完成的事情。它包括游戏活动、艺术作品或书面报告。

构建：儿童能够将构建用于不同的目的。构建包括雕塑、搭积木、玩乐高玩具、拼搭模型和创设游戏环境的活动。儿童可以在家中搭建房屋模型，可以使用盒子拼搭建筑物。构建还包括体现建造模式的其他活动。

表演：儿童参与歌唱、跳舞、随歌起舞、演奏乐器、表演简单的戏剧或演绎故事等活动。在此类活动中，儿童的行为和动作就是活动成果。儿童可以创作自己的动作或身体语言。

创意作品：儿童会对在纸上做标记产生兴趣。当使用艺术材料绘画并获得绘画技巧时，他们更容易理解创意或思想。随着获得更多的机会，他们能够更多地以书面形式表达对事件的看法。瑞吉欧·艾米利亚学校的儿童利用艺术和图片记录他们的学习过程。他们在很小的时候就展现出这些技能，通常在完成学前教育之前就比其他地区的儿童更早地展现出天赋。

儿童也参与创作其他类型的艺术媒体。黏土模塑和使用各种材料进行艺术活动能够促进儿童的表达和创意。

数据收集：当我们谈论数据收集时，我们可能会想到科学。儿童可以学习收集树叶、石头、贝壳、坚果或其他天然物品。儿童可以对街道上行驶的车辆、创意活动（如生日）、水果和蔬菜的种类进行记录。儿童收集的物品可以是真实物品，但要能体现在列表或图片中。儿童可以收集多种资料，通过文档展现自己对一个主题的理解。

儿童可以利用图表来展现收集的资料。儿童能够使用条形图、线形图和统计图。如果儿童想要收集关于最喜爱的水果的资料，他们可以使用三种图表中的任意一种。

拉森（Larson）和威特金（Whitin）认为，两种不同的图表可以用来分析相同的数据。图5-3举例说明了条形图和线形图的使用（Larson & Whitin，2010）。

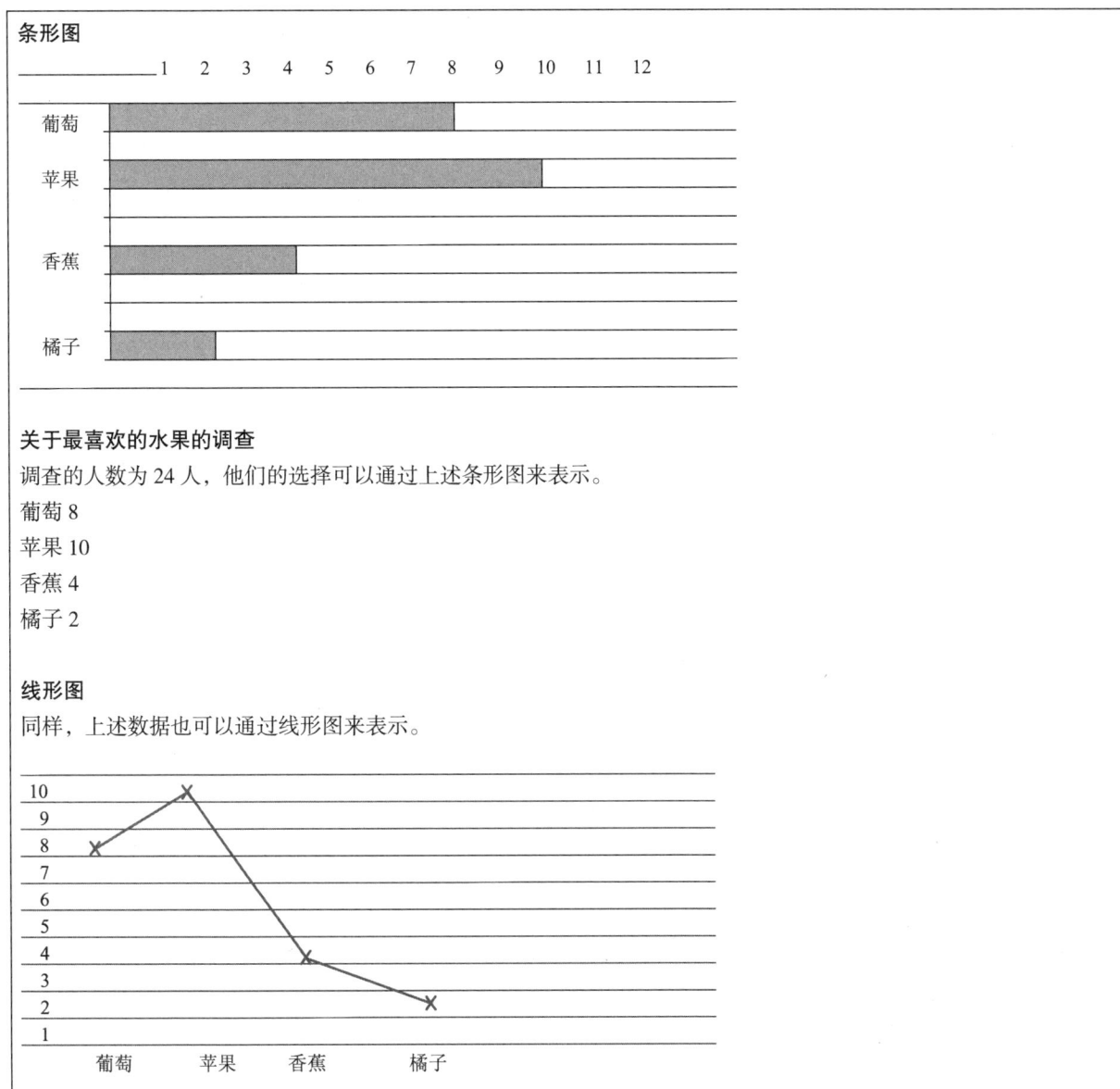

条形图

	1	2	3	4	5	6	7	8	9	10	11	12

葡萄

苹果

香蕉

橘子

关于最喜欢的水果的调查

调查的人数为24人，他们的选择可以通过上述条形图来表示。

葡萄 8

苹果 10

香蕉 4

橘子 2

线形图

同样，上述数据也可以通过线形图来表示。

图 5-3　条形图与线形图

语言：对口头语言和书面语言进行记录成为最常用的学习记录形式，尤其是当儿童处于小学阶段时。当儿童开始利用字母、标签和书籍学习语言时，记录的过程便可以开始了。他们能够利用说明性的文字和符号进行视觉上的再现或文档记录，最终在进入阅读和协作阶段时，能够撰写详细的评论。他们能够学会对课堂问题进行口头应答，通过进一步的发展，能够获得对所研究的信息进行汇报和讲述的能力。

利用盒子制作社区建筑物

　　玛拉的幼儿园班正在了解学校周围的建筑物。其中的一个目标是对附近的一些建筑物进行再现。由于学校位于农村地区，因此相对于城市的建筑物，该地区的大部分建筑都非常小。该班幼儿分组设计和制作学校附近的建筑物的模型。他们采用的材料是父母收集的盒子。第一组选择制作小教堂的模型。第二组选择制作农舍的模型，农舍的后面是鸡舍。第三组选择制作与学校隔街相望的住宅的模型。各组参观他们选择的建筑物后开始绘制图纸，接下来就是利用盒子制作建筑物的模型。模型制作完成后，其他班级的幼儿参观这些模型，同时各组成员介绍各自选择的建筑物，并说明其对社区的重要性。

个人档案袋

　　档案袋是最能体现记录法的作用的方法。每份档案袋包含各种类型的文件档案。在某种意义上，档案袋是记录文件档案的方法。在记录初期，档案袋的内容仅仅是和儿童一起活动的教师的行为记录，以及当儿童掌握更多的展示所学知识的方法时儿童自发性的行为记录。之后，儿童可以利用相机和其他媒体对他们所学的内容进行记录与讲述。儿童的包括艺术作品在内的作品展示是档案记录的一个重要组成部分。

关于午餐选择的数据收集

　　亨利·克拉克森（Henry Clarkson）所教的一年级儿童正在研究午餐的喜好情况。儿童可选择的午餐包括烤鸡柳、通心粉与芝士牛肉酱以及蔬菜烤宽面条。他们可以排队选择他们想要的午餐。午餐盘里有香蕉、小盘沙拉和冰激淋可供选择。当一个班的儿童排队选择午餐时，两队中的两名儿童一起记录一个班级中选择每样菜的人数。

　　吃完午餐后，这两队的儿童回到教室分析数据。他们将选择每样菜的人数相加得到总数，然后把总数贴在黑板上。选择烤鸡柳的有 10 人，选择通心粉与芝士牛肉酱的有 17 人，选择蔬菜烤宽面条的有 2 人。两队所算的总数一致。当天有 29 名儿童在学校。克拉克森帮助儿童撰写数据收集与分析报告。儿童发现选择通心粉与芝士牛肉酱的人数最多，而选择蔬菜烤宽面条的人数最少。最后，他们得出结论：通心粉与芝士牛肉酱是班级中大多数人最喜爱的食物。

有很多儿童选择了烤鸡柳。克拉克森问他们为什么不选择蔬菜烤宽面条。他们的回答各不相同，但大多数儿童给出的理由要么是蔬菜烤宽面条看起来没那么好吃，要么是上面没有足够的芝士。克拉克森和儿童的讨论结束后，制作了关于午餐选择的条形图。

总 结

本章为学前教育评价提供了新的方向。课堂评价主要有三个目的：一是评估儿童分班的目的；二是进行诊断性评估和教学设计；三是评估儿童所学的内容。

教师负责课堂评价，而且评价时要具体关注每名儿童的成就和学习需要。在学年的开始，教师应对儿童进行分班评估，这样能够了解儿童的能力以及在接下来的学习中为他们制订相应的计划。教师可定期进行小组教学的班级评价，根据个人学业课程的成绩重新分班，尽可能地满足儿童的个人需求。

如果儿童因身体或智力障碍导致很难获得适当的进步，那么在这种情况下，诊断性评价显得非常重要。教师可以针对因此受影响的阅读或数学课程组织一次诊断性测验。如果该测验的结果需要作为特殊教育或干预项目的参考依据，那么学校的辅导员或心理学家需要对儿童进行更专业的诊断性测验。教师定期进行形成性评价与总结性评价以衡量儿童学习的课堂等级。在学年期末或小学的分级阶段，总结性评价显得尤为重要。

从积极的方面来看，课堂评价是专门针对同一个课堂内的儿童而实施的。教师可以关注儿童所学的课程以了解他们的进步。课堂评价具有时效性。教师可以根据儿童的发展情况随时设计和改善评价内容，而不是按照预定的计划表进行教学或评价。

尽管课堂评价有一定的优点，但不可避免的是，它也有自身的缺点，其中一个缺点就是教师缺乏设计测验的经验。相比更集中地设计的测验，教师设计的评价内容的可行性较小。课堂评价的另一个缺点就是课程与评价不能相辅相成。在很多的情况下，教师设计的评价不适合所学的课程。

记录法不局限于用课堂评价来全面展现儿童的成长和进步，还以儿童作品展示的方式记录所学内容。教师可以利用各种各样的课堂活动来检测儿童的学习成果等。记录法可以使评价结果的信息更详细。

教师可以通过团体项目或专题研究的墙展与说明记录团体学习成果。儿童可以向家人或学校的其他儿童展示其所学的内容。

关键术语

分班评估　　　　　评分者间的信度　　　　　记录法　　　　　诊断性评估

相关网站

在线搜索以下组织或机构的网站：

Educational Testing Service

National Council for Curriculum and Assessment

The Center for Comprehensive School Reform and Improvement

North American Reggio Emilia Alliance

Early Childhood Research & Practice

参考文献

Adamson, F. & Darling-Hammond, L. (2010). Beyond basic skills: The role of performance assessment in achieving 21st century standard of learning, Stanford, CA; Stanford Center for Opportunity Policy in Education.

Anderson, A., Anderson, J., & Thouberger, C. (2008). Mathematics learning and teaching in the early years. In O. Saracho & B. Spodek, Contemporary perspectives on mathematics in early childhood education (pp. 95 - 156). Charlotte, NC: Information Age Publishing.

Arrow, A. W., & Malachlan, C. (2011). The emergent literacy approach to effective teaching and intervention. Perspective on language, 1 - 6.

Bernauer, J. A., & Cress, K. (1997). How school communities can help redefine accountability assessment. Phi Delta Kappan, 79, 71 - 75.

Chandler, C. & Kamii, C. (2009). Giving change when payment is made with a dime: The difficulty of tens and ones. Journal for Research in Mathematics Education, 40,97 - 118.

Educational Testing Service (ETS). (2002). Linking classroom assessment with student learning.

Fields- M. V., Groth., & Spangler, K. (2008). Let's begin reading right: A developmental approach to emergent literacy. Upper Saddle River, NJ: Pearson Education.

Guskey,T. R. (2003). How assessments improve learning. Educational Leadership, 60, 6 - 11.

Guyevsky, V. (2005). Interpreting the Reggio Emilia approach. Documentation and emergent curriculum in a preschool setting, Unpublished master's thesis, Faculty of Education, York University, Toronto, Canada.

High/Scope Education Research Foundation, (2010). Preschool Child Observation Record, Second Edition Ypsilanti, MI: Author.

Popham, W. J. (2006). Assessment for educational leaders. Boston, MA: Pearson.

Rathvon, N. (2004). Early reading assessment: A practitioner's handbook. Journal of Early Intervention 15, 193 - 204.

Seitz, H. (2008). The power of documentation in the early childhood classroom. Young Children, 63, 88 - 93.

Shepard, L. A. (2000). The role of assessment in a learning culture. Educational Researcher, 29, 4 - 14.

Snow, C.f., Griffen, P., & Burns, M. S. (Eds.) (2005). Knowledge to support the teaching of reading San Francisco, CA: John Wiley & Sons.

Snow, C. T., & Van Hemel, S. B. (Eds.). (2008). Early childhood assessment. Why, what, and how. Washington, DC: The National Academies Press.

Stecher, B. (2010). Performance assessment in an era of standards-based educational accountability. Stanford, CA: Stanford Center for Opportunity Polity in Education.

Strickland, D., & Riley-Ayers, S. (2007). Literacy leadership in early childhood: The essential guide. New York, NY : Teachers College Press.

Strickland, D., & Schickedanz, J. A. (2009). Working with letters, words, and beginning link with phonemic awareness. Newark, DE: International Reading Association.

Kamii, C. (1985). Leading primary education toward excellence: Beyond worksheets and drill. Young Children, 40, 3 - 9.

Kamii, C. (2006). Measurement of length: How can we teach it better? Teaching Children Mathematics, 13, 154 - 158.

Kamii, C., & Joseph L. (2004). Young children continue to reinvent arithmetic—second grade (2nd ed.). New York, NY: Teachers College Press.

Kamii, C., Rummelsburg , J., & Kari, A. (2005). Teaching arithmetic to low-performing, low-SES first graders. Journal of Mathematical Behavior, 24,39 - 50.

Kamii, C., & Russell, K. A. (2012). Elapsed time; Why is it so difficult to teach? Journal for Research in Mathematics Education, 43,296 - 315.

Katz, L. G,, & Chard, S. C. (1996). The contributions of documentation to the quality of early childhood education. (ERIC Digest). Urbana, IL ERIC Clearinghouse on Elementary and Early Childhood Education.

Larson, M. I, & Whitin, D. J. (2010). Young children use graphs to build mathematical reasoning.

McDonald, B. (2006). Observation-The path to documentation. Exchange, 171,45 - 49.

Miller M D., Linn, R. L, & Gronlund, N. E. (2013). Measurement and assessment in teaching,11/E Upper Saddle River, NJ: Pearson Education.

National Council for Curriculum and Assessment. (2009). Supporting learning and development through assessment.

National Institute for Early Education Research (NIEER). (2007). Hooked on literacy: Why Dorothy Strickland sees language as job one Matters Preschool, 5(1).

Taylor, K., & Walton, S. (1997). Coopting standardized tests in the service of learning. Phi Delta Kappan, 79, 66 - 70.

The Center for Comprehensive School Reform and Improvement (2010). Using classroom assessments to improve teaching.

U.S. Department of Education. (2006). New No Child Left Behind regulations: Flexibility and accountability for limited English proficient students. Washington, DC: Author.

Valencia, S., & Pearson, P. D. (1987). Reading assessment: Time for a change. Reading Teacher, 40, 726 – 732.

Wein, C. A., & Guyevskey, V., & Berdoussis, N. (2011), Learning to document in Reggio-inspired education. Early Childhood Research and Practice, 13, 1 – 16.

Winograd, . & Webb, K. S. (1994). Impact on curriculum and instruction reform. In T. Guskey (Ed.), High stakes performance assessment: Perspectives in Kentuckfs educational reform (pp. 19 – 36). Thousand Oaks, CA; Corwin Press.

第六章

观　察

本章目标

阅读完本章，您将可以：

1. 解释观察的目的。

2. 描述观察的不同类型。

3. 通过采用适宜的观察策略，实施对儿童的身体发展、社会性和情感发展、认知发展和语言发展的观察。

4. 讨论在评价中使用观察的优缺点。

5. 总结观察的原则。

观察的目的

观察法是了解儿童的学习和发展的最直接的方法。观察法关注的是儿童的行为，可以让教师去了解作为独特个体的儿童，而不是作为小组成员的他们。在观察儿童时，为了解儿童的适宜行为而参与儿童发展的训练，对于教师来说十分重要。此外，这种训练对于了解儿童在不同发展的情景下关注什么是一个前提条件。

对于发展观察的技能来说，了解观察的重要作用十分必要。对于未来的教师来说，他们不明白怎样才能把熟练的观察变为教师工作的中心以及怎样才能从组织完善的观察中进行学习。一旦教师和未来的教师意识到观察的重要性，他们就需要发展适合于观察目标的观察技巧和明确他们希望从观察中获得的信息（Bentzen，2009; Pelo，2006）。观察主要有三个目的：一是了解儿童的行为；二是评价儿童的发展；三是评价学习过程。

了解儿童的行为

因为儿童的语言及读写能力不够完善，所以他们还不能同年龄较大的儿童及成人一样表达自我。在涉及任务和标准化测验的正式或非正式的评价中，他们并不能说明、解释自己明白或了解了多少。儿童发展专家认为，最有效的了解儿童的方法之一就是在日常生活中观察儿童。因为儿童无法有效地通过语言解释自我，所以教师可以从他们的行为记录中获取他们为什么这样做的证据。虽然作为英语学习者的儿童不能用英语恰当地表达自我，但他们更需要认识到他们明白什么。

熟练、有效的观察对于教师恰当地判断引起儿童的课堂行为的潜在原因很有价值。教师可能会错误地认为儿童的行为只是由单一的原因引起的（Jablon，2010/2012; MacDonald，2006）。

儿童可以通过行为进行交流。他们的行为很好地反映了他们想表达的事情。科恩（Cohen）、斯特恩（Stern）和巴拉班（Blaban）描述了观察儿童的行为是如何为了解儿童的思想和情感提供信息和线索的（Cohen，Stern，& Blaban，1997）。

儿童通过他们的眼睛、音质、身体姿势、手势、特殊的习惯、微笑、上下的跳跃、低落的情绪来与我们进行交流。他们通过做事情的方法和所做的事情来告诉我们他们内心的想法。当我们用充满意义的眼神看到他们的行为时，这是一种由内而外的表达，我们应很好地理解他们。记录他们交流的方式，会更有助于我们理解他们。

儿童最主要的发展就在于社交能力的发展。从学步儿时期开始，儿童已经慢慢发展成为学会同他人进行交流的社会人。起初，变成社会成员的努力常常是无效的，但随着持续地参与小组活动，大部分儿童都在发展与他人共处和玩耍的能力。教师在课堂上对儿童的玩耍和交流进行观察，可以揭示出其社会性发展和行为发展的状况。

穆尼鲁

穆尼鲁（Muniru）在德尔加多儿童成长中心的幼儿房里度过了糟糕倒霉的一天。他的老师因为某些原因晚来了半天，代课老师对穆尼鲁很不耐烦。起初，因为他的爸爸上班要迟到了，所以穆尼鲁没有吃完早餐就来了。之后，他咬了一个小朋友，这极不符合他平常的行为。他哭闹了一个上午，什么游戏也不想玩。在他的老师下午回来之前，代课老师已经被穆尼鲁惹得相当气愤。穆尼鲁的老师观察了他几分钟，注意到穆尼鲁一直在流口水。老师检查了穆尼鲁的口腔，发现了一颗新牙。她用一块干净的布包了些冰块，让穆尼鲁含着。在穆尼鲁的爸爸下班接他回去之前，穆尼鲁已经能参与到课堂游戏中，也能听老师讲故事了。

评价儿童的发展

观察儿童的主要目的是评价儿童的发展。观察的目的是判定儿童在身体、认知、社会性和情感发展等方面的情况，而不是考察普遍的行为。对儿童发展的情况进行观察不仅有利于理解儿童发展的顺序性，而且可以帮助教师理解儿童的成长，从而帮助在特定领域发育迟缓的儿童。对发展领域的熟练观察需要教师具备关于儿童发展的全面的知识。当实习教师能够把发展的特点和常模同他们所观察到的儿童的行为进行匹配时，他们的观察能力就会随着实践的发展而发展（Frost，Wortham，& Reifel，2008）。

福曼（Forman）和霍尔把儿童描述为：时而自主，时而被动；时而开心，时而难过；时而友好，时而敌意；时而懂事，时而幼稚；时而健谈，时而安静（Forman & Hall，2005）。他们认为，当仔细观察时，我们至少能观察到儿童的五种特性：兴趣和偏好、认知水平和社会发展程度、实现预期效果的策略、技能和成就、个性和禀性。

观察儿童的发展

从出生到两岁这段时期是发展最快的一个时期。同时，这个时期是儿童较少与他人交流的时期。此时，解读儿童的行为的意义的最主要的方法就是观察。母亲可以对婴儿不同的哭声给予不同的回应，以此来满足婴儿的不同需要。儿童的看护者们在一天的护理中观察儿童，以了解他们何时累、何时饥饿、何时小便、何时不高兴。如果观察到儿童在日常休息或饮食上与平时相比有所改变，那么可能预示着他们有进一步的发展或者有生病的征兆。成人和儿童互动的机会，也取决于是否观察到儿童已经准备就绪。

观察是针对儿童的重要的持续过程。由于儿童的发育处于变化之中，观察者需要记录观察到的内容，并保证这些内容的客观性和真实性。真实的观察包括行动描述、引用语言、手势描述和创作描述几个方面。

家庭需要参与到孩子的发展过程中。父母要为他们的孩子的成长提供建议，这是儿童的看护人所不能提供的。因此，父母应该感知到他们在观察过程中是平等的合作伙伴。通过对早期干预项目的观察和评估，父母从家庭的观点出发引入拓展和筛查。

我们应采用发育筛查工具来发现有发育风险的儿童。当讨论用于儿童的筛查工具时，我们已经对此有所了解。观察者可能会通过观察儿童的发展领域（观察者可能需要对这些领域进行深入的观察并构建筛查技术）来开展筛查。筛查过程包括对筛查工具的仔细选择（Centers for Disease Control and Prevention，2014）。

观察英语学习者

在美国，进入学前班的儿童会说数百种不同的口语。进入学前班或者小学的英语水平有限的儿童特别需要在教师和其他工作人员的帮助下掌握或扩展他们的语言。教师和其他工作人员的观察可以提供儿童所理解和正在学习表达的内容。语言的限制是不易被发现的，因为一名儿童看起来非常害羞，实际上可能是他或她不懂所讲的语言。尽管一名儿童被纳入英语发展项目或双语项目前通常需要接受相关的测验，但是日常观察对于了解一名儿童需要学习什么才能精通英语是关键的。教师可以为语言的进一步扩展、词汇及功能的应用提供反馈。

要发现英语学习的需要可能具有挑战性。筛查和评估工具必须在文化方面适用于儿童。评估可以用于识别在语言学习上有延迟问题的儿童。误贴标签会使教师和父母沮丧并对儿童有害。观察和记录是对英语学习者进行有效评估的两种方式。

对英语学习者适宜的筛查和评估的一个挑战是缺乏合适的筛查工具，没有针对儿童的使用不同语言的筛查工具。当寻找识别和服务于英语学习者的有效且合适的语言和文化策略时，观察被视为应对这一挑战的一种方式（NAEYC & NAECS/SDE，2005）。图 6-1 说明教师可以用观察来评价儿童的学习特征。美国幼儿教育协会关于筛查和评估的内容如下。

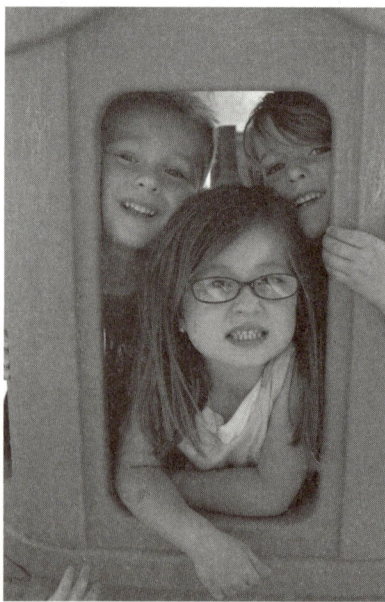

图 6-1   观察用来评价儿童的学习特征

我们需要依赖观察评估的项目。我们要将与语言和文化相适宜的工具作为指导并改善英语学习者的学习效果（NAEYC & NAECS/SDE, 2005）。

对残疾儿童的评价

近年来，研究发育迟缓或有缺陷的儿童的教育者们已经开始使用观察来进行评价。从传统的意义上说，儿童测验几乎无一例外地用来诊断有缺陷的儿童或可能存在缺陷的儿童的发展。

今天，教师们意识到观察是实施评价的关键策略。观察的结果可以帮助教师了解儿童当前表现的水平和对技能的掌握情况。教师应该不要想当然地认为儿童不能使用一种技能，而应该确定如何促使儿童发展以获得该技能。并且，教师通过观察以确定儿童的自我感知能力、课堂管理技巧或者其他因素是否会影响他们掌握一种技能或者完成一项任务。教师所采用的任何观察应该适合儿童的当前发展、文化背景和生活条件（Wall，2011）。

基于游戏的评价

在儿童游戏期间的评价或者基于游戏的评价，对于获知残疾儿童的发育情况尤为有用。人们发现在有些情形中，基于游戏的评价比标准化测验更有效。有时，结构化与非结构化的观察都可以用于评价儿童的发育优势和需要（Kelly-Vance & Ryalls，2008）。

本章提到的评价策略可以用于健全儿童，然而基于游戏的评价为评估有发育迟缓问题的儿童提供了独特的方法。比如，残疾儿童与健全儿童可能会玩同一种玩具。观察者可以比较这两组儿童如何用这种玩具玩游戏以确定儿童发育的优势和可能存在的缺陷；也可以给儿童玩具以对与此游戏有关的活动过程进行观察和评价（Fewell & Glick，1998; Groard，et al.，2007）。

成人团队常常为残疾儿童服务。评估和干预团队有不同的评估项目和目的。家长要参与到每个基于儿童游戏的评估团队中。成人要保证游戏活动足够灵活以适应儿童的兴趣（Linder，1993；Linder，1998；Linder，2010）。引导者、家长及其同龄人参与开展游戏活动。结构化和非结构化的活动要被包括在 60~70 分钟的游戏的 6 个阶段内。这些阶段如下。

第一阶段：非结构化促进（20~25 分钟）。儿童发起活动。引导者利用儿童选择的玩具开展游戏和对话。引导者可以示范难度稍高的游戏技能，但应该避免试图教授儿童该技能。

第二阶段：结构化促进（10~15 分钟）。引导者发起活动并且要求儿童执行空间任务（游戏）。此任务为观察儿童的语言和认知的发展提供了机会。引导者也应该允许儿童发起活动。

第三阶段：儿童之间的互动（5~10 分钟）。儿童与另一名稍年长的且熟悉他的儿童一起游戏，且儿童的发育具有代表性。这些儿童可以在他们选择的任何地方进行游戏，并且需要引导者的鼓励互动。此团队观察儿童的游戏互动模式和社会互动模式。

第四阶段：家长—儿童互动（5 分钟）。家长和儿童参与他们在家组织的游戏活动。团队成员观察儿童如何与家长互动。游戏结束时家长要离开房间并在数分钟内返回。团队成员观察儿童在分离期间和家长返回后的行为。家长再次在更结构化的活动中与儿童游戏或者教授儿童完成一项新任务。

第五阶段：运动游戏（10~20 分钟）。儿童再次参与非结构化的活动达数分钟，随后参与由引导者引导的特定运动。此阶段可能需要一个职业化团队或者理疗师。

第六阶段：**快餐时间**（5 ~ 10 分钟）。团队成员给儿童准备一份快餐。团队成员观察其自助技巧及口部活动技巧。此阶段会需要第三阶段的同龄游戏同伴。

团队成员用摄像机来记录整个活动，可以再次观察该活动（Brookes Publishing，2002）。

在此，教师可以采用基于游戏的评价的其他工具。《游戏评价量表》（PAS）用来评估 2 个月到 3 岁的儿童的发育情况。同样，对于从出生到 5 岁的儿童来说，我们可以采用《婴幼儿学前班游戏评价量表》（I-PAS）（Flagler，1996）。一个近期的游戏评价量表是《幼儿游戏评估系统》（PIECES）（Cherney，et al.，2003）。而且，与林德的以游戏为基础的跨学科评价法相似，《幼儿游戏评估系统》需要结合对游戏中儿童的观察和足够多的玩具实施。

基于游戏的干预（play-based intervention）。2004 年对《残疾人教育促进法》的再授权要求在评价残疾儿童的需要中对干预的反应是有效的。基于游戏的评价是获得评价需要的信息的有效方法（Kelly-Vance & Ryalls，2008；National Association of School Psychologists，2005）。由美国教育部门定义的在基于游戏的评价之后的基于游戏的干预的内容如下。

基于游戏的干预是利用需要引导的互动游戏来改善儿童的身体发展、社会性和情感发展、认知发展与情感发展的实践。在游戏活动期间，干预者运用的策略包括模拟、口头再指导、强化和间接指导，以维持和鼓励儿童进行游戏活动。利用适宜的游戏材料和干预者的指导的目的是使残疾儿童更好地探索、实验、互动并表达自我（U.S. Department of Education，2012）。

观察有视觉障碍的儿童

对有视觉障碍的儿童的评价在很大程度上取决于观察和面谈。要为有视觉障碍的儿童提供适宜的干预措施，干预措施的提供者必须理解如何使儿童最有效地学习。干预人员可以在多种形式的活动中观察儿童，这些活动包括熟悉的活动、挑战或新活动、个体和团体活动及附加的户外活动。干预人员必须熟悉健康和营养因素及儿童的兴趣、动机和偏好。比如，儿童如何对音乐做出反应，或者什么使儿童快乐？什么是儿童特别喜欢的活动？儿童对日常活动和学习活动的反应也是需要观察的重要因素。干预人员有必要对儿童进行大量的观察以提供最有效的干预。

资料来源：Deborah Gleason.（2008）. Observations of Learning Styles of Infants and Toddlers With Visual Impairment of Deafblindness: Using Information About How Children Learn to Plan Effective Intervention. Austin, TX: Texas School for the Blind and Visually Impaired.

我们可以设计游戏干预的步骤以用于满足残疾儿童的需要。比如，澳大利亚开发了针对有多动症的儿童的基于游戏的干预（Cordier，et al.，2009；Wilkes，et al.，2011）。在学前班项目中，人们已经利用即兴游戏开发非正式游戏干预以促进儿童的社会性和情感发展（O'Neill，2003）。

我们已经开展多项研究以确定基于游戏的干预的有效性。然而，直到 2012 年 4 月，我们并未实现所期望的有效性。有效教育策略资料中心（以下简称资料中心）对此提出如下观点。

关于残疾儿童的汇报方案提到，儿童教育干预范围内的基于游戏的干预的研究未能满足资料中心的证据标准。缺乏满足资料中心的证据标准的研究意味着：在当时，资料中心不能根据早期教育研究中关于残疾儿童的基于游戏的干预的有效性或无效性的研究得出任何结论，而是需要额外的研究以确定该干预的有效性或无效性。

功能性行为评价

功能性行为评价（functional behavioral assessment）关注儿童的行为、解决儿童的问题行为，并且最频繁地用于残疾儿童。该评价利用融合教育政策研究所的问题解决过程，采用各种各样的技术来识别这些问题行为产生的原因。

教师要检查不合适的行为以识别该行为的目的或功能。儿童可能采用该行为做一些重要的事情，避免某事发生或者使某事发生。一旦识别该行为和功能，我们就可以帮助儿童以更积极和适宜的方式获得成功（Bundrick，2010；Jordan，2006）。

采用行为评价计划和行为干预计划的过程包括如下步骤（NYSED，2011）。

- 当观察问题行为时，收集关于问题行为的信息。这包括对问题行为的描述及关于为什么该行为发生的假设。
- 设计关于将问题行为变为可接受的行为的检验假设。
- 通过直接观察收集信息。
- 开发一项行为干预计划。
- 开发实施策略。
- 开发一项计划以测定该干预的有效性。

评价学习过程

一旦儿童参与到任何早期学习项目中或者已进入学校学习，教师就需要获得一些有关儿童从课堂中学到了什么或者相关学习活动的信息。尽管我们经常使用教师设计的任务和测验等方法，但在了解儿童个体所采用的学习方式时，观察仍然是一种有效的方式。教师可能会使用有计划的观察或偶然的观察，从而在注意到儿童的行为或活动时获得对儿童的学习的深刻理解。当观察儿童的游戏活动时，无论有计划的观察还是偶然的观察，教师都能有效地实施。几乎在每一个发展领域，教师都能通过观察游戏来进行评价。教师使用有计划的观察或偶然的观察，能够观测到儿童的社会技能、语言能力、认知能力和运动技能的发展情况（Reifel，2011）。一种有效的活动类型是指一种表现活动，即儿童通过一些表现活动来展示学习情况，如操场上的运动技能或拼全复杂拼图的能力。这些表现性评价将会在第九章中进行详细的讨论。

在观察中，教师可以利用维果茨基的最近发展区（Zone of Proximal Development，ZPD）来判定儿童掌握技能的情况（Bodrova & Leong，1996; Mcleod，2012）。维果茨基（Vygotsky，1978）提出，在儿童不能实现的程度和在教师的帮助下或通过自主学习可以达到的程度之间有一个范围或分区。教师可以通过观察儿童的活动或行为来判断儿童的发展处于最近发展区的哪个阶段。在幼儿园或一年级，一个例子可能就是儿童使用精细运动技能来构建模型或做拼贴画。教师观察儿童的活动以此来判断他们在绘图、切割和拼图等方面的能力水平，从而确定他们在任务所需的精细运动技能方面的最近发展区。

因为观察者需要对所观察到的东西做出解释，所以他们必须明确如何通过观察来收集具体的数据。有关儿童如何发展和学习的背景信息是很重要的。假如观察者能将儿童的行为活动转化为用于理解儿童的发展水平的信息或者经验、需要，就会进一步促进儿童的发展。

显然，通过观察获得的信息的质量取决于观察者的运用技术的能力。有丰富经验的观察者利用关于发展理论和发展阶段的知识来确定一项观察的关键事件，并用一种有助于了解儿童的方法来解释这些事件。例如，一位教师注意到一名儿童正在玩一堆纽扣，他把所有有 4 个孔的纽扣堆在一起。教师可以用皮亚杰的认知发展理论将这种行为解释为物体分类能力。

观察不仅仅是简单地看着某样东西，它有着严格的程序，是寻找在某一特定情况下产生的行为的科学过程。观察者必须明白要寻求什么、如何记录所需的信息、如何解释相关行为。

儿童发展得很快，他们的发展水平在不断地发生变化。通过频繁地观察，教师可以掌握儿童的发展动向，以便在新的机遇和挑战下应对发展的变化。

改善课堂教学环境的观察

教师会密切观察儿童更喜欢什么，以增加发现他们的兴趣的线索，或者通过改变环境来发现其活动兴趣所在。教师认为儿童会做什么与儿童在环境中所做的回应可能存在极大的不同。教师对室外区域很感兴趣，尤其是对儿童在这些区域的反应感兴趣。室外区域有为带轮玩具铺设的轨道，有放置在塑料容器中的为角色扮演而准备的各种衣服，还有放置在附近的小型玩具车辆。令教师感到惊讶的是，儿童并没有骑着轨道上的带轮玩具，而是从一些衣服中拿出了发带戴在头上，沿着轨道慢跑，这是因为他们从父母那里习得了这种经验。教师可以从自己的观察中了解到一些信息，并对儿童的兴趣做出回应，从而增加一些有助于角色扮演和身体活动的物品。

从儿童的角度出发

一天早晨，一位教师把一个装满了闪闪发光的塑料手镯的桶拿进了教室。随着教师观察的进行，手镯有了不同的用途。一些儿童挥动着手镯来观察它们如何在亮光下闪烁；一名儿童把尽可能多的手镯套在了自己的胳膊上；另一名儿童把手镯扔到了地板上，使它们在地上打圈，抛出几次之后，他发现如果用一种特定的方式来抛手镯，它们就可以在地板上像陀螺一样旋转；还有一些儿童只是热衷于把手镯从桶里一遍遍地拿出来，再放回去。当教师观察儿童的时候，儿童也在注意着彼此，他们学到了新的玩手镯的方法。当他们再次玩手镯的时候，教师可以了解到有关个别儿童的更多信息。当下一次将手镯用于活动环境时，教师就可以运用儿童的一些想法。

资料来源：Curtis, D.(2006). No ordinary moments: Using observations with toddlers to invite further engagement. Exchange，172, 36-40.

观察的类型

在观察中发生了什么？观察者实际上做了什么？实施一项观察时，儿童、教师或者观察者会进入一个教室或者其他类似的场所，观察一组儿童的日常行为活动。在明确观察目标或观察目的、研究儿童所需的时间、在实施观察或记录过程中应采取的形式后，观察者坐在观测场所的一侧或在观测台的位置上对儿童进行观察。观察的类型包括逸事记录、**连续记录**（running record）、**时间抽样**（time sampling）、**事件抽样**（event sampling）。另外，观察时会用到检核表和评定量表等。

逸事记录

逸事记录是对儿童行为的一种书面记录。它是对一个偶然发生的事件的客观记录，可用于了解事件发生的时间、地点和内容。这种记录也可用于了解某些行为。医生、父母或教师都可以使用逸事记录来追踪儿童的发展情况，以便解释一些不寻常的行为。尽管叙述事件本身是客观的，但是我们仍然可以添加一些对该事件的解释或评论。

一份逸事记录讲述观察者所观察到的故事。逸事记录具有如下特征。

- 逸事记录对于快速记笔记是一项有用的策略。
- 人们通常以过去时态书写逸事，并且当有时间时就会书写逸事。
- 逸事记录的内容应包括日期、时间、地点和相关背景信息。
- 观察者应该避免采用过多的叙述，如此可以避免限制未来的反思（Higgins，2011）。

表 6-1 是逸事记录的范例。教师可以在课堂中使用逸事记录来记录所观察到的儿童行为。教师也可以利用日常日志或索引卡片对儿童的健康饮食方式或所学的新技能进行记录，并可以将这些记录信息分享给家长。幼儿园的教师可以使用便利贴来对儿童明显的或变化的行为进行记录，并将记录信息放到在儿童的文件夹中。同样，低年级教师也可以记录儿童在课堂上的日常行为习惯，可以使用便利贴记录儿童对任务的关注情况、对他人的依赖程度或社会性行为的改进情况（Fields，Groth，& Spangler，2008；Morrison，2013）。

表 6-1　逸事记录的范例

姓名：罗比（Robbie）、玛丽（Mary）、贾妮（Janie）
年龄：4 岁
地点：恩光幼儿园
日期：2008 年 10 月 5 日
观察者：苏（Sue）
所观察的发展的类型：社会性和情感发展

事　件	解释或评论
玛丽和贾妮在家务区玩过家家，她们正在准备午饭。罗比走过来说他想吃点东西。女孩子们抬起头来看了看他，贾妮说："你别在这儿玩了，我们正忙着呢！"罗比站在旁边看女孩子们把塑料水果摆放在餐桌上。罗比说："我可以来当爸爸炒点菜啊。"玛丽想了想，看了看贾妮，对罗比说道："那好吧，你也一起玩吧。"	女孩子们经常一起玩游戏，并倾向于不让其他人参与进来。罗比已经学会如何参与到别人的游戏小组中。他小心翼翼地不去扰乱女孩子们。当罗比提出有益的要求后，女孩子们松口让他参与到了游戏中。罗比通常会成功地被游戏小组接受。

逸事记录的优缺点

逸事记录便于快捷使用。教师仅仅需要一段时间来记录所观察到的信息。之后，教师可以就此观察和其重要性进行反思。逸事记录的一个缺点就是它可能未包含足够的信息使教师能分析观察内容。教师也不得不创造性地开发一个系统以组织观察结果。

连续记录

连续记录是一种记录儿童行为的方法，是一种按照时间发生的顺序来详细地记录儿童行为的记录法。连续记录包括记录发生在一段时间内的所有事件——观察到的所有行为——并非像在逸事记录中只记录特定的事件。这种记录也是客观的，以便记录发生在观察阶段的每一件事情。连续记录的时间段可能是几分钟、几周或者几个月。

观察者对儿童行为的评论和分析，与之前的观察研究记录是分开的。观察者的任务是负责记录事件发生的情景，这样可以让读者明白所发生的事件（Wall，2011）。表 6-2 是连续记录的范例。

连续记录常用于评价儿童的读写能力。当教师想了解一些有关儿童当前的阅读能力或弱点的信息时，就可以听听儿童阅读，并将儿童在阅读篇章时的错误和修正情况记录下来。教师可以通过使用转换、替换、自我校正、省略等方法来判断错误，对儿童所读的相关篇章进行评分。教师也可以使用独立于所读篇章的连续记录。这样做的目的是在儿童进行实际阅读时实施非正式评价。

连续记录也可以用于指导阅读。教师可以观察儿童的口头阅读能力，记录他们不认识的单词、语言流利程度的变化或者发音困难的单词等。在阅读活动的最后，教师已经掌握了信息，可以立刻帮助儿童或者在后续的教学中提供相应的指导。

玛丽·克莱（Marie Clay）在阅读恢复项目中研发了一种标准化的连续记录，用以记录儿童的口头阅读行为。设计该项目的目的是在阅读的早期阶段发现和纠正问题，打钩用于标记单词的正确读取，破折号表示漏掉的单词。表 6-3 是早期阅读中使用连续记录的范例，介绍了错误分析和自我纠正的内容。该表的左侧展示了所记录的每个单词；该表的右侧是有关错误、自我矫正和用于识别单词的策略的信息。

表 6-2 连续记录的范例

姓名：克里斯多弗（Christopher）
年龄：4 岁
地点：卡德卡尔
日期和时间：20××年6月21日8：40—9：10
观察者：珀利塔（Perlita）
所观察的发展的类型：社会性与认知发展

事 件	解释或评论
克里斯多弗正在玩玩具。他说："凯莉，我能一直玩它吗？"在得到回答之前，他一直在问。他挪到一个玩具吉他附近玩。他通过在教室里来回走动来监督其他小朋友，他告诉每个人要按照教师说的坐在桌子的旁边。	克里斯多弗对别人很有礼貌。 他督促同伴遵守纪律。
他坐在朋友的旁边一起谈论格兰诺拉麦片。他认真地观察、聆听两边小朋友的谈话，丝毫没有受到一个大发脾气的小朋友的影响。后来，他注意到了这个女孩一直看着他。他试着去跟别人解释这种行为，说这是因为植物撒了出来。	他试图弄明白小朋友的行为。
他遵循教师的指示。他想秘密地参与进去。一个男孩把他推了出来。克里斯多弗告诉他，如果他想听，他就可以听。这使他违背了教师的要求。他不得不坐到圆圈的外面。他走到椅子的附近坐下来，但是立马站了起来，趁着教师不注意回到了圆圈中。他又重新加入了进来。	他能使用合适的方式维护自己。
他在闲谈中泄露了一个小朋友藏钱的事情。他被要求调换位置，但他想知道调换的原因。虽然没有人直接告诉他，但他站起来推了推桌子下面的椅子。他想去解释为什么把脾气发到了另一个爱挑剔的小朋友身上。	他想知道自己做一些事情的原因。
他参与到教师正在读的故事的提问中。开始时他环顾了圆圈，接着又回到故事中来。他玩了一会儿自己的袜子，参与到小组的故事问答中来。（现在是一只脚，现在是狄波拉的另一只脚。）在参与故事的过程中，他身体的某些部位一直不停地晃动。现在他不动了，接着听故事。当小朋友们评论故事的时候，他用双手捂住了耳朵。接着，他马上说出了自己的想法。现在，他再次变得很安静。直到读完故事书之前，他在整个圆圈中都相当安静。	他有自我控制能力。
随着故事的结束，他说："我让荆棘丛给划伤了。"他安静地坐着转来转去。他问教师："我们怎样才能除去那里的植物？"（一株植物早先被除掉过。）他又说："不是我的，不是我。"	他做出回应，对故事中的人物表示同情。

表 6-3 早期阅读中使用连续记录的范例

连续记录的优缺点

如表 6-2 和表 6-3 所示，连续记录适用于不同的目的。它比逸事记录包含更多的信息，并对一段时间内发生的事件进行记录。有兴趣的教师可以利用记录信息更好地理解儿童。这种记录的一个缺点是必须事先计划并且必须就观察的目的设计观察时间。在连续记录的情况下，观察可能更难以管理。

时间抽样

时间抽样的目的是记录行为在指定时间段内发生的频率。观察者需要提前确定要观察何种行为、观察的时间间隔和如何记录相应的行为。观察者需要观察并记录在指定时间段内这些行为发生的频率，对观察过程中发生的其他行为忽略不计。在一系列的取样完成之后，观察者通过分析数据来确定某种行为发生的时间和导致该行为发生的原因。如果希望行为发生某种改变，观察者就可以通过使用这些信息来帮助儿童。

时间抽样可以用于对儿童行为的观察。通过使用时间抽样，观察者可以获得有关行为者的综合信息。观察的时间会受到目标行为者、儿童对观察者的熟悉程度、观察环境的性质和儿童的人数等多方面因素的影响（Morrison，2013; Beaty，2014）。

当儿童在学校中出现不适当的行为时，教师或学校其他人员就会频繁地使用时间抽样的方法。例如，一名儿童在某些时候对其他儿童总是表现出攻击性，并且在平常的课堂活动中总是不合作。在这种情况下，时间抽样会用于日常的一段时间内（不希望出现的行为就发生在这段时间内）。教师在分析完时间抽样的样本后，就可以确定采用什么措施来改变儿童的行为。表 6-4 是时间抽样的范例。

表 6-4　时间抽样的范例

姓名：乔安妮（Joanie）
年龄：5 岁
地点：红木幼儿园
日期和时间：5 月 17 日 10:45—11:00
观察者：苏珊娜（Susanna）
所观察的发展的类型：身体和认知发展

事　件	时　间	解释或评论
艺术中心：她在着色活动中没有完成任务。	10：45	她出现某些行为是由于没能跟上使用颜料的步骤。
图书馆：她看书，把书放回书架。 活动中心：她被拼图游戏弄得很沮丧，把散图堆在了中间，离开了椅子。她拉出乐高积木开始玩。当教师要求把玩具收起来的时候，她把乐高积木留在了桌上，加入了其他儿童的活动中。	10：50 10：55 11：00	拼图行为可能源自受挫。 在完成某项任务和摆放玩具时，她可能需要教师的口头鼓励。 当她遇到有困难的任务时，教师对其进行鼓励。

时间抽样的优缺点

时间抽样的优点是观察目的非常清晰。教师关注儿童的一种行为，并且通过观察儿童以确定行为是如何常常发生的；提前计划观察的框架并记录目标行为。这也给了教师关注正在发生的事情的机会，而且不因为在课堂上发生的其他事情而分心。时间抽样的一个缺点是教师可能难以按照计划管理观察时间。教师在操场上观察一种行为可能比在课堂教学中观察更为容易。

在下述例子中，教师没有根据表 6-4 按照常规时间间隔观察奥斯卡（Oscar）。相反，教师记录了每天休息期间产生的目标行为的时间。然而，教师能够记录在指定时间内奥斯卡出现欺凌行为的频率。

观察欺凌行为

奥斯卡喜欢戏弄他的一年级的同学，向他们挑战。他总是捉弄班上的其他男孩。教师玛丽·奥托佛（Mary Oltorf）从其他教师那里听到了对奥斯卡的抱怨。于是，玛丽决定观察奥斯卡出现这种行为的频率。在休息的时候，通过观察，玛丽记录下了奥斯卡欺负其他同学的行为的频率。他每次表现出攻击性行为或者戏弄其他同学的时候，玛丽都会记录下行为发生的时间和他所表现出的行为。休息时间结束后，玛丽就会评估奥斯卡的行为发生的频率，她发现在游戏时间内奥斯卡有扰乱其他同学的行为出现了 5 次。在对该种行为进行 1 个星期的记录之后，玛丽和其他教师意识到奥斯卡经常欺负其他同学，于是他们决定采取一些措施来干预和引导他，使其表现出更易被接受的游戏行为。一开始，玛丽隐约意识到奥斯卡扰乱了其他同学，但是直到采取时间抽样观察之后，她才意识到时间抽样对奥斯卡和游戏区的其他同学产生的影响。

事件抽样

当行为趋向于发生在特定环境中而不是可预见的时间段内时，我们往往采用事件抽样而不是时间抽样。在这种情况下，行为可能很少发生，也可能发生在零散的时间中。事件抽样常用于寻找行为发生的原因或结果（Beaty，2014）。观察者判断行为有可能发生的时间并等待行为的出现。这种方法的缺点在于如果事件没有如预期那样发生，观察者往往会浪费时间。

因为事件抽样是一种因果类型的观察，所以观察者在观察的过程中试图找到线索，以帮助解决儿童行为问题。贝尔（Bell）和洛（Low）通过使用 ABC 分析来找出事件中行为发生的原因（Bell & Low，1977）。A 是先前事件，B 是目标行为，C 是后续事件。事件抽样中使用 ABC 分析可以让观察者找到解决儿童行为问题的方法。因为事件抽样常用于解释不适当的行为，因此其主要用途就在于寻找行为发生的原因，解释相应的问题。例如，一个 4 岁的女孩希拉（Sheila）在游戏区游戏时总是喜欢跟着教师，因为她"无事可做"。开始时，教师以为她只是想引起自己的关注，直到使用 ABC 分析观察希拉的游戏行为之后，教师才意识到她总是在遭遇到其他游戏伙伴的拒绝后才来亲近自己。而且，由于其他女孩已经注意到了她在和教师"闲谈"，因此她们对自己的行为感到更加得意。通过对希拉在群组游戏中表现出的困难的调查，教师意识到无论她还是其他游戏伙伴，都需要改变自身的行为。教师帮助希拉学习更易于融入群组游戏的方法；同时，促使其他女孩变得更愿意和她相处。表 6-5 是事件抽样的范例。

表 6-5　事件抽样的范例

姓名：塔米卡（Tamika）
年龄：4 岁
地点：玛丽儿童促进中心
日期和时间：4 月 2 日下午 2：30—3：30
观察者：马西（Marcy）
所观察的发展的类型：社会性和情感发展

时　间	先前事件	目标行为	后续事件
2：41	塔米卡和罗西（Rosie）正在吃点心。罗西拿走了塔米卡的饼干。	塔米卡打了罗西。	罗西告诉了教师。
3：20	约翰（John）正在图书中心看一本书。塔米卡向约翰要这本书，约翰拒绝了塔米卡的要求。	塔米卡一把抢过这本书并且打了约翰。	约翰进行了还击，把书抢了回去。塔米卡找了另一本书坐了下来。

事件抽样的优缺点

就像时间抽样一样，事件抽样注重一个具体的目的：了解儿童表现出特定行为的原因。教师会专注于什么行为触发了这个特定的行为。在该行为发生时，教师可以参与并观察它发生的原因。其缺点在于目标行为可能很难出现，并且用于观察的时间可能会有其他的用途。

表 6-6 是观察表格的范例。如果需要的话，教师可以将表格底部的重要行为记录和评论总结扩充为叙述性报告。第十章将会探讨叙述性报告的内容。

表 6-6　观察表格的范例

姓名：
日期：
时间：
地点：
观察对象：
年龄：
所观察的发展的类型：
所用观察的类型：
观察的目的：
1.
2.
3.
需要解决的问题：
1.
2.
3.
描述观察（逸事记录、连续记录、时间抽样、事件抽样）：
重要行为记录和评论总结：

检核表和评定量表

尽管第七章会提及检核表和评定量表，但在谈论观察方法时我们也会用到检核表和评定量表。观察者可以使用检核表观察儿童是否表现出了所列出的行为或者技巧。检核表的一个优点是可以用于观察多种行为；另一个优点就是方便、快捷。

评定量表提供了一种方法来判定儿童在何种程度上表现出某种行为或判定该种行为的表现如何。在评定量表中，每种特征都可被连续地评估，以此来帮助观察者确定儿童在什么地方符合这些等级。评定量表可以让教师在同一时间内评估一系列的行为。例如，对社会性技能的等级测量可用于记录社会性发展的情况，不需要呈现连续观察到的儿童的社会性游戏行为。检核表还可以用于在课堂观察中发现儿童的一些行为问题，如那些引人注意或常常会妨碍完成指定任务的小动作。

观察和技术

在本章讨论的每种观察类型中，关于如何记录和分析这些观察的建议都会列出。随着新科技的持续发展，观察的结果大多可以用电子形式储存。笔记本电脑、平板电脑、智能手机越来越重要并且在重量上也越来越轻。我们可以很容易地用它们记录信息。观察表格可以转到电子设备上，观察条目也可以很快录入。

在观察儿童之前，得到家长的认可非常重要。当儿童的语言对于观察很重要时，选择录音会非常有帮助。观察者可以用磁带录音机记录儿童使用的语言通过反复听磁带录音来分析儿童的对话。

录像可以增强观察的效果。录像用于在观察的过程中记录重要的事件，也可以在观察完成后提供进一步研究和分析的机会。在多位观察者同时进行工作时，他们可以利用录像对观察结果进行翻译和分析。智能手机和电子相机可以用于向教师和儿童展示观察结果。

观察中使用的电子设备还有电子白板。白板是一块巨大的可以和电脑或者投影仪连接的互动式显示屏幕。教师可以将观察信息投影给家长和其他教师观看。图片记录也可以用于展示观察结果。教师可以用手指或者电子笔在屏幕上书写、画画。屏幕上显示的信息也可以保存在电脑中（Lisenbee，2009）。

面对面的交流可以通过互动式设备来完成。例如，网络电话可以用于面对面的或者群组的互动。

使用技术进行观察的优缺点

各种尺寸的智能手机和平板电脑等电子设备让观察变成一种即时的过程。观察者不用带纸和笔就可以快速记下笔记。观察者可以运用电子设备轻松分享信息。教师现在对于智能手机、电脑、平板电脑也非常熟悉。他们可以将观察表格转成电子格式并且更有效地储存信息。

信息的安全和隐私问题是电子记录储存面临的一个可能的难题。信息落入其他人的手中或者不合适的地方都是可能的。如果学校和区域有使用电子信息的系统，那么这些问题可以轻松地避免。电子记录储存在将来会随着科技的持续发展而发展。

对发展的观察

儿童的发展速度很快。因此，我们需要更详细地讨论发展。发展是连续的、有序发生的，随着时间的变化而变化。

在一定程度上，发展可以被定义为个体随着时间而发生变化的过程。随着个体年龄的增长，相应的变化就会发生。因此，发展受到儿童的实际年龄、成熟率和个体经验的影响。即使是实际年龄相同的儿童，也不一定处于发展的同一阶段或者同一水平，他们很有可能处在成熟的不同阶段，有着不同的个体经验和条件。与经常在室内玩耍的儿童相比，那些有更多的机会在室外练习攀爬、走路和跳跃的儿童更有可能表现出高级的运动发展技能。

发展变化既可以是定量变化，也可以是定性变化。身体的成长是定量累积的。新的身体技能会在已有技能的基础上发展。当心理特征发生变化时，发展就达到了一个更高的阶段。

发展的特点是持续性。每个个体都在持续改变。在量变上，个体都在持续增添新的技能或者能力；在质变上，个体都在用当前的特征来创造更加复杂的心理特征以适应新环境。接下来的部分会提到如何从身体发展、社会性和情感发展、认知发展和语言发展四个领域来观测儿童。

身体发展

儿童处在心理和动作发展的关键时期。从婴儿阶段起，他们就开始学着控制身体。这种身体发展的速度较快且一直持续到小学阶段。

对身体发展的观察主要强调两种运动发展的类型：粗大运动技能和精细运动技能。粗大运动技能涉及身体活动中的大肌肉群的运动能力。粗大运动技能的发展需要借助一些可以让儿童以一定的方式运动的灵巧性活动，如跳跃、弹跳、跑步和攀爬。这些基本的运动项目可以扩展到滚动、爬行、弹跳、跨栏、摆秋千、疾行和跳跃。在学前阶段，粗大运动技能的发展来自从骑三轮车到骑自行车的练习。一些年龄稍大的儿童可以选择溜冰或者踢足球（Head Start，2003）。

精细运动技能涉及身体的小块肌肉的运动能力，尤其是手和手指的部分。儿童能学到更多的控制手指活动的动作，他们利用这些动作可以更熟练地使用需要抓握和操作的工具设备。这些技能可以用于吃、穿、写、使用小型玩具或执行其他任务。儿童学习拼图，用剪刀剪东西，使用画笔、钢笔、铅笔和记号笔，操作小积木、计数器和橡皮泥。在掌握粗大运动技能之后，精细运动技能才会出现。

观察身体发展的目的

对身体发展进行观察有以下几个目的。

- 了解儿童如何发展粗大运动技能和精细运动技能。
- 在儿童练习使用粗大运动技能和精细运动技能中，熟悉儿童用到的不同种类的身体活动。
- 在身体发展中熟悉不同个体的差异。

观察身体发展需要回答的问题

观察身体发展需要回答以下几个问题。

- 观测一名六个月的婴儿。您能观测到怎样的运动？
- 观测一名学步儿。记录一年之后他发展的运动技能，用列表进行说明。
- 观测操场上的一名儿童。您能记录到怎样的运动？
- 观测运动器材室中的一名儿童。他最喜欢哪种类型的运动？
- 观察在活动中心正在活动或者玩耍的一名儿童。您可以记录什么类型的运动？
- 观测在两个艺术活动中正在活动的儿童。您可以看到运动发展和灵敏度的区别吗？

社会性和情感发展

在学前阶段，社会性和情感发展是重要的发展领域。在这个时期，儿童从以自我为中心向与他人的互动转移。当儿童能运用社会性行为时，他们就能影响他人，同样也能被他人影响。随着儿童在多种情况下发生交际互动，他们就会发展自己的社会性技能。

情感发展与社会性发展相类似，并能影响社会性发展。在经历了高兴、生气、开心、嫉妒、害怕等情感之后，儿童就会改善自身的行为。儿童最普遍的情感是攻击、依赖和害怕（Bentzen，2009）。攻击是一种倾向于伤害他人或者侵占他人的所有物的行为。依赖会引起一些行为，如依附、寻求认可、帮助或者安慰、想被人关注。害怕包括哭泣、避免恐惧情景等一些行为。

社会性和情感发展的重要特征是自我意识、对情感的自我调节和自尊。就自我意识而言，儿童会发展一种不同于其他儿童的意识，这种意识又被称为掌握技能和发展能力的个体特征（Berger，2008; Berk，2010）。

当儿童开始发展感官意识并学习一些自己有能力处理的行为时，他们对情感的自我调节就会产生。当儿童开始判断自我的价值和能力时，自尊就会出现。他们认为，别人对自己喜欢与否都依赖于他们完成事情的好坏，依赖于他们从父母和同伴那里得到的赞同或反对。他们将成就和新技能转化为能对自我有影响的情感。

观察社会性和情感发展的目的

观察社会性和情感发展有以下几个目的。

- 了解儿童如何发展社会性技能。
- 熟悉儿童如何学习社会交际。
- 了解儿童在社会性技能的发展方面的不同。
- 熟悉儿童处理自己情感的方式。
- 明确儿童在情感行为和情感反应上的不同。

观察社会性和情感发展需要回答的问题

观察社会性和情感发展需要回答以下问题。

- 观察 4 个月和满岁之间的儿童及其父母。儿童用怎样的社会行为与父母互动？
- 观察在群组中玩耍的学步儿。学步儿用怎样的社会行为对待其他儿童？
- 学龄前儿童怎样展示其社交意识和社会技能？
- 儿童怎样发展领导能力？观察在玩耍中领导其他同龄的儿童并描述这个领导者的角色是怎样发起的。
- 儿童如何解决冲突？观察处理问题的儿童并描述冲突是如何解决的。
- 儿童是如何表现出攻击性行为的？观察具有攻击性行为的儿童，并描述受害儿童的反应。
- 什么事件激发了儿童的依赖感或者恐惧？观察在任一情景中遇到的儿童并描述其反应。

认知发展

起源于心理功能的认知发展的主要关注点是儿童如何认识世界和了解世界。伴随着儿童与环境的互动，儿童的认知能力开始发展。我们对认知能力发展的描述主要来自皮亚杰的发展理论。

皮亚杰认为，认知发展是分阶段的。儿童的思维品质随着儿童发展到不同的阶段而有所发展。儿童处于感觉运动阶段，该阶段一直持续到 18 个月。在这个阶段，智力的发展是通过感官和内在反思进行的。在感觉运动阶段的后期，标志记忆力提高的象征性思维得到发展。

儿童在 2～6 岁进入前运算阶段。在这个阶段，儿童使用语言的能力得到了发展。儿童在该阶段处于自我中心状态，不会注意他人的想法，其思考受感觉的限制。之后，当儿童处于具体运算阶段时，他们能超越感性思维。这时，儿童的认知能力出现了性质上的不同。在这个阶段，儿童能够理解一些概念，如分类、系列化、一一对应、因果关系，因为此时他们已经获得了守恒的概念。

儿童利用心理过程理解知识的能力得到逐渐发展，同时认知能力的发展变化要经过一段很长的时间。儿童的家庭、环境和接触经验的机会都会影响儿童认知能力的发展。在儿童组织和重构经验时，重构的知识可以用来完善、扩展其自我理解。

观察认知发展的目的

观察认知发展有以下几个目的。

- 理解儿童如何使用自我认知能力进行学习。
- 理解儿童认知风格的差异。
- 熟知儿童如何发展使用分类、系列化和一一对应的能力。
- 理解儿童如何使用或利用材料来发展自己的认知能力。
- 熟知儿童如何思考和他们拥有何种学习能力。
- 评估儿童学到了什么。

观察认知发展需要回答的问题

观察认知发展需要回答以下问题。

- 观察可以坐下和抓玩具的婴儿。什么样的行为表明他们可能正在思考？
- 观察在群组中玩耍的学步儿。什么样的行为可以说明他们在玩耍中思考了？
- 认知能力如何影响儿童的学习？观察两名儿童并比较他们参与需要解决问题的活动的方式。
- 儿童如何使用新发展的认知能力？找到使用对话、一对一通信的儿童的例子并描述他们的活动。
- 儿童在认知发展和认知特征上有什么区别？观察两名认知水平不同的儿童并比较他们画画、解谜语或者建造的方式。
- 课堂经验是如何影响认知发展的？在一个学龄前课堂中研究该问题并描述其中的学习机会。
- 如何通过非语言的方式展示儿童的认知能力？观察一名儿童并描述其行为是如何表明学习正在发生的。

语言发展

在学前和小学阶段习得的语言，是儿童最主要的发展成就。在生命最初的 8 年，儿童迅速地获得使用语言的能力。伴随着其他类型的能力的发展，儿童的语言运用能力在一段时间内发生变化、得到提高，变得更加完善。

婴儿最初使用单一的话语讲话，幼儿和学龄前儿童把他们的话语扩展到两个词、三个词甚至越来越复杂的句子。随着儿童的语言运用能力扩展到使用语法，他们会使用尝试错误法，逐渐向成人说话的语法贴近。

语言发展与认知发展相联系。处于自我中心阶段的儿童往往自言自语，不用语言与其他儿童进行沟通。儿童脱离自我中心以后，会使用社会化的语言与他人沟通。他们不仅会分享同伴或成人的话语，而且还会聆听他人的话语，对他人的表达做出回应。

在学前阶段，儿童大概能习得一万个词语。在掌握词汇的同时，他们也会学到语言的规则——形态规则、句法规则和语义规则。形态规则和句法规则与对词汇的发音、语法的理解有关，语义规则解释词汇和意义的发展。

儿童也会学习谈话的规则或者语言的语用方法。儿童参与谈话的能力在早期得到发展，之后随着扩充的语言能力和谈话经验而发展完善。4 岁时，儿童就能在他们的语言环境和文化环境中学会如何进行对话。

观察语言发展的目的

观察语言发展有以下几个目的。

- 了解儿童使用语言进行交流的能力。
- 理解儿童自我中心的语言和社会化的语言之间的不同。

- 了解儿童在发展和完善自己的语言的过程中如何使用语法。
- 理解不同的儿童之间语言发展的不同，尤其是对使用不同语言和方言的家庭的儿童来说。
- 了解儿童学习作为第二语言的英语的过程，为其语言经验确定个性化需求。
- 在双语项目中明确儿童的主导语言（儿童在课堂中、在学校中、与朋友交流时和在家中使用哪种语言）。

观察语言发展需要回答的问题

观察语言发展需要回答以下问题。

- 在不使用语言的情况下婴儿如何交流？
- 观察正在说话的学步儿。他们需要使用多少单词来交流沟通？
- 儿童如何使用语言来交流？描述两名不同的儿童怎样使用语言与朋友交流。
- 儿童在什么时候倾向于使用自我中心的语言或者社会化的语言？描述儿童使用每种语言时的事件。
- 在儿童使用句子结构时可以观察到什么？记录儿童表达的例子并描述其使用的句子结构。
- 语言使用中的错误是如何说明儿童语言方面的发展的？记录儿童的一些对话；描述一些有错误但之后会被正确使用的表达。

在评价中使用观察的优缺点

观察是一种有价值的评价方式。教师可以利用观察收集到一些结构性测量方法无法获取的信息。

在观察时，儿童参与到作为课堂常规活动一部分的日常活动中。观察者可以观察儿童具有代表性的行为，如对学习任务做出的回应、游戏活动以及个人和小组作品。观察者可以留心儿童的行为以及影响这些行为的背景因素。

儿童的学习也能通过观察来评价。在一堂课中，教师可以观察儿童在小组活动中的表现或者观察儿童参与构建材料时的探索性行为。例如，教师可以在操场上观察儿童的粗大运动技能等的发展情况；教师可以通过聆听艺术区中两名儿童的对话来了解语言技能的发展情况。

观察的一个优点在于观察者可以把重点放在他们需要的行为或信息上。如果一名儿童总是表现出攻击性，观察者就可以把重点放在攻击性事件上，以帮助儿童表现出更合适的行为。如果一名儿童已开始比较有效地使用亲社会技能，教师就可以通过观察群组交流以鼓励儿童进一步提高这种技能。

观察也有自身的缺点。在数据收集上，观察者可能会遗漏某个有重大影响的细节。观察中可能会发生一些事件或者行为，这时观察者就会把重点放在错误的行为上。或者还有一种可能，在观察的过程中，观察者的稍不留意会导致所获得的信息的变化。

观察者的偏见是影响观察的一个因素。如果观察者对儿童会有什么样的行为和儿童如何表现形成了先入为主的观念，那么这些想法很有可能会影响观察者对所获得的观察信息的解释。

当对事件的观察脱离了具体的情境时，观察的结果就可能发生偏差。尽管观察一种行为往往很简单，但是这种行为必须被放入具体的情境。无经验的观察者经常出现错误，往往是由于将单个事件解释为普遍现象。例如，观察者观察到教师对儿童失去了耐心，就会把它解释为教师的普遍行为。然而，在实际情况中这种行为可能很少见。观察者出现在观察现场也有可能会影响儿童的行为，因为儿童会意识到他们正在被观察，所以在这种情况下他们的行为可能就不再具有代表性。可想而知，观察的效度就值得怀疑（Bentzen，2009）。

观察的原则

对于想要实施观察或者提高自身观察技能的实习教师及经验有限的教师来说，一定的指导方法是必要的。实习教师在寻找观察场所时，需要明确如何去寻找一所学校或一个儿童活动中心。一旦选定观察场所，实习教师还要明确如何有效地进行观察。教师有现成的观察场所，如自己的课堂或者同事的课堂。教师也可能有不同的观察目的，这就需要选择不同的观察场所。尽管从多方面来说，观察都是有价值的，但由于时间的限制却也是最不常用的。因此，就如何成功地实施观察而言，新教师需要特殊的培训。

确定观察场所

观察场所的选择需要依据不同类型的观察。首先，观察者必须明确观察目的。了解学校或儿童活动中心的儿童参与的活动，是观察者感兴趣的。例如，如果观察者希望观察蒙台梭利课堂中的儿童行为，那么在观察期间确定这些行为是否会发生就比较明智。其次，确定观察目的之后，观察者还必须确定最佳的观察位置。如果观察目的是了解儿童的创造力，那么把时间用在艺术活动受到限制或很少出现艺术活动的项目中会令人相当沮丧。同样，如果为了观察以儿童为中心的环境中的行为，这时选择教师指导的结构化项目就不大合适。

一旦选好学校或儿童活动中心，观察者就应提前联系这些场所。尽管一些学校或儿童活动中心欢迎观察者进行观察，但是大多数学校或儿童中心需要或要求提前联系。一些活动中心不允许观察者进入或者会给观察者设计时间表，以免儿童受到打扰。一些活动中心可能只允许观察几天。另一些活动中心希望观察者提前联系，是因为有许多人想要观察他们的活动中心。一些活动中心经常给实地考察人员安排时间表，以避免因此而带来的不便。无论出于什么样的原因，观察者最好在安排观察之前提前联系观察场所。

观察访问期间的行为准则

观察者是学校或者儿童活动中心的来客。尽管对儿童进行研究很重要，但避免打扰活动中的儿童也相当重要。观察者可能想与工作人员或课堂中的教师分享观察的目的。此外，观察者在实施观察时，应该使观察与观察场所的管理风格相一致。例如，蒙台梭利学校经常限制观察者进入教室的特定区域，因为一旦进入这些区域就可能妨碍儿童之间的互动。但其他学校或活动中心，就有可能鼓励观察者和儿童进行交流或者参与到儿童的活动中。

大部分学校和儿童活动中心要求对所有进入教学区域的人员进行审查。此外，到达观察场所时，观察者需要在办公室接受检查。观察者通常需要佩戴工作证，这样可以使教师和其他工作人员对观察者的准入资格一目了然。

在大多数情况下，观察者不应太引人注目。儿童对到访者的出现很敏感，在陌生人在场的情况下，儿童很有可能改变自己的行为。因此，观察者应尽可能降低自己出现时的关注度，以避免儿童的行为发生改变。观察者可以坐在一个不易引起儿童关注的地方。有时候，观察者可以采用几分钟内不去看儿童的方法，直到儿童适应了他们的出现，这种方法比较有益。观察者推迟几分钟做观察记录也可以有效地防止儿童受到干扰。

观察者的着装也会对儿童产生影响。观察者穿着色彩单一的服装比穿着鲜艳且带有明显图案的服装，更易降低儿童对他们的过分关注。观察者应着装适宜，穿着太过随意可能会引起儿童活动中心的成人的反感。观察者宁可穿得正式些，也不能呈现出一种不专业的形象。

观察访问期间的伦理问题

在观察中，观察者必须对采用合适的方式收集信息提高警惕。观察者应考虑到儿童的隐私、家庭情况和学校工作人员的因素。对儿童进行观察时，观察者只应记下儿童的姓。任何观察所获得的信息都应被视为机密，防止他人随意翻阅。观察者不应与学校工作人员或者局外人以不专业的方式谈论儿童。同时，观察者有可能还要在观察之前获得儿童家长的许可。如有必要，观察者应在观察之前将相关文件寄给家长以获得他们的同意。

教师需要意识到恪守职业道德的重要性。美国幼儿教育协会的关于道德行为的承诺声明是一个作为职业道德指南的全面综合的文件。其中的一些内容涉及对儿童、家庭、同事、社区和社会的职业责任。每个部分都有原则描述，以作为说明该部分的例子。实施观察的个体可以找到许多与道德行为相关的内容。

避免个人的偏见

个人的偏见会影响对观察的反应和观察报告的形成。如果观察者意识到自己的背景和先前经验会影响到观察报告的形成，就会在分析收集到的数据时避免使用个人观点。

观察偏见产生的原因之一是观察者价值体系的差异。在学校中进行观察，观察者易使用自身的价值体系。例如，一位来自中产阶级的观察者可能会误解一名来自平民区的儿童身上所表现出来的攻击性特征。同样，对于来自以诅咒、谩骂为常见交流方式的家庭的儿童来说，观察者也很有可能对其语言加入个人的看法。观察者应意识到可能的偏见，同时在解释观察信息时避免这些偏见的影响。

对观察场所的反应会使观察者曲解所收集到的观察数据。每位观察者心中都有自己对"好"学校或"好"儿童活动中心的特征的认识。当观察到儿童活动中心不符合自己的定义时，观察者就有可能对收集到的数据给予负面的解释。观察者对观察场所的反应，会影响观察者如何认识观察到的行为。

一项观察的实施，也有可能因观察到访的时间比较短而引起偏差。观察者经常关注教师的行为，因此得出结论：教师总是参与到活动中。这种认识是不恰当的。观察者应明白在短暂的观察活动中所形成的可能是对教师或课堂的不全面的认识。观察者必须在相当长的时间内和一天的不同时间段内进行多次观察，才能得出关于教学质量或教学环境的结论。观察者利用一两次的简短观察只能对所观察的教师和课堂窥豹一斑。

总　结

虽然标准化测验用来评估儿童的学习，但是非正式评价也很重要，尤其对于教师来说较为有效。它们可以为教师获取关于儿童的发展和学习的全面综合的信息提供一系列的评估方法。

观察用来评估学习和收集关于儿童的发展的信息。因为儿童无法在书面测验中展示他们对知识的理解情况，所以教师会利用观察来了解他们的发展情况和对知识的掌握情况。

观察有多种类型，每种观察都有其特定的目的。观察者可以使用逸事记录、连续记录、时间抽样、事件抽样来收集关于儿童发展的信息。在记录法中，教师跟随儿童记录他们在做什么，他们如何互动和他们如何获取经验。这样教师不会预先确定观察的内容，而是观察儿童所做的一切。

关键术语

逸事记录	功能性行为评价	评定量表	检核表
连续记录	事件抽样	基于游戏的评价	时间抽样

相关网站

在线搜索以下组织或机构的网站：

Center for Effective Collaboration and Practice Functional Behavioral Assessment

Earlychildhood NEWS

Frank Porter Graham Child Development Institute

Pearson Achievement Solutions

参考文献

Beaty, J. J. (2014). Observing development of the young child (8th ed.). Upper Saddle River, NJ: Pearson.

Bell, D., & Low, R. M. (1977). Observing and recording children's behavior. Richland, WA: Performance Associates.

Bentzen, W. R. (2009). Seeing young children: A guide to observing and recording behavior (6th ed.). Belmont, CA: Wadsworth.

Berger, K. S. (2008). The developing person through childhood and adolescence (6th ed.). New York, NY: Worth.

Berk, L. E. (2010). Infants, children, and adolescents (7th ed.). Upper Saddle River, NJ: Pearson.

Bodrova, E., & Leong, D. J. (2007). Tools of the mind: The Vygotskian approach to early childhood education (2nd ed.). Upper Saddle River, NJ: Merrill/Prentice Hall.

Brookes Publishing. (2002). Newsletter Archive. Using transdisciplinary play-based assessment: Structuring a play session.

Bundrick, L. (2010). Functional behavior assessments & behavior intervention plans. The New Social Worker.

Centers for Disease Control and Prevention. (2014). Developmental monitoring and screening for health professionals.

Center for Effective Collaboration and Practice. (2001). Functional Behavioral Assessment.

Cherney, I. C., Kelly-Vance, L., Gill-Glover, K., Ruane, A., & Ryalls, B. O. (2003). The effects of stereotyped toys and gender on play assessment in children 18 – 47 months. Educational Psychology, 23, 95 – 106.

Clay, M. (1993). An observation survey of early literacy achievement. Portsmouth, NH: Heinemann.

Cohen, D. H., Stern, V., & Balaban, N. (1997). Observing and recording the behavior of young children (4th ed.). New York, NY: Teachers College Press.

Cordier, R., Bundy, P., Hocking, C., & Enfield, S. (2009). A model for play-based intervention for children with ADHD. Australia Occupational Therapy Journal, 56, 332 – 340.

Curtis, D. (2006). No ordinary moments: Using observations with toddlers to invite further engagement. Exchange, 172, 36 – 40.

Fewell, R., & Glick, M. (1998). The role of play in assessment. In D. Fromberg & D. Bergen (Eds.), Play from birth to twelve and beyond, 202 – 207. New York, NY: Garland.

Fields, M. V., Groth, L., & Spangler, K. L. (2008). Let's begin reading right: A developmental approach to emergent literacy (6th ed.). Upper Saddle River, NJ: Pearson.

Flagler, S. (1996). Infant-Preschool Assessment Scale. Chapel Hill, NC: CHTOP.

Forman, G., & Hall, E. (2005). Wondering with children: The importance of observation in early education. Early Childhood Research and Practice, 7, 1 – 12.

Frost, J. L., Wortham, S., & Reifel, S. (2008). Play and child development (3rd ed.). Upper Saddle River, NJ: Pearson.

Gleason, D. (2010). Observations of learning styles of infants and toddlers with visual impairments or deafblindness: Using information about how children learn to plan effective intervention. Austin, TX: Texas School for the Blind and Visually Impaired.

Groard, C. J., Mchaffie, K. E., McCall, R. B., & Greenberg, M. I. (Eds.). (2007). Evidence-based practices and program for early childhood care and education. Thousand Oaks, CA: Corwin Press.

Head Start. (2003). Domain 8: Physical health and development. The Head Start Leaders' guide to positive child outcomes. Washington, DC: Author.

Higgins, N. (2011). Back to basics—A brief summary of early childhood observation methods and techniques.

Jablon, J. (2010/2012). Taking it all in: Observation in the classroom. Teaching Young Children, 4, 24 – 27.

Jordan, D. (2006). Functional behavioral assessment and positive interventions: What parents need to know.

Kelly-Vance, L., & Ryalls, B. L. (2008). Best practices in play assessment and intervention. National Association of School Psychologists. Best Practices in School Psychology, Chapter 3.

Linder, T. W. (1993). Transdisciplinary play-based assessment (TPBA): A functional approach to working with young children (Rev. ed.). Baltimore, MD: Brookes.

Linder, T. W. (1998). Transdisciplinary play based assessment (Rev. ed.). Baltimore, MD: Brookes.

Linder, T. (2010). Observing Kassandra DVD: A transdisciplinary play-based assessment of a child with severe disabilities (Rev. Ed.). Baltimore, MD: Brookes Publishing.

Lisenbee, P. (2009). Whiteboards and Websites. Young Children, 64, 92 – 95.

MacDonald, B. (2006). Observation—The path to documentation. Exchange, 172, 45 – 49.

McLeod, S. (2012). Zone of proximal development.

Morrison, G. S. (2013). Fundamentals of early childhood education (7th ed.). Upper Saddle River, NJ: Pearson.

National Association for the Education of Young Children. (2005). NAEYC code of ethical conduct and statement of commitment. A position statement of the National Association for the Education of Young Children. Washington, DC: Author.

National Association for the Education of Young Children and National Association of Early Childhood Specialists in State Departments of Education (NAECS/SDE). (2005). Joint position statement on early childhood curriculum, assessment, and program evaluation. Washington, DC: NAEYC.

National Association of School Psychologists. (2005). Position statement on early childhood assessment. Bethesda, MD: Author.

New York State Department of Education (NYSED). (2011). Behavioral intervention plans: Special Education: AMSC: NYSED.

O' Neill, B. E. (2013). Improvisational play interventions: Fostering social-emotional development in inclusive classrooms. Young Children, 68, 62 - 89.

Pelo, A. (2006). Growing a culture of inquiry: Observation as professional development. Exchange, 172, 50 - 53.

Reifel, S. (2011). Observation and early childhood teaching. Young Children, 4, 62 - 65.

U.S. Department of Education. (2012). Early childhood interventions for children with disabilities: Intervention report: Play-based interventions.

Vygotsky, L. S. (1978). Mind and society: The development of higher mental processes. Cambridge, MA: Harvard University Press.

Wall, K. (2011). Special needs and early years: A practitioner guide. Thousand Oaks, CA: Sage Publications.

Wilkes, S., Cordier, R., Bunday, A., Docking, K., & Munro, N. (2011). A play-based intervention for children with ADHD: A pilot study. Australia Occupational Therapy Journal, 58, 231 - 240.

第七章

检核表、评定量表和评价量规

本章目标

阅读完本章，您将可以：

1. 讨论检核表是如何设计和使用的。
2. 解释教师如何评估检核表。
3. 讨论评定量表的类型及其使用。
4. 讨论评价量规的类型及其设计和使用。
5. 解释如何编制检核表、评定量表和评价量规。

在本章，我们讨论了另一种评价策略，它包含检核表、评定量表和评价量规。因为检核表使用得更广泛，所以我们先讨论它。接下来讨论的是评定量表，这样读者可以理解它们是如何设计和使用的以及它们怎样与检核表区别开来。在测验中，评价量规使用得最普遍，我们接下来也会讨论这一方面的内容。

如何设计并使用检核表

　　检核表（checklist）由一系列的学习目标和发展指标构成。检核表的条目有利于让使用者了解它们之间的顺序和联系。条目被排列成检核表的形式，以便于教师在教学计划中运用。由于检核表对不同年级水平的课程具有代表性，因此它成为评估教学计划、做记录、和父母沟通现阶段的教学内容与儿童发展情况的工具。

对婴儿、学步儿、学龄前儿童使用检核表

　　儿童从出生到 8 岁会迅速地经历不同的发展阶段。医生、心理学家、父母和研究儿童发展的专家们，都想要了解和监测儿童个体及群体的发展情况。我们已经设定了儿童在不同年龄阶段的发展指标，利用这些检核表的指标可以检测儿童的发展情况。不同领域的专业人员可以运用检核表来评估儿童的发展情况并记录结果。

　　儿童的发展类别通常由检核表组成，包括身体、认知和社会性等方面的发展。身体方面的发展通常是由粗大运动技能和精细运动技能组成的。认知或智力方面的发展可能包括语言发展。有一些检核表把语言发展作为单独的类别。社会性方面的发展也可以包括情感和社交技能的发展。表 7-1 展示了儿童六个月时发展的关键事件。

表 7-1　儿童六个月时发展的关键事件

关键事件：您的孩子在六个月的时候
大多数在这个年纪的孩子会做：
社会性和情感发展
• 认识熟悉的面孔并且开始知道谁是陌生人
• 喜欢与别人玩，尤其是父母
• 回应他人的情绪并且看上去很开心
• 喜欢在镜子中看自己
语言发展
• 通过发声来回应声音
• 牙牙学语时发出原音（如啊、哦、额），喜欢在父母发出声音时转圈
• 对自己的名字有回应
• 发声来表现喜悦或者不愉快
• 开始发出连续的声音（含糊地说嗯、么）
认知发展
• 看周围的事物
• 把东西放进嘴里
• 对事物表现出兴趣并去够自己触碰范围之外的东西
• 将东西从一只手传到另一只手
身体发展
• 能自己坐下来
• 站起来时，可以用双脚支撑身体，有时候可以跳起来
• 能前后晃，有时候可以往回爬

资料来源：Centers for Disease Control and Prevention. (2014). Important milestones: Your baby at six months.

教师通过运用检核表来评估和记录儿童的发展情况。例如，教师先追踪儿童精细运动技能的发展情况：在儿童能用手指抓住小物体之后，再教给他们做"切"这一动作。在语言发展的过程中，教师可以评估儿童对词汇和句法的使用情况，然后再挑选出最好的故事读给他们听。

教师经常运用检核表来考查那些已经加入学前教育项目的儿童的发展情况，可以用发展或认知任务来识别有特殊需求的儿童。因为这些检核表包括儿童在某个发展阶段的特征行为，所以那些没有表现出这些行为的儿童，会被推荐参加额外的筛查和测验（National Training Institute for Child Care Health Consultants，2010）。

检核表也用来设计学前阶段的儿童学习经历。教师通过调查发现，学习目标一览表很适用于学前阶段的儿童群体，可以用来设计课堂学习活动。这些检核表可以用来评定和记录儿童在学习过程中的进步，并为下一步的教学打下基础。教师在与父母谈论教学计划时，可以讨论正在讲授的知识和儿童如何从这些学习经历中获益。

对学龄儿童使用检核表

对小学阶段的儿童使用的检核表与对幼儿使用的检核表十分相似。事实上，小学阶段的检核表可以是学前阶段的检核表的延续。但它们之间还有两个不同之处：第一，小学阶段的检核表对有关发展特征的记录更少，更注重认知或学习目标的实现；第二，小学阶段的检核表在学习领域变得更加多样化。鉴于学前阶段教师的工作涉及促进儿童的身体发展、语言发展、社会性和情感发展的内容，到了小学阶段，这些内容领域变得更加重要。因此，用于小学阶段的检核表，其目标的制定可能要与数学、语言艺术、科学、社会和物理等学科相联系（Centers for Disease Control and Prevention，2014; Gerber，Wilks，& Erdie-Lalena，2010）。由于每日课表的时间限制，对于教师来说，检核表使用的快捷性是其独特优势之一。

在小学阶段，教师对课程目标的优缺点的判断变得更加重要，对学习过程的评估也需要变得更加精确。检核表的目标可能会体现在成绩单上。同样，检核表的条目可能会体现测验的目标、州级授权的目标、教科书要实现的目标和当地选择的目标。

对有特殊需求的儿童使用检核表

检核表可以用于发育迟缓和参与干预项目的儿童。它可以在整个评估过程中追踪儿童的成长和发展情况，可以让育儿工作者和其他专业人员为家庭提供一种为他们的孩子创建和监控发展目标的依据（Centers for Disease Control and Prevention，2014）。这种检核表可以作为反映家庭档案信息、发展规划和儿童发展情况的总结性报告。残疾儿童，特别是那些中等至严重残疾的儿童的发展，可能比健全儿童的发展更加迟缓；有天赋的儿童的发展更快。检核表在检测这些儿童的发展上尤其有效。

另外，检核表可以用于了解母语是英语的儿童的第一语言和第二语言的发展情况。检核表是多目的的课堂综合评价体系的组成部分，可以连续评价儿童语言的发展情况。

如何设计检核表

　　检核表已经多年用于教育领域。那些在开端计划和其他项目中工作的教育专家及教育工作者为了提高特殊儿童群体的教育水平，研发出一些教育目标的大纲来说明儿童应该学习的知识框架。从那时起，检核表在各个层次的教育中得到了进一步研发和运用。为低年级儿童设计的阅读检核表包括阅读技能运用的范围和次序。许多学区都有每一门课程和年级目标的一览表。

　　检核表是关于发展和课程的大纲或框架。当设计检核表时，研发人员需要考虑几个重要的内容领域。设计检核表时应该遵循以下四个基本步骤：识别检核表上的技能；给目标行为列表分类；有序地编排检核表；做记录。

识别检核表上的技能

　　教师需要研究各种类型的检核表，并确定具体的目标和技能。教师需要使用已设定的发展标准和学习目标，从而确定如何修改检核表以供自己所用。例如，语言与词汇类别下的语言发展和阅读检核表可能包括如下目标：听和模仿口型；识别词汇；识别字母；为图画书编写一个故事。

给目标行为列表分类

　　如果课程目标包含一系列的行为，我们应当单独列出目标行为，以便单独记录。例如，为了能辨别不同的硬币，最好的方法是写出硬币的名称，如下。

　　请辨别：1美分硬币、5美分硬币、10美分硬币、两角五分硬币。

　　当教师检测儿童关于硬币的知识时，他们可能会发现儿童只知道部分的硬币。例如，教师会记录儿童正在学习或者已经掌握关于硬币的知识的情况。

有关非正式评价结果的一些争论

　　玛丽·豪厄尔（Mary Howell）和弗朗西丝卡·卡里略（Francesca Carrillo）正在教师休息室里激烈争论。玛丽教一年级，弗朗西丝卡教二年级。他们争论的是一年级结束后如何使用儿童文件夹里的检核表的问题。弗朗西丝卡抱怨一年级教师的评价不准确。一年级教师已经提供了儿童在一年级达成的目标，但是由于儿童要么还不了解这些知识，要么过完暑假已经忘记所学的知识，所以教师不得不在二年级重新教授这些知识。

　　玛丽显然因为专业受到质疑而被激怒了。她坚持认为一年级教师已经教儿童掌握了目标。坐在附近的另一位教师乔茜（Josie）什么也没说，她咕哝道："这完全在浪费时间。我会等到学年末再给他们评级。"

在玛丽和弗朗西丝卡离开后，关于使用检核表进行评估和做记录的优点的讨论还在继续。一位三年级教师冈瑟·萨克斯（Gunther Sachs）赞成使用检核表评估儿童的观点。他注意到当他和儿童家长谈话时，会用到检核表中的记录信息。当他告诉家长儿童是如何达成检核表上所列的课程目标时，他相信家长能更好地了解儿童在校的学习情况。另一位三年级教师王丽丽强烈反对使用检核表。她自己使用检核表的经历让她认为做记录太耗时，她更愿意做课堂计划或为儿童设计一些更有趣或更具挑战性的学习活动。

有序地编排检核表

检核表应该按顺序编排。检核表的条目应根据难度或复杂性编排。如果检核表的条目排序正确，那么它们的难易程度应该很明显。例如，数学检核表可能列出"数出 1 ~ 10"的条目，以此来测验儿童的计数能力。当儿童达到更高水平时，检核表的条目可能是"数出 1 ~ 50"。

做记录

教师必须设计一个做记录的系统。因为检核表反映了课程研发或儿童发展的目标，所以我们必须用一种方法来记录这些条目的发展情况。尽管我们可以使用很多做记录的方法，但我们通常用两栏表来记录儿童掌握技巧或行为的情况。我们经常使用的两类指示符有简单的"是 / 否"或"掌握 / 未掌握"。还有一种做记录的方法是记录接触概念和掌握概念的日期。

教师可以使用检核表来记录儿童个体和群体的发展情况。不论教师是否利用观察、课堂活动或任务进行评估，他们都可以用检核表来记录儿童的发展情况。教师可以定期和父母分享使用检核表进行评估的情况，使父母了解儿童现在的学习情况和已掌握的知识。

检核表同样可以用来记录班级或小组儿童的发展情况。小组记录列出了所有儿童的姓名和检核表的目标。教师通过将儿童个体的信息转换为小组记录信息，可以为儿童小组设计教学方案，因为小组记录信息反映了他们的共同需求。表 7-2 是一份语言艺术的班级记录表。

检核表有许多的用途，它可以有效地满足儿童、教师和家长的需要。

检核表和标准

我们要在州和国家的层面上确定课程目标。《共同核心州立标准》是在语言艺术、数学、科学和其他科目方面代替州或者国家内容领域的标准。因为儿童现在通过手机、平板电脑、电视、视频设备和电脑可以接触到更多的非纸质媒介，所以他们需要具备更加复杂的学习能力。检核表可以用于记录这些新技能。

教育家和家长对国家标准的本质有着重大的关切。与传统教育课程作为一个单独的显而易见的内容领域不同，《共同核心州立标准》强调理解复杂文本、阅读信息化文本、协作学习、发展词汇技能和在内容领域创建较强的读写联系（Altieri，2014）。教师必须重新组织读写能力的教学以建立自幼

表7-2　语言艺术的班级记录表

名字	语言能力												遵循的方向			
	分享个人的经历	自愿参与	自愿回答	讲述观察活动	回答事实问题	回答调查问题	回答高阶问题	回答不同的问题	解决问题	问事实问题	解释图片反映的故事	理解	注意力	遵循简单的方向	传递信息	两个或更多的方向	用指定的材料制作简单的物体

......

儿园儿童开始的内容领域的读写联系。锚标准被设置在阅读类别下的开始部分。它可以展示指标的各种等级水平标准。指标可以用于文学阅读和信息化文本。阅读技能和内容领域的技能都被整合进国家标准。

　　小学的发展检核表和课程检核表在同种方式下因为相同的原因被使用；但是，发展检核表在前面加入了课程目标的部分。我们关于检核表的目标的讨论包含着儿童发展的意义。这些目标如下。

- 理解发展。
- 课程开发。
- 评价学习和发展。

将检核表作为理解发展的指南

　　所有的检核表都是为描述不同的发展领域而编制的，包括社会、身体和认知等方面的发展。在各个领域，每个年龄阶段使用的检核表的条目表明了儿童是如何通过成熟和体验而发展的。教师、父母在阅读检核表后，可以追踪儿童的发展结果并实际预期儿童的发展情况。由于儿童从出生到2岁的发展节奏很快，因此检核表对于他们来说至关重要。

将检核表作为课程开发的指南

　　由于检核表说明了发展的各个方面，因此我们可以将其作为设计儿童学习经历的指南。科学、艺术和社会学习方面的课程并不是学前阶段检核表中必不可少的内容，因为儿童会在小学阶段学到这些科目。然而，检核表应包括儿童在童年的早期阶段应该获得的经历和机会。因此，对于那些研究检核表的目标的教师和看护人员来说，检核表可以作为他们选择适合儿童的学习活动的指南。

由于检核表是按照发展的水平或年龄编制的，因此教师也可以将其作为安排学习活动的指南。教师可以把他们想要运用的经验和检核表联系起来，以此来判断自己是否以正确的标准和难度在运用。教师能利用检核表确定在儿童的学习或发展之前先教什么和再教什么。表 7-3 是评价复述故事能力的检核表。教师通过了解检核表的条目和儿童先前的表现情况，可以设计指导工作和后续活动。因为检核表涵盖儿童从幼儿园到小学间的关于读写水平的内容，所以教师可以在检核表上加入一些儿童活动的案例，以供后期编制档案袋所用。

表 7-3　评价复述故事能力的检核表

姓名：	日期：
教师：	年级：
书名：	作者：
独立阅读故事□	
儿童听故事□	
回答方式：　　口语形式□　　　　图片形式□　　　　书面形式□	

背景 / 角色

从故事的开头复述：独立完成□　　　　监督下完成□
给主要角色命名：独立完成□　　　　监督下完成□

情节 / 主要事件

描述所有的重大事件：独立完成□　　　　监督下完成□
按顺序叙述事件：独立完成□　　　　监督下完成□
说明情节或矛盾：独立完成□　　　　监督下完成□

结　局

叙述故事如何结束或矛盾怎样解决：

评语：

检核表有助于教师确保各种活动之间的平衡。随着当今对学术性科目（尤其是在小学阶段）的重视，教师感到迫切需要开发出一种针对阅读、写作、数学科目的准备活动的指导性方案。学前教育阶段的教师强调为儿童提供基础的和发展适宜性的指导。这些指导指出，儿童通过基于与具体物体的相互作用来自主学习。检核表有助于学前教育阶段的教师为儿童的发展提供适宜的指导，并为入学做准备施加压力。儿童发展经历的**融合**（intergration）有助于教师开发适合儿童发展水平的课程。

在规划儿童教育活动方案中的课程和指导时，教师必须将儿童活动中心的材料吸纳到课堂活动中。带有一系列目标的检核表，为教师选择课堂活动中支持课程和指导的材料提供了指导。例如，对于一名 5 岁的儿童来说，检核表中精细运动技能的发展顺序可能与下列内容相似。

用剪刀剪。

复制一个三角形。

写名字。

把回形针放在纸上。

可以使用晒衣夹转移小物品。（Gerber，et al.，2010）

教师通过研究精细运动技能的发展顺序，可以判断出剪切和粘贴活动应该是课堂活动的一部分。当儿童的精细运动技能发展得更好的时候，教师应将书写字母和数字的内容纳入课堂活动，用以完善书写的指导活动。因此，检核表可以帮助教师确定随着年龄的增加儿童学习所需的材料。在学年初期，教师可以在课堂中引入一些简易的玩具、猜谜活动和建构材料；到了后期，教师可以适当引入一些复杂的和更具挑战性的活动。随着学年的增加，课堂可用的材料应该和儿童的发展相适应。

由于儿童的发展速度不同，因此教师要为不同的儿童提供不同的材料。教师可以在课堂中设计一些游戏、活动，提供一些材料，并可以根据儿童的需要和兴趣设计活动任务。课堂活动所用的材料为儿童的个性化学习提供了途径，并且检核表可以作为教师设计从简单到复杂的学习活动的指南。

将检核表作为评价学习和发展的指南

能够获取关于儿童如何成长和学习的信息，是儿童教育项目必须要满足的条件。教师必须了解儿童的学习和发展是如何进行的，并能够与父母和其他教师进行交流。

当教师持续记录儿童的发展情况时，他们可以为父母提供关于儿童成长的信息。父母可以清楚地了解到学校所发生的事情及他们的孩子所取得的成绩。

使用检核表来评估、评定和记录儿童的成长的教师，最终可能会发现他们对班内每名儿童的了解比以前更深刻了。假设教师使用检核表来追踪儿童的大肌肉群的发展情况，他们对儿童参与身体运动活动的观察会使他们意识到儿童是如何发展的，并揭示儿童发展中的个体差异。例如，当向某位家长汇报儿童的发展情况时，教师可以提到儿童在投球和接球方面的进步。教师还可以强调儿童在骑自行车和跳绳方面的能力。

教师如何评估检核表

检核表可以作为教师进行课程研发的指南，也可以用来对儿童进行评估和评定。教师可以利用课程目标来组织教学经验，也可以利用课程目标评估儿童的表现。教师要在儿童学习新的概念或技能之后，对他们进行评价，以获得他们在学习这些新概念或技能方面的情况。教师对检核表的评估可以通过观察、学习活动和具体任务来完成。

通过观察评估检核表的目标

观察是教师理解儿童的最有效的方法。儿童是早期项目中活跃的学习者。他们的发展是通过观察他们的行为，而不是通过测验来评定的。如果观察检核表的条目，我们会发现发展的一些目标或指标仅通过观察儿童就可以加以评定。例如，在语言发展方面，如果一位教师想知道儿童是否在使用完整的句子，他们可以通过观察儿童在游戏和听力活动中的表现，从而做出判断。同样，如果教师对评估儿童的社会性发展感兴趣，就可以观察儿童户外活动的情况，以确定他们大多数是独自游戏或加入双人游戏，还是作为群体的一员在一起玩耍。因为儿童可以通过游戏来学习，所以教师可以注意儿童在游戏活动中是如何学习的。同样，当儿童通过游戏来探索环境时，教师可以在儿童发展的初期逐渐有意识地观察每名儿童的身体和语言的发展情况。

第六章涉及如何进行有计划的观察或偶然的观察的内容。教师可以在课堂上评估，也可以提前观察儿童在艺术课或操作课上的表现，从而确定可以评估检核表上的哪些条目。在这些课上，教师可以选取一些能让儿童以所期望的方式使用的材料，来观察儿童的特定行为并予以记录。例如，教师可以在艺术课上开展一次剪切活动来评估儿童使用剪刀的技能。另外，教师还可以开展一个集体剪切活动，并观察每名儿童在活动中的表现。

通过学习活动来评估检核表的目标

一些目标仅通过观察并不能得到评估。比如，教师对认知领域目标的评估（如数学）可能需要借助一种特殊的学习活动。教师还可以让儿童展示他们的特殊技能，并将其作为课堂导入的一部分。在课堂上，教师会注意到哪些儿童理解了概念和掌握了技能。如果评估一个对 1~5 的数字的理解的目标，教师可以让儿童按 1~5 的大小顺序来给目标分组，并注意哪组儿童完成了任务。

通过具体任务来评估检核表的目标

有时候，教师想在学年初、学年末或分年级时进行一次系统的评估，此时他们可能需要评估多个目标。在这种情况下，教师可以选择一些一次性评估的目标，将其分配到任务中让儿童来完成。教师可以用相同的教学模式开展活动。根据儿童先前的发展情况，教师给儿童编排评估任务，并且针对不同儿童小组的评估任务也不同。其中，一些儿童参与一组活动，另一些儿童参与完全不同的活动。

每种类型的评估的完成都需要一定的时间和空间。教学计划中教师的评估经验越丰富，评估就变得越简单。教师尽可能地使用最简单和最省时的评估策略，是极其重要的。

使用检核表的优缺点

使用检核表进行评估和评定有着优点和缺点。教师必须在确定如何将检核表广泛用于测验和做记录时权衡利弊。

使用检核表的优点

检核表很容易操作。教师可以不需要什么指导或训练而迅速地学会使用它。与标准化测验不同的是，检核表在任何需要的情况下都可以使用。

检核表具有灵活性。教师可以用最简单的方法来评估儿童并获得最需要的信息。当需要完成一个以上的评估任务时，教师可以采用多种评估策略。

教师可以将检核表放在手边，以便随时记录儿童的行为。无论何时，当教师发现新信息时，就可以更新记录。与纸笔测验和正式测验不同的是，教师不用等到考试的时候再来确定儿童是否掌握了目标。

父母可以使用检核表，以便在家支持儿童的发展。教师可以分享父母和孩子一起活动的想法。同样，教师也可以让父母参与儿童的活动来支持他们对课程目标的学习。

使用检核表的缺点

使用检核表时可能会费时间。教师经常在检核表上做记录会减少他们和儿童在一起的时间，尤其是刚开始使用检核表时。教师必须学会熟练地使用检核表而不影响教学。

教师可能会发现刚开始使用检核表时会遇到一些困难。当教师习惯了不使用检核表来教学时，他们通常会发现要改变自己的教学和评估行为、把检核表纳入教学会很困难。另外，教师使用检核表的次数可能太多。他们会被这些需要评估和做记录的检核表压倒，感到很沮丧。

教师和儿童一起评价书写作品。有些教师可能会忽视检核表的评估策略是评价儿童的发展和学习的有效手段。对于有些教师，尤其是那些已经习惯了把考试作为评估手段的小学教师来说，用于测量发展的观察和活动策略似乎是无说服力的。他们或许认识到需要更多具体的证据来说明儿童对学习目标的掌握情况。

不同于纸笔测验可以用来记录掌握的水平，检核表仅仅用来考查儿童是否充分地表现。

检核表本身并不是一种评估工具，它只用于编排学习目标和发展指标。教师可以利用检核表来实施评估策略。另外，记录一项行为的出现与否，并不是检核表的主要目标。重要的是教师如何利用记录的评估信息。如果教师并不将从评估目标中获得的信息用于持续评估之后的教学计划中，那么检核表就不会改进儿童的学习和发展情况。

评定量表的类型及其使用

评定量表和检核表相似，但也有其不同之处。检核表用来表明儿童是否具有某种行为，评定量表需要对儿童呈现出的行为的程度进行定性评定。评定量表有多种形式，**数字型评定量表**（numerical rating scale）和**图表型评定量表**（graphic rating scale）是最常用的两种（McMillan，2007）。

评定量表的类型

数字型评定量表

数字型评定量表是最简单、最易用的评定量表。评定人员用数字来表明个体所具备的特征的等级。数字的顺序对应描述的类别。如下是一个普通的数字型评定量表的评定等级。

1——不符合要求

2——低于平均水平

3——平均水平

4——高于平均水平

5——优秀

数字型评定量表可以用来评估低年级儿童的课堂行为，如下。

- 儿童完成被分配的任务的情况如何？

1　2　3　4　5

- 儿童参加集体活动的情况如何？

1　2　3　4　5

当数字所代表的含义无法达成一致时，使用数字型评定量表就会变得困难，而且评定量表对等级的说明也不一样。

数字型评定量表在记录数学方面突发的进步时非常有效。儿童在整个学年会被评估多次。例如，一个评定量表用来评估儿童是否需要发展、是否如期地发展。

图表型评定量表

图表型评定量表的功能是连续的（Cohen & Wiener，2003）。图表型评定量表提供了一个视觉序列来帮助评定人员正确地定位他们的判断。图表型评定量表常用的描述符如下。

从不　很少　偶尔　经常　总是

图表型评定量表也可以用来评估低年级儿童的课堂行为，说明如下。

- 儿童完成被分配的任务的情况如何？

从不　很少　偶尔　经常　总是

- 儿童参加集体活动的情况如何？

从不　很少　偶尔　经常　总是

使用图表型评定量表对行为进行描述，比使用数字等级更加容易。因为描述符能更明确地描述行为特征，所以评定人员可以更加客观、准确地评定儿童的行为。不过，图表型评定量表会由于描述符所代表的含义不一致，容易产生偏差。

评定量表的使用

教师经常在成绩单上使用评定量表的数据来汇报儿童的发展特征。儿童和家长都认为这样的评分很大程度上受教师的偏见和教师对儿童的认识的影响。

评定量表还可以用来评估学习环境。《幼儿环境评定量表（修订版）》（ECERS-R）（Harms，Clifford，& Cryer，2005）是一种评估幼儿教师怎样准备一种沙/水游戏和戏剧游戏以及幼儿教育的质量的数字型评定量表。这种量表用于活动中心的评估和为项目改进做计划（Harms，2010）。

《蒙台梭利幼儿环境评定量表》（MRS）是一种评估蒙台梭利课堂和蒙台梭利环境的量表。它注重评估已准备的环境中的材料和幼儿自学知识的经历。蒙台梭利环境被认为是确保幼儿获得高质量保育的重要因素。表 7-4 的蒙台梭利幼儿环境评定量表包含了语言艺术、数学、科学、地理、历史、音乐和运动等学科学习所需要的材料。

《早期学习观察评定量表》（ELORS）为测量儿童的发展情况提供了不同的方法，该量表有 4 种数字型的类目。儿童得到的分数越低，表明他们的发展水平越高。所有的分数都是教师依靠课程的不同文本和对活动的反复观察来获得的。

表 7-4　蒙台梭利幼儿环境评定量表

校区：　　　　　　房间：　　　　　　观察员：　　　　　　日期：____ 年 ____ 月 ____ 日

	项目编号	描　述	1	2	3		项目编号	描　述	1	2	3
室内空间	1	吸声				家具	13	桌子			
	2	灯光					14	椅子			
	3	通风					15	橱柜			
	4	温度					16	地毯和支架/地毯区域			
	5	空间的大小					17	阅读/图书馆区域			
	6	地面的维护和修理					18	柔软物体：额外的家具			
	7	卫生洁具的维护、修理及清理					19	睡觉：床和垫子			
	8	清洁地面					20	睡觉：床、垫子，睡袋：储存和卫生			
	9	健康问题：环境					21	午餐：用具，卫生和储存			
	10	安全问题：环境					22	对特殊需求的灵敏度			
	11	对特殊需求的灵敏度					23	储存和供应区域			
家具	12	隔间/个人物品区					24	灌注固体：用大汤匙和小汤匙干式输送			

续表

项目编号	描述	1	2	3	项目编号	描述	1	2	3
25	灌注固体：不同尺寸的湿式输送				54	颜色框 2：一级和二级颜色			
26	折叠布：一半（2）、四分之一（2）、三分之一（1）				55	颜色框 3：颜色分级			
27	镜框：小纽扣、拉链、扣钩、扣眼、领结				56	颜色框 4：颜色匹配/分级：可选			
28	擦光：木材、金属、镜子、鞋				57	织物盒配有成对的织物方块			
29	清洗：手、贝壳、桌子、椅子、盘子、衣服等				58	粗糙光滑的板/触觉板			
30	使用剪刀的练习				59	触觉板/触摸板			
31	打开与盖上罐子和瓶子				60	巴里克板			
32	插花和花瓶				61	热感应板			
33	锁/锁箱				62	热感应瓶：可选			
34	食品准备：胡萝卜、芹菜、豌豆、香蕉、苹果等				63	音箱			
35	缝纫顺序：珠线，纽扣缝纫，材料：可选				64	用于闻的瓶子：练习			
36	编织顺序：可选				65	用于品尝的瓶子/练习：可选			
37	木工工具和活动：可选				66	品尝活动：可选			
38	植物护理：浇水、洗叶、饲（养）用盆栽				67	数字棒和数字卡片			
39	动物护理：喂食等				68	主轴箱（45）			
40	家居用品				69	数字和计数器			
41	木制圆筒/圆筒块（4）				70	珠楼梯及数字			
42	桃红色的塔/桃红色的立方体				71	青少年板和珠子			
43	棕色楼梯/宽楼梯/棕色棱镜				72	10 个板和 10 个珠子			
44	红杆				73	100 个板和数字瓷砖（1～100），控制图表：可选			
45	旋钮式圆筒、彩色圆筒盒（4）				74	短珠链（1～10）和数字箭头			
46	几何固体（10）、底座（11）和神秘袋				75	长珠链（1～10）和数字箭头：可选			
47	带有演示托盘和匹配卡的几何柜				76	金珠引线（3）			
48	建设性三角形盒子（5）				77	金珠材质：银行游戏			
49	双电源：可选				78	金珠十进制卡			
50	二项式立方体				79	邮票的游戏			
51	三项式立方体				80	斑点板（木材、塑料或纸）：可选			
52	毕达哥拉斯的正方形：可选				总计	不包括可选			
53	颜色框 1：原色					仅可选			

实用生活材料（项目 25-40），数学材料（项目 41-80）

表 7-5 是一个阅读技能检核表。它阐明了两种评估方法是如何结合在一起的。

表 7-5　阅读技能检核表

1 级 = 第一部分的技能核对表　　　　　　儿童的姓名：　　　　　　教师的姓名：

阅读和写作中检查的项目				
M= 掌握　S= 发展稳定　L= 有限　N/A= 未评估	M	S	L	N/A
印刷的概念				
识别封面、标题、作者和插图画家				
识别标题页				
识别目录				
识别书的结尾				
演示从左到右和从上到下的页面				
演示一对一的单词对应关系				
理解关于印刷的故事				
音素意识和语音学				
识别字母				
理解混合和分割				
确定押韵的单词				
识别开头、中间和结尾的声音				
识别辅音				
识别短元音				
识别单音节辅音 - 元音 - 辅音单词				
单词识别				
流利地阅读 40 个幼儿园复习的单词				
流利地阅读 51 个高频出现的单词				
理　解				
理解故事的开头、中间和结尾				
使用预读策略（如做出预测）				
理解人物				
理解故事的设置				
阅读并理解适当的文本（阅读水平为 6 ~ 8）				

这里还有供儿童使用的自测评定量表。在表 7-6 中，儿童可以用不同的"笑脸"来评价自己的作业。对于还在发展阅读和写作能力的低年级儿童来说，这种量表非常有效。图 7-1 说明儿童能从操作实物的评价中受益。

表 7-6 自测评定量表

1. 我在作业上写上名字和日期了吗？
2. 我完成作业了吗？
3. 我是否正确地按照说明做了？
4. 我的作业整洁吗？
5. 我做到最好了吗？

优秀	还好	需要加强
☺	☺	☺

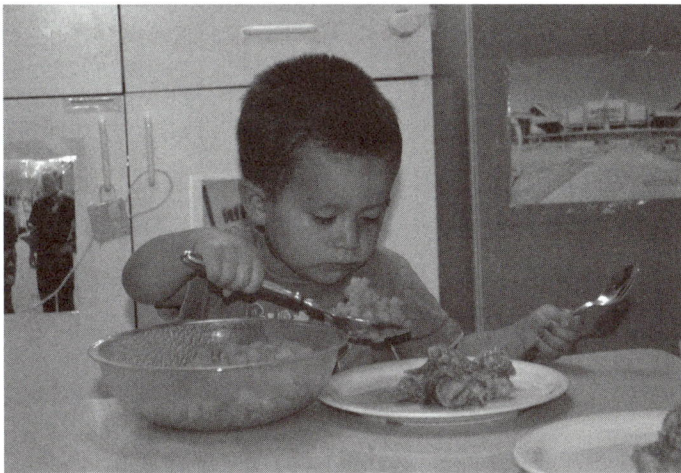

图 7-1 儿童能从操作实物的评价中受益

使用评定量表的优缺点

评定量表是一种独特的评估方式。它所起的作用是其他评估策略所没有的。虽然前文已讨论过评定量表的一些不足，但是回顾它的优缺点还是很有用的。

使用评定量表的优点

评定量表可以用于评定那些不易被其他方法测定的行为。例如，社会性发展的量表可能会有儿童合作行为的评估标准。当教师试图确定儿童在教室内与其他儿童或成人合作的能力时，评定量表的评估标准比检核表的"是/否"回答的分类更加实用。与完全开放式的观察不同，评定量表的标准是反映儿童合作水平的依据。

评定量表的使用既快捷又简单。因为它提供了儿童行为的描述符，所以评定人员可以很容易地使用评定量表。描述符也让评定人员在观察后的一段时间内使用评定量表成为可能（Jablon，Dombro，& Dichtel-miller，2007）。评定人员每天可以把某次观察儿童或与儿童待在一起所获得的信息运用到儿童的身上，而不是用额外的时间来获取所需的信息。

教师在使用评定量表时不需要接受过多的培训。教师可以经常使用一些评定量表进行评估。评估标准为教师使用评定量表提供了所需的信息。

评定量表易于研发和使用。因为描述符在一些评定量表中会保持一致，所以教师设计起来会很简单。在使用"总是""有时""很少""从不"这些等级标准时，教师可以在评定时加入一些说明。

评定量表是评价儿童在理解世界和重构知识的过程中的发展的有效工具。它能够描述儿童理解和掌握知识的情况，而不是反映儿童能否达到预定的水平。

使用评定量表的缺点

评定量表具有高度的主观性，因此评定人员评定时的错误和偏向是常见的问题。教师和其他评定人员可能基于他们以前的交往经验或情感因素，而不是基于客观基础来评定儿童（Linn & Miller，2005）。教师评价儿童的发展时有可能受对儿童的印象的影响。如果没有评价的指导，教师只能自己对儿童的发展做出判断。

含糊不清的术语使得评定量表上的信息资源变得不可信。评定人员在评价标准的特性上不能达成一致的观点，因此他们对特性的解释也不尽相同。例如，描述符"有时"或"很少"很容易有多种解释。

评定量表上的信息资源几乎很少说明行为的缘由。与检核表只能表明是否存在某项行为一样，评定量表也没有提供额外的信息来阐明行为发生的情景。与观察者可以从行为发生的情景中获得更全面的信息所不同，评定量表给评定人员提供了一种区别于检核表的信息资源，但并不包括对观察者的偶然的提示。

快速查验自测评定量表

在本章关于儿童使用评定量表进行自我评价的介绍中，我们已经提到让儿童利用自己的面部表情来评定自己的发展和学习情况。一位二年级教师让儿童设计了一个简单的量表，有4个等级和指标。儿童可以用不同的颜色来填充含有数字等级的圆圈，这称为快速查验。该量表可以随着儿童的发展而被多次使用。教师还确定了4种理想的教学方法，以辅助快速查验的使用。

- 帮助儿童设定或接受个人目标并进行记录。
- 利用儿童朝着目标前进的方式进行教学、建模和规划。
- 把妥善保存的记录向儿童展示，并作为他们发展的证据。
- 帮助儿童庆祝目标的实现，并对他们的努力进行积极的鼓励。

资料来源：Brown, W. (2008). Young children assess their learning. The power of the quick check strategy. Young Children, 63, 14-20.

评价量规的类型及其设计和使用

与评定量表一样，评价量规是用来评定儿童的发展情况或作品的得分的定性工具。或许，评定儿童作品的得分的目标使评价量规区别于其他类型的评价工具（如检核表和评定量表）。

评价量规是一种评分工具，对作业或作品进行详细的等级评定。评价量规将指定对象进行等级划分，根据不同的掌握程度对每个相关等级的特征进行清晰的描述。

由定义可知，评价量规与表现性评价相联系。它提供了区别不同等级的指南。虽然评价量规主要用于小学高年级和中学阶段，但它对于幼儿园和小学低年级同样适用。

表现的指标也可以被叫作评分标准，也就是说，它给每个水平的分数设置标准。指标也可以用来描述表现的不同维度。在表 7-7 中，一、二年级阅读理解题目的 6 个类目在 4 个水平上的评分为：开始理解为 1 分；有些理解为 2 分；充分理解为 3 分；高级理解为 4 分。

表 7-7　阅读量规

开始理解（1 分）	有些理解（2 分）	充分理解（3 分）	高级理解（4 分）
讲述一个或两个事件，或少量的细节	讲述一些关键事件或事实	讲述很多事件（按正确的顺序）	讲述所有关键事件和事实
用非常少的细节复述一个故事	用一些重要的细节复述故事	用很多重要的细节复述故事	用自己的语言准确地、按顺序地复述故事（精讲）
真实和虚构之间有区别吗	区分真实和虚构	在一些类型的内容中区分真实和虚构	在所有类型的内容中区分真实和虚构
回答的问题不正确	回答问题时有一些错误	正确地回答问题	用精确的阐述和更高层次的思考来回答问题
与生活经历没有联系吗	将一些故事的事件和生活经历联系起来	将许多故事的事件与自己的生活经历联系起来	利用故事的事件与自己的生活经历联系起来并加以阐述
无法识别故事中的任何角色	识别一些人物的名字	识别角色并讲述他们	识别所有角色并告知详细信息
总　　计 _____	_____	_____	_____

资料来源：Cohen, J. H., & Wiener, R. B.（2003）. Literacy portfolios: Improving assessment, teaching and learning, 2nd ed., 141, reprinted by permission of Pearson Education, Inc., Upper Saddle River, NJ.

评价量规的类型

评价量规通常有三种类型：**整体量规**（holistic rubric）、**分析量规**（analytic rubric）和**发展量规**（developmental rubric）。每种类型的量规都有区别于其他量规的特征。

整体量规

这种类型的量规用来给儿童的总体表现评分。一般情况下，这种量规包括一些反映儿童的表现水平的指标。每种等级都包含一些反映作品的质量或者表现水平的指标（Cohen & Wiener，2003；Payne，1997；Wiggins，2013）。表 7-8 是写作的整体量规的范例。量规有 4 种能力等级。我们可以运用每种等级下的描述符来评估儿童的作品。

表 7-8　写作的整体量规的范例

没有经验的写作者
· 在纸上做类似字母的标记或潦草的涂鸦
· 向教师口述观点
· 根据图画口述故事

初期的写作者
· 写自己的名字
· 尝试在纸上写些单词
· 可能会抄袭单词或句子

成长中的写作者
· 写词语时会使用空格
· 可以采用一些印刷的惯例（如标点或大写）
· 使用创造性的拼写

成熟的写作者
· 可以写复杂的句子
· 写出主题
· 提升流畅度和自信
· 可以准确地写大小写字母和标点符号
· 仍然会有一些错误

分析量规

分析量规类似于一个网格且包括一系列的描述符。它对每个属性使用有限的描述符，对每个任务属性进行描述和评分，并使用等级标准，如需要改进、正在进步、合格、高于平均水平（Cohen & Wiener，2003）。分析量规可能比整体量规在评定等级上更有效。表 7-9 是一个分析量规的范例。它有三个维度：理解任务、计划任务和完成任务。每个维度的评估标准都用数字值标出。这种量规对于评定出那些在阅读和书写能力方面发展得很好的儿童很有用。

表 7-9　分析量规的范例

一项任务的问题解决

理解任务

0——不尝试

1——不理解任务

2——理解部分任务

3——理解大部分任务

4——理解所有任务

续表

> **计划任务**
>
> 0——不尝试
>
> 1——制订完成任务的不适当的计划
>
> 2——制订完成任务的部分计划
>
> 3——制订完成任务的大部分计划
>
> 4——制订完成任务的全部计划
>
> **完成任务**
>
> 0——不尝试
>
> 1——不适当的尝试
>
> 2——部分尝试
>
> 3——完成大部分任务
>
> 4——正确地完成任务

发展量规

发展量规适用于混龄儿童群体或不同发展水平的儿童。它可以连续地评价儿童的发展情况，而不考虑儿童在特定发展水平上对技能的掌握情况。表 7-10 为发展量规的范例。

表 7-10　发展量规的范例

> **阅读量规**
>
> **合格的二级读者**
>
> · 使用年级水平的自然拼读
>
> · 用普通前缀和后缀解码单词
>
> · 利用上下文自动识别单词
>
> · 阅读准确、流畅
>
> **成长中的一级读者**
>
> · 理解句子的特点（如大写字母和标点）
>
> · 识别口语中的长元音和短元音
>
> · 有规律地解码单音节单词的拼写
>
> · 阅读带有变化的词尾的单词
>
> **初级读者**
>
> · 在一页纸上从左往右逐字阅读
>
> · 认识到口语是用书面语言表达的
>
> · 明白书面语言是用空格隔开的
>
> · 能说出字母表中所有大小写字母的名称

评价量规的设计和使用

评价量规作为表现性评价的一部分，在使用档案时才被提及。它一般用来评价一项表现任务。整体量规用来评价儿童的整体表现。我们在对儿童做出整体评估后，可以利用分析量规补充一些具体的评估标准。发展量规用来测量不同发展水平上儿童的能力的发展情况。每种量规都有不同的用途，但设计的过程是相似的（McMillan，2007）。

选择量规的类型

设计量规时有两个主要步骤：先决定使用什么类型的量规，然后设计所选择的量规。如果教师需要进行整体评估，就需要选择整体量规；如果教师需要对任务的每一部分分别进行评估，就需要选择分析量规。分析量规每个类别下的问题都有不同的维度。相反，整体量规的描述符能反映能力水平，但其重点是反映每一类别的整体熟练度。

当教师需要评价多个年级或发展水平的儿童时，就需要选择发展量规。表7-10的阅读量规反映了整个小学阶段相关的能力水平，根据各阶段语言表达能力的发展，而不是根据不同的年级来评价儿童的发展情况。

研发评分标准

作为量规设计人员的教师，可能会找到一种研发量规的指南。一个量规可以被拆分成不同的表现水平，变成多个量规。每个水平都有对应能力的评分标准。这种特定的量规还在每个水平上有一个数字评级。科学 TEKS 工具包括描述量规的评分标准的 4 个常用元素（Charles A. Dana Center，The University of Texas at Austin，2012）。

- 明确课程的主要目标和次要目标。
- 设计一个不达成主要目标和次要目标就无法完成的任务。
- 设计一个基于作品的关键因素和评分的共同价值的量规。
- 在儿童作品方面内化量规的意义。

与检核表的目标和评定量表的评价标准不同，评价量规各个水平的表现维度并不总能预先设定。我们必须基于对儿童的合理期待、通过运用已有的儿童作品样本或在必要时修改后的样本来对表现维度进行评估（McMillan，2007；Wiggins，2013）。

评价量规有很多的用途和目的。它用来评价类似合作学习和其他团体的发展。它也用来评价儿童的作品，如个人和群体的设计、展览和艺术作品。它还用来评价各种类型的表演。在课堂上，它也可以用于口语展示和讨论。在教室中，它通常用来评价儿童在发展和学习上的进步。

使用评价量规的优缺点

使用评价量规的优点

评价量规的特点之一是它能为儿童完成作品或任务提供指南。由于具有这一特点，它有很多的优点。

评价量规的使用很灵活。它适合评价多种能力水平。虽然大部分情况下是教师对儿童使用量规，但是随着儿童的发展，儿童的自我评价也逐渐增多。

评价量规是可变的。它是动态发展的，且易于修订、改进。因为易于修改，所以它可以适应课堂的变化和儿童的需求。

教师可以运用评价量规来引导儿童完成作品、任务。在完成某项任务的过程中，教师和儿童可以检查预期的成效，以便能明晰如何进行改进。

教师可以根据需要将评价量规转化成评分。如果不使用评分，教师可以利用评价量规来和家长及儿童讨论作品。教师定期检查儿童的作品，可以利用发展量规这样的工具来增加对儿童的了解。

使用评价量规的缺点

尽管评价量规有很多的优点，但设计和使用评价量规并非没有困难。其中的一个困难是，教师刚开始设计评价量规时可能难以确定选择评价标准还是评分标准。

教师可能过分关注评价量规的普遍标准或不适宜的标准。在设计量规时，教师可能使用预定的标准，而不是基于儿童作品样本来确定标准或根据需要修改标准。

设计和使用评价量规时常见的错误之一是，教师不恰当地过分关注已发现的特征的数量指标而不是质量指标。教师会关注儿童作品中的错误。

整体量规可能缺乏效度和信度。整体量规的描述符可能太缺乏特殊性。另外，教师在设计分析量规时必须分析质量标准。

编制检核表、评定量表和评价量规

本章的各部分提供了设计非正式评价工具的信息。为了确保检核表、评定量表和评价量规的质量准则，我们可以设计审核指南来避免不适宜的设计。

编制检核表

检核表可以用"是""否"或"存在""不存在"的特征表示儿童的行为或技能。林和米勒总结了适宜的编制检核表的步骤（Linn & Miller，2005）。

- 确定每一个特定行为的期望表现。
- 把普遍易犯错误的行为增加到表格中。
- 用合适的预期出现的顺序安排这些预期的行为。
- 提供一个简单的步骤来审核每一个发生的行为。

编制评定量表

评定量表的质量取决于评定说明的特殊性。我们可以按照以下步骤编制评定量表。

- 确定将要评价的学习结果。
- 确定量表上哪些学习结果的特征对评定最重要。
- 选择最适合评价目标的量表类型。

- 量表包含 3～7 个评定要点。量表的要点数取决于评价完成所需的区分点数。

编制评价量规

当编制评价量规时，由于评分上的差距，教师必须确定是使用整体量规还是分析量规（McMillan，2007；Mertler，2001）。不同类型的量规必须建立在不同的评分标准上。威金斯（Wiggins，2013）表达了对量规质量的无效标准、不清楚的描述语和不同分数间缺乏对应等问题的担心。对于威金斯来说，一个有效的量规是在遵从任务分配和完成任务的评估与打分的基础上设计而成的。根据质量的统一性，威金斯还担心设计时缺乏样本。如果没有证实这些量规的样本，那么这些量规对于儿童来说是不详细的和没有帮助的。另外，评价量规需要修订和完善。

实施评价和评分的一致性

使用检核表、评定量表和评价量规时，教师应采取一定的措施来提高其信度。如果几位教师要使用同种工具，那么他们可以利用以下指南来增强工具的一致性。

- 使用工具之前，教师应该审核评价的条目和指标，并在评价目标上达成一致的认识。
- 教师应该尝试用工具来确定是否有不清晰的或难以评价的目标。
- 在实施评价前，教师应该审核计分准则。
- 计分准则应该根据评价目标来确定。如果需要确定等级，那么教师应该用数字表示等级。如果评价要用于反馈，教师就需要更多的关于儿童表现的书面信息。

总 结

当实施教学时，非正式评价方法对于需要儿童的具体信息的教师来说很有效。检核表和评定量表是教师可以自己设计和使用的非正式评价工具，可以为他们提供关于儿童发展和学习的信息。

检核表除了评价和评估的功能以外，还有其他用途。它是课程大纲的一种形式或者制定课程目标的一种指南。教师可以利用检核表实施教学，设计学习活动，评估儿童的发展情况和在某项目标下取得的成就。

评定量表可以让教师定性地评估儿童的行为。评定量表的分数用于表明儿童表现出某种行为的程度。

检核表和评定量表的使用较为简单。教师可以设计它们来适应课程的要求，并得心应手地使用它们。不像标准化测验那样，检核表是通用的并且可以即时反映儿童的发展情况。

检核表和评定量表也有缺点。因为它们不是标准化的，所以它们会受到错误使用和教师的偏见的影响。评定量表对于定义的描述尤其模糊。评分人员对评定结果的不同描述会导致对儿童行为的不同解释。

评价量规提供了一种评价儿童作品和表现的多维度的形式。它包含了评价儿童作品的质量的最复杂的形式。当一个项目或学习任务处于发展中时，它对于帮助儿童理解任务的质量要求和审查质量指标尤其有效。评价量规还可以帮助家长理解学习任务的本质和任务的质量标准。

评价量规也有缺点。一个缺点是教师需要预先确定其质量特征。同时，教师还可能把注意力放在作品的不太重要的质量指标上或者重量不重质。

教师的偏见和主观判断会影响以上三种评价工具的使用效果。如果教师在实施评价和评分时努力达到一致，那么教师用这些工具进行评价的信度就会得到提升。

关键术语

分析量规	发展量规	整体量规
检核表	图表型评定量表	数字型评定量表

相关网站

在线搜索以下组织或机构的网站：

Special Education

Centers for Disease Control and Prevention

Charles A. Dana Center, The University of Texas at Austin

Eberly Center, Carnegie Mellon University

National Training Institute for Child Care Health Consultants

Teach-nology

RCampus

参考文献

Altieri, J. L. (2014). Powerful content connections: Nurturing readers, writers, and thinkers in grades k-3. Dover, DE: International Reading Association.

Brown, W. (2008). Young children assess their learning. The power of the quick check strategy. Young Children, 63, 14 – 20.

Cohen, J. H., & Wiener, R. B. (2003). Literacy portfolios: Improving assessment, teaching and learning (2nd ed.). Upper Saddle River, NJ: Merrill/Prentice Hall.

Centers for Disease Control and Prevention (2014). Important milestones: Your baby at six months.

Charles A. Dana Center, The University of Texas at Austin. (2012). Science TEKS Toolkit.

Gerber, R. I., Wilks, T., & Erdie-Lalena, C. (2010). Developmental milestones: Motor development. Pediatrics in Review, 31, 67.

Harms, T. (2010). Making long-lasting changes with the Environment Rating Scales. Exchange, 12 - 15.

Harms, T., Clifford, R. M., & Cryer, D. (2005). Early Childhood Environment Rating Scale— Revised Edition. New York, NY: Teachers College Press.

Jablon, J. R., Dombro, A. L., & Dichtelmiller, M. L. (2007). The power of observation for birth through eight (2nd ed.). Washington, DC: National Association for the Education of Young Children and Teaching Strategies, Inc.

Linn, R. L., & Miller, M. D. (2005). Measurement and assessment in teaching (9th ed.). Upper Saddle River, NJ: Merrill/Prentice Hall.

McMillan, J. H. (2007). Classroom assessment: Principles and practice for effective instruction (4th ed.). Upper Saddle River, NJ: Pearson.

Mertler, C. A. (2001). Designing scoring rubrics for your classroom Practical Assessment, Research, and Evaluation, 7.

National Training Institute for Child Care Health Consultants. (2010). Infant/Toddler Development, Screening and Assessment. Chapel Hill, NC: Author.

Payne, D. A. (1997). Applied educational assessment. Belmont, CA: Wadsworth.

The Curriculum Corner.com. (2012-2013). E/LA Common Core Standards for Reading Grade 1, 1 - 2.

Wetherby, A. M., & Prizant, B. M. (2002). Communication and Symbolic Behavior Scales Developmental Profile (CSBS DP), First Normed Edition. Baltimore, MD: Brookes.

Weiner, R. B., & Cohen, J. H. (1997). Literacy portfolios. Using assessment to guide instruction. Upper Saddle River, NJ: Merrill/Prentice Hall.

Wiggins, G. (2013). Intelligent vs. thoughtless use of rubrics and models (Part 1).

Winbury, J., & Evans, C. S. (1996). Poway portfolio project. In R. E. Blum & J. A. Arter (Eds.), A handbook for student performance assessment in an era of restructuring (VII - 2:1 to VII - 2:6). Alexandria, VA: Association for Supervision and Curriculum Development.

第八章

教师自主设计的评价

本章目标

阅读完本章，您将可以：

1. 讨论教师自主设计的评价和测验的目的。
2. 描述针对学龄前儿童和小学生使用的评价的类型。
3. 描述怎样开发高效的教师自主设计的评价。
4. 解释测验是如何设计和使用的。
5. 讨论使用教师自主设计的评价的优缺点。

本章将要提到的课堂评价是教师自主设计的评价。对于从刚出生到小学阶段的儿童来说，采用教师自主设计的评价对他们进行评价，比采用试卷形式的笔试更为恰当。当儿童小学毕业后，他们在读写方面的能力得到了发展，能够在笔试中展示自己掌握的知识。在本章，我们将会谈到教师应该怎样设计他们自己的课堂评价以及怎样使用一些商用的课堂测验。

教师自主设计的评价和测验的目的

尽管所有的评价，包括正式评价和非正式评价，都是用来评价儿童的行为和学习情况的，但在某些情况下，采用教师自主设计的评价对儿童进行评价或者采用书面形式的课堂测验，会对教师有很大的帮助。对于书面测验来说，当它应用于那些能够使用它的儿童身上时，它可以对其他形式的评价起到补充作用。同时，书面测验还可以给教师提供一些其他形式的评价所欠缺的信息。测验或者评价的目的在于让教师了解更多的关于儿童学习的情况，从而让教师对今后的教学工作做出适当的改变。

儿童需要在很多方面展示学习能力。标准化测验、检核表、评分表、评分准则都是测量儿童学习能力的方法。教师自主设计的评价为儿童展示对学习目标的理解增加了机会。教师希望用整体分析的方法去了解儿童和评估他们的成长与发展情况。教师自主设计的评价可以提供其他测验提供不了的信息（Edutopia Staff，2014；Epstein，et al.，2004；Furger，2014）。

教师自主设计的评价也支持其他形式的评价，能够使教师对儿童进行更为精确的教学指导。教师通过观察、分组任务和儿童的操作行为来判断儿童的学习情况。对于年龄较大的儿童来说，书面测验会增强或者支持教师对他们的客观评价。书面测验会对教师的主观判断、评价起到一定的补充作用，因为教师对儿童的评价更容易受到个人的印象或者偏见的影响。

课堂评价同样也支持教师做出某些决定。这些决定可能会被儿童家长或者学校同事质疑。教师或许会明白，在持续的教学过程中，要根据不同儿童的具体情况对他们进行指导。有的儿童需要扩展其他儿童已经掌握的知识。教师在做决定时非常自信，某项任务或书面测验也会支持教师做出决定，而且，这些决定也会帮助家长弄清问题的实质所在。教师自主设计的评价有助于增强教师做出某些决定时的责任心，从而有利于儿童的学习。

教师一定要规划好近期和长期的教学目标。在教学过程中，他们必须计划好在每个学科单元或数学概念上所花费的时间。除了使用一些非正式的评价手段以外（如单独的任务或者对班级发展进行持久的观察），教师也可以采用一些正式的评价方法（如笔试），从而帮助他们获得更多的关于儿童学习的信息。这样有利于教师确定是否多讲讲某些内容，或者复习所学的知识，或者省略一些计划要讲的内容，或者对当前的主题做个总结，然后转入下一个新主题。

不幸的是，目前对儿童进行等级划分正在逐渐受到重视。尽管幼儿园的儿童得以幸免，但在很多小学，教师都会用字母或者数字对儿童进行评分，并且这一行为还因对更高的教学目标和等级目标的重视而日益扩展。教师发现很难用字母对儿童进行等级分类。这一行为是否可取仍然是一个值得争论的问题；不过，测验可以帮助教师了解儿童对知识的掌握情况。仅仅用书面测验来对儿童进行等级划分，是极为不恰当的。然而，当书面测验与其他比较合理的评价结合在一起时，书面测验就会对等级划分提供一些基础的支持。

同样，测验可以为教师针对儿童的需求做出某些诊断性的决定提供支持。教师可以通过标准化测验和非正式评价来判断儿童在学习内容上的强弱项。教学评价的设计要注意与当地的教学目标相适应。教师通过教学评价应该能了解儿童掌握知识的情况和需要哪方面的教学指导。在对诊断性的信息进行分析后，教师能够更精确地对儿童进行教学分组，同时根据儿童掌握知识的情况周期性地对他们重新分组。

　　教师自主设计的评价与当地的教学大纲应保持一致。教师自主设计的评价与标准化测验不同，标准化测验适用于州、地区或者国家，反映了总体上的教学目标，教师自主设计的评价用来评价特定的或者当地的学习目标。这些基于具体目标的评价能够更有效地反映当地教学的实施情况。没有这些课堂评价方法，就不会有现成的方法来评价课程目标。图 8-1 和图 8-2 为教师自主设计的评价的示例。

图 8-1　教师可以设计游戏来教概念和进行评价

图 8-2　教师可以用档案袋与父母分享孩子的表现

针对学龄前儿童和小学生使用的评价的类型

　　教师为幼儿园儿童设计的评价一定要遵循他们的学习方式，同时评价中要涉及具体的事物，以便与儿童互动。没有阅读能力的儿童无法通过书面测验来充分展现自己的学习能力。教师自主设计的评价应该允许儿童参与到评价中，让他们操作具体的事物，让他们说出自己的理解。如果儿童的口头表达能力不是很强，那么教师可以让儿童用手势来指出正确的答案。

　　教师在评价时可以将任务或口头回答的方式，作为活动中心体验的一部分或者一个单项评价，或者作为系列评价的一部分。例如，为考查儿童是否可以识别大小写字母，教师会从有 5 个字母的卡片中选择字母，并要求儿童匹配大小写字母。图 8-3 展示了一系列用于此目的的卡片。教师将字母表卡片切成单独的小卡片，每次挑选 5 个字母让儿童来匹配大小写字母。每名儿童都有一套卡片，或者小组活动时有数套这样的卡片。

　　为了展示幼儿园儿童的计算能力，教师可以要求他们数数。教师可以采取两种方式来进行评价：一种方式是教师找出 5 件物品并要求儿童数出这些物品的个数；另一种方式是教师让儿童对这 5 件物品进行分组。为了评价儿童对关于形状的知识的掌握情况，教师可以使用一组基本图形。如果评价的目的是考查儿童能否识别形状，教师就可以对他们说："请找出三角形。"如果评价的目的是考查儿童能否说出形状的名称，教师就可以指着一种形状，并要求儿童回答这是什么形状。

　　图 8-4 展示了圆形、方形等的基本形状的卡片。学龄前儿童可以说出 4 种基本的几何形状或其他熟悉的形状，如星形或者心形。

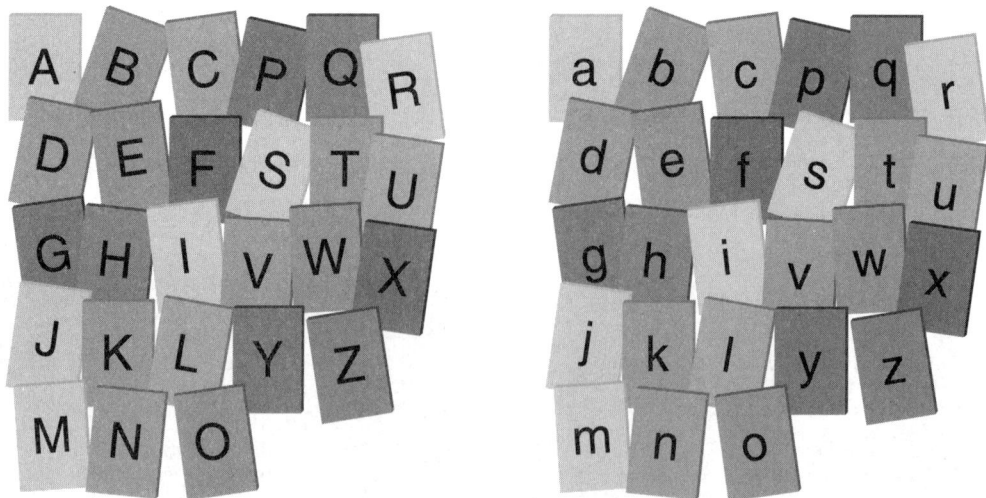

图 8-3   大写字母和小写字母

图 8-4   一组基本图形

在熟悉形状之后，教师可以让儿童完成一个基本图形匹配表，如表 8-1 所示。

对于幼儿园的一些测验来说，口头作答是最合适的。例如，幼儿园比较常见的一个教学目标是要儿童了解自己的姓和名。教师可以让他们口头作回答。

为了考查儿童按顺序排列事物的能力，教师可以向儿童展示一组 3 幅或 5 幅的图片，保证这些图片的排列有一定的逻辑顺序。教师可以要求儿童按顺序排列这些图片，并把这些图片反映的故事讲述出来。图 8-5 是让儿童按顺序排列图片，并讲述图片反映的故事。

表 8-1 基本图形匹配表

姓名：＿＿＿＿＿＿＿

用直线连接相互匹配的图形。

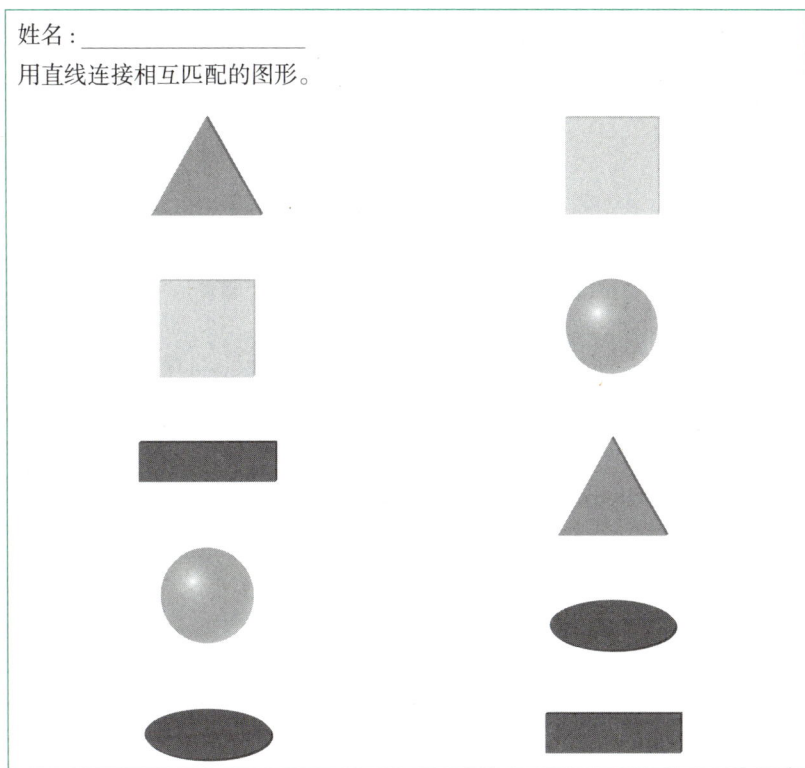

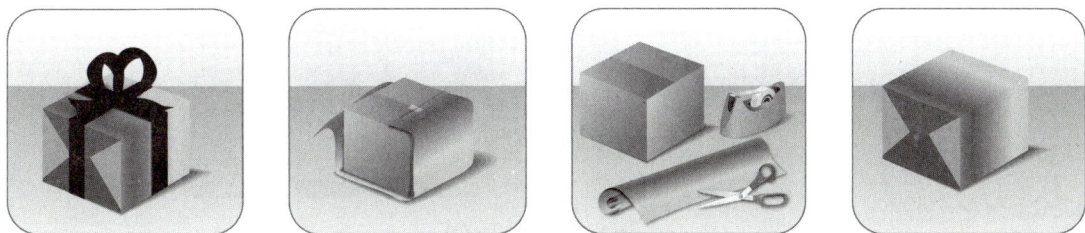

图 8-5 按顺序排列图片

当儿童有了一定的阅读能力之后，教师会逐渐采用书面测验，这些测验包括文字和图片。儿童不再用具体的事物来进行肢体上的演示或者口头回答，而是接受书面测验。这些测验或者包含课堂教学的基础知识，或者作为课堂教学的补充。教师应该能够自主设计测验，从而有效地评价教学目标。图 8-6 展示了用线连接相互匹配的图片和文字的测验工作表。

教师在进行书面测验时一定要考虑到儿童有限的阅读和书写的能力。因此，为儿童设计的测验应该使用一些合理的编排方式，这种编排方式能够提供图片或视觉线索，从而帮助儿童选择或者书写正确的答案。为了帮助有初级的阅读能力和书写能力的儿童适应书面测验，教师要向儿童介绍一些在测验中常见的关键词语，如画圈或者画线。教师应该教授儿童更多的关键词，直到儿童能自己理解题目的要求为止。在小学期间，教师应该在要求儿童独立完成测验之前，向儿童讲清楚题目的要求。

最常见的书面测验任务包括做标记，在正确的答案上画圈，在答案下面画线，用 × 标记和书写一些简单的数字或文字。

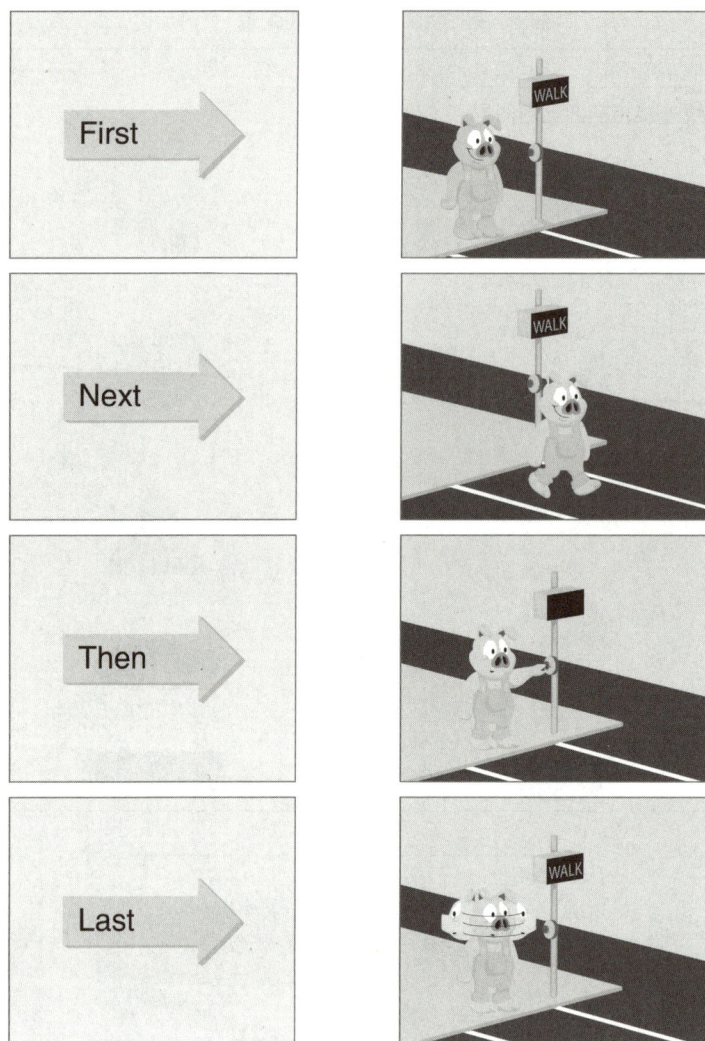

图 8-6　测验工作表

　　儿童在学会读写之前，可以通过画圈的方式来回答问题。这种回答问题的方式会一直持续到掌握初级的阅读能力为止。

　　当儿童提高了阅读和写作的能力时，教师可以让儿童通过选择或者书写单词来完成测验。表 8-2 是教师自主设计的针对儿童掌握词汇的情况的评价，让儿童圈出能使句子变完整的字词。表 8-3 是教师自主设计的针对阅读词汇的评价，要求儿童确定并写出哪些词语是属于"人"或者"场所"的。

表 8-2　教师自主设计的针对儿童掌握词汇的情况的评价

<table>
<tr><td colspan="2" align="center">种　花</td></tr>
<tr><td colspan="2">请圈出能使句子变完整的字词。</td></tr>
<tr><td colspan="2">1. 种_____是种花的第一步。
　种子　果实　叶子</td></tr>
<tr><td colspan="2">2. 花长出了茎和_____。
　根　叶子　芽</td></tr>
<tr><td colspan="2">3. _____给植物输送水。
　花　叶子　茎</td></tr>
</table>

所有为儿童设计的书面测验都遵循相同的原则，即不仅要让儿童从题目中找到可以回答问题的线索，而且还要给出一个案例来帮助儿童理解题目的要求。同样，尽管教师已经列出题目的要求，但教师仍然需要把这些要求读给儿童听，和儿童一起讨论，从而确保儿童真正理解题目的要求。

表 8-3　教师自主设计的针对阅读词汇的评价

人和场所		
在人或场所下面分别填上右侧的词语。		
人	场　所	词　语
		银行
		冰箱
		朋友
		杂货铺
		邻居
		公园
		公安局
		邮局
		学校
		姐妹

开发高效的教师自主设计的评价

本章讨论的测验设计步骤为设计与学习过程相联系的有质量的评价提供了指导。因为测验项目和学习活动都有着相同的学习目标，所以测验和教师的教学要达到布鲁姆分类学设计下的相同知识水平。所有的教师自主设计的评价可以使用相同的设计步骤。以下是为教师设计评价任务和测验所提供的一些建议。

给学龄前儿童的具体任务

- 确保为学习目标设计的评价与学习活动的难度是同等水平的。
- 使用许多的物品和具体的材料，确保评价可以多次进行。
- 利用不同的学习目标进行多次实验，并准备多次实验的材料。

针对小学生的测验

- 确保测验项目与儿童的阅读水平相匹配。
- 使用清楚的测验说明。

- 确保多选题的回答选项中有一个正确答案。
- 匹配题的选项的表述要简明扼要。

如何设计和使用测验

课堂测验的内容与课程目标和课程内容息息相关。不论课堂测验是否由教师自己设计，还是来源于练习册或者其他商用的测验，它的作用都是考查儿童在课堂教学中掌握知识的情况。

与标准化测验能够反映儿童学习状况的普遍水平不同，课堂测验用来考查儿童对某一具体课堂目标的掌握情况，从而让儿童知道自己是否需要对这一课堂目标进行进一步的学习。课堂测验包括分班测验、诊断性测验、**形成性测验**（formative test）和**总结性测验**（summative test）（Linn & Miller，2005）。

分班测验和诊断性测验的作用很相似。通过分班测验，儿童被分到与他们自身的学习情况相适宜的教学小组。分班测验可以考查儿童已经学到的知识和需要继续学习的知识。通过诊断性测验，儿童可以找到自己学习中有待攻克的薄弱环节。学校的专家或者心理学家可以运用相同的测验来达成两个目标，除非学习困难的问题持续存在，需要进一步的深入诊断。课堂中的分班测验和诊断性测验与标准参照测验相似，但是分班测验和诊断性测验只能考查已经设定好的学习目标，而不能考查整个等级水平。

形成性测验和总结性测验与**熟练训练法**（mastery learning）有关。本杰明·布鲁姆（Benjamin Bloom）相信如果教师可以提供足够的时间和高质量的学习环境，几乎所有的儿童都可以获得很高的成绩（Guskey，2009/2010）。当要实现某种具体的学习目标时，教师可以用阶段性的形成性测验来监测儿童的学习过程。这些测验每次可以测量有限数量的目标，这样教师就可以鉴定儿童已经掌握哪些学习目标，儿童需要接受哪些额外的辅导。这些测验只提供反馈，并不用来评分。

与形成性测验不同的是，总结性测验是在教学活动结束后进行的测验。这个教学活动可能有一个单独的教学目标，也可能包括一组教学目标。总结性测验在教学行为结束后进行，形成性测验可以考查儿童对知识的掌握情况。总结性测验是为了解教学活动的最终效果而进行的测验，其目的在于检验儿童的学业是否最终达到了各科教学目标的要求。

教师可以通过分班测验、诊断性测验、形成性测验和总结性测验了解到目前教学计划实施情况的信息。通过这些测验，教师不仅可以有效地根据儿童的发展情况进行分组教学，而且还可以确定在实现某个教学目标上需要花费多长的时间和是否需要在教学方法上进行某些改变，从而帮助一些有学习障碍的特殊儿童。与每年进行一次的标准化测验不同的是，课堂测验用来考查某一班级的儿童对教学目标的掌握情况。为了能有效地使用课堂测验，教师必须知道怎样设计一份恰当的试卷，从而能够考查儿童的能力水平。同时，教师还要知道哪种类型的测验可以更精确地展现儿童的发展情况和对教学目标的掌握情况。

教师自主设计的评价，从结构上来说虽然不如标准化测验那么缜密，但是可以很精确地考查课堂教学目标的达成情况。无论教师是为幼儿园儿童还是为小学生设计测验，要确保这些测验都必须符合学习目标的要求。尽管在本部分中我们讨论的是教师自主设计的评价，但我们也会提到如何评价没有阅读能力的幼儿园儿童，同时还会讨论如何评价刚开始有读写能力的小学阶段的儿童。

如果想要更精确地考查儿童对知识的掌握情况，我们必须遵循以下几个步骤来设计测验。参考布鲁姆的掌握学习模型（Block，1971；Block，Efthim，& Burns，1989），设计测验的步骤如下。

- 确定教学目标。
- 构建**细目表**（table of specification）。
- 设计形成性评价和总结性评价。
- 设计学习经验。
- 设计**矫正物**（corrective）和**强化活动**（enrichment activity）。

确定教学目标

那些可以用来确定教学目标的资源，同样可以用来设计课堂测验。尽管在很多的地方和学校，学习结果已经被教学目标替代，但是两者的目的是一致的。学校在为不同等级水平的儿童设计教学目标时，可以参照利用很多资源。

以前设计教学目标时所参考的资源是课堂使用的基础练习册。在很多国家的学校中，大部分练习册涉及阅读、数学、社会研究和科学这些课程。这些课程的教学目标要符合当地儿童的发展水平。一个可以被普遍接受的教学目标序列能适用于每个等级水平的内容领域。然而，教学目标也会因为儿童发展水平的不同而发生变化。练习册会根据教学目标来编订，包括增加有助于儿童达成教学目标的活动和用来考查儿童对教学目标的掌握情况的测验。

国家和州的标准是近几十年来课程和教学发展的指南。实施这些标准是为了明确公立学校的教育目标，提高儿童的学习成绩。国家标准现在已成为各级学校开展教学所依据的主要资源。以共同核心课程为基础的商业材料被迅速得到使用。互联网上的丰富资源可以帮助教师开发课程和在课堂上进行评价。

写出行为目标

行为目标或者教学目标为课程和教学提供了指导，同时也为有效地考查教学和学习的情况提供了依据。很多的州和学区需要行为目标，以帮助它们明确如何有效地考查教学计划中教学和学习的成效。关于行为这个术语，包括以下内容。

- 一个看得见的行为（动词"行为"说明了学习结果）。
- 在任何特殊的情况下都要展示行为。
- 某一行为的表现水平被认为能足够证明掌握情况（Kubiszyn & Borich，2003）。

我们还可以使用 A，B，C，D 代表的 4 个单词来理解行为目标：A 代表对象（audience）；B 代表行为（behavior）；C 代表条件（condition）；D 代表掌握的水平或者程度（degree）。

例如，对于幼儿园的儿童来说，一个最普遍的行为目标就是让他们利用某种标准把物体分为两类。这样我们可以按照如下写出教学目标或者行为目标。

教师提供一堆坚果，儿童能够正确地把坚果分为两类：硬壳的坚果一类，软壳的坚果一类。

我们通过对行为目标的分析可以识别这一教学目标的组成部分，如下。

教师提供一堆坚果（C），儿童（A）能够正确地把坚果分成两类（D）：硬壳的坚果一类，软壳的坚果一类（B）。

关于身体发育的行为目标可能会包括能用双手抱住球。这样我们可以按如下描述行为目标。

在抛接大橡胶球的运动中，儿童能用双手接住球，抛 6 次能接到 4 次。

为了分析这个行为目标的组成部分，我们也可以这样描述行为目标，如下。

在抛接大橡胶球的运动中（C），儿童（A）能用双手接到球（B），抛 6 次能接到 4 次（D）。

在评价某个学习目标或者学习结果之前，教师要详细了解这个学习目标的内容和体现出的行为。内容是儿童学到的一些知识和技巧，行为是儿童如何展示他们所获得的知识和技巧。

分析目标以确定前提技能

教师不仅要根据学习目标进行教学，而且还要考虑应该教给儿童什么样的知识。教学计划的一部内容包括在教儿童学习新知识之前，先教给他们一些必要的知识，从而有利于他们学习新知识。例如，教师的教学计划应该使儿童学会通过组合的方法让几个物体加起来的总数等于 5。另外，教师还要保证儿童能够理解题目的要求，并能获得进行加法运算的技巧。因此，一些前提技能应该包括以下内容。

- 知道数字 1 ~ 5。
- 能够识别出数字 1 ~ 5。
- 能够理解可以通过组合一些小组而得到大组。

教师必须确保儿童拥有掌握学习目标的前提技能。如果儿童不具备这些前提技能，那么教师就要把这些前提技能教给儿童。如果有必要的话，教师还要重复教，然后才能开始教新的知识。教师可以利用一次预备测验或者诊断性测验考查儿童是否具备学习新知识的能力。

设定掌握程度的标准

制订教学计划的最后一步就是确定儿童对目标的掌握程度。在本书中，我们会提到确定期望或要求达成的行为目标的过程。教师、学区和教育部门会设定达成情况的标准。这是达成这一学习目标的最低标准。学习目标要能够反映已经建立的有关掌握程度的标准。如果学习目标的 80% 都已经作为掌握程度的最低标准得以建立，那么这个学习目标就能够反映最低标准。

构建细目表

确定某个单元或者某门课程的整个学习目标之后，教师或课程的设计人员要对课程进行一个大概的描述。在进行考查课程目标的测验之前，教师有必要知道将要接受测验的儿童掌握了哪些技能，期望儿童能够表现出哪些技能以证实他们对学习目标的掌握程度。教师还要了解儿童是否愿意记住知识、是否愿意用所学的知识解决问题和是否愿意评价所学的知识。测验能反映儿童理解问题的能力，理解问题的能力恰恰是掌握学习目标所必需的。

我们通常用细目表来完成对理解程度的分析（Linn & Miller，2005）。我们利用布鲁姆分类学将学习目标绘制成了表格（Bloom，1956）。它描述了认知领域的理解水平：从了解到理解、应用、分析、综合，再到最高水平的评价。表 8-4 用术语描述了布鲁姆分类学的各个水平。表 8-5 用分类学将一项通过加法计算得到 5 的数学运算制作成一张细目表。细目表上有两个目标：第一个目标要求儿童回忆加法的事实和问题，理解事实和问题，并且应用理解；第二个目标要求儿童可以分析或解决问题。在设计测验或者测验项目时，教师必须知道项目所反映的理解类型和水平，并且必须通过测验来充分展示各种理解水平。

表 8-4　布鲁姆分类学的各个水平

理解水平	描述性用语
了　解 识别知识并能回忆起来 记忆或者识别知识的能力	讲述、定义、列举 鉴定、命名、定位
理　解 用自己的语言来描述所学知识 展示理解的能力	重述、描述、讨论、总结 解释、说明、评论
应　用 把所学知识应用于新情形和真实情形的能力	论证、改编、建构、实践、暗示、举例
分　析 把所学知识分为几部分的能力 能够识别所学知识的各个部分，并知道部分与整体的关系	组织、解答、差异、实验 对比、联系、区别
综　合 把分散的部分组合成整体的能力 从各种资源中收集并整合信息的能力	设计、汇编、计划 创造、发展、写作
评　价 评价所学知识的能力 能够根据标准和规范进行评价	判断、评价、结论 评估、鉴定、选择

表 8-5　数学运算的细目表

通过加法计算得到 5	了　解	理　解	应　用	分　析	综　合	评　价
2.1 回忆用加法运算法则得到 5	×	×	×			
2.2 运用累计计算技巧解决问题	×	×	×	×		

与熟练训练法相似的还有反映干预法（Response to Intervention，RTI），它关注有着学习和行为问题的儿童（Conroy, et al.，2008; Fuchs & Fuchs，2006; Guskey，2010）。反映干预法用相似的步骤来促进成功的学习，并在各步骤中加入了各种水平的干预措施。就像熟练训练法一样，它涉及课堂中的所有儿童。

另一个系统叫作知识深度法（Depth of Knowledge，DOK），是用来给更高层次的学习提供支持的教师指南（Webb，2002）。在该方法引进之后，美国的州教育部门很快就在课程和教学标准中使用了知识深度法（Webb, et al.，2005;Wyoming School Health and Physical Education Network，2001）。

知识深度法和布鲁姆分类学非常类似。知识深度法有 4 种理解水平，而不是布鲁姆分类学的 5 种：第一级水平是回忆；第二级水平是技能 / 概念；第三级水平是策略性思维；第四级水平是发散性思维。除此之外，每个水平还有许多关于儿童行为的描述。表 8-6 和表 8-7 分别是知识深度法的水平和描述及知识深度水平对应的活动。表 8-8 比较了布鲁姆分类学和韦伯（Webb）知识深度水平。

表 8-6　知识深度法的水平和描述

第一级（回忆）	安排、计算、定义、画、识别、列出、标记、画图、测量、报告、引用、匹配、重复、谁、什么、什么时候、哪里、为什么、说明、姓名、使用、讲述、回忆、背诵、认识、制表
第二级（技能 / 概念）	推断、归类、收集和展示、识别图案、图形、组织、分类、结构、分隔、修缮、因果、评估、预测、解释、比较、联系、区分、使用上下文线索、观察、总结、展示
第三级（策略性思维）	修改、评估、开展逻辑论证、评价、使用概念来解决非路径问题、评论、就概念解释现象、比较、构想、调查、得出结论、假设、区分、引用证据
第四级（发散性思维）	设计、连接、合成、应用概念、评论、分析、创造、证明

表 8-7　知识深度水平对应的活动

一级活动	二级活动	三级活动	四级活动
回忆故事结构的元素和细节，如事件的顺序、人物、情节和背景 进行基本的数学计算 在地图上标出位置 用文字或图表表示科学概念或关系 执行常规程序，如测量长度或正确使用标点符号 描述一个地方或一个人的特征	在叙述中找出并总结主要事件 利用上下文线索来解释生词的意思 解决常规的多步骤问题 描述一个特定事件的原因 / 结果 识别事件或行为中的模式 根据给定的数据和条件，提出一个常规问题 组织、表示和解释数据	用细节和例子支持观点 利用适合的目标和听众的声音 识别研究问题并为科学问题设计调查 为复杂的情况建立科学的模型 确定作者的目的，并描述它如何影响阅读的选择 将概念应用于其他上下文	实施一个项目，需要设定一个问题，设计和实施一个实验，分析它的数据，并汇报结果 / 解决方案 运用数学模型阐明问题或情况 分析和综合来自多个来源的信息 描述并阐明如何在不同文化的文本中找到共同的主题 设计一个数学模型来说明和解决一个实际的问题

表 8-8　布鲁姆分类学和韦伯知识深度水平的比较

布鲁姆分类学	韦伯知识深度水平
了解：回忆事实，复述事件 理解：展示理解，解释信息	回忆：回忆事实、信息和程序
应用：能够利用信息或应用到新的环境	技能 / 概念：使用信息、概念化的知识或程序
分析：能够将某一情况或信息拆分为各个部分或因素	策略性思维：制订计划或确定各步骤的顺序；利用更多可能的答案
综合、评价：能够将各个部分组合成一个整体并做出有关过程的判断	发散性思维：花时间思考并处理多种情况；调查

设计形成性评价和总结性评价

　　当通过创建教学目标细目表的方式来确定要考查什么内容之后，教师就可以开始设计形成性评价和总结性评价。这两种评价的依据都是教学目标细目表。教师将会通过测验来考查儿童处于布鲁姆分类学的哪一级水平。这两种评价的形式相同，但是目的不同。形成性评价不是一次真正的考试，仅仅是一次对儿童的发展情况的检验。教师可以通过形成性评价来确定儿童是否需要进一步的学习以达成学习目标。

　　如果儿童需要额外的辅导或者更多的练习，我们就可以提供矫正物。矫正物是一些可以帮助儿童达成学习目标的学习资源，不同于教师刚开始教授的知识。提供矫正物的目的是用各种各样的活动满足个别儿童的需要。

　　如果儿童在总结性评价中表现出较强的能力，那么教师就会提供强化活动。儿童参与那些在布鲁姆分类学中处于高水平的活动，而且这些活动比那些必须掌握的活动更高级。因此，如果儿童的水平处于布鲁姆分类学中的应用水平，那么他们就已经通过最初的教学掌握了一些知识，并可能会从分析、综合和评价水平中获益。

　　总结性评价是最后的评价或者测验，用来考查儿童学到了什么知识或有什么收获。总结性评价一般在所有的教学行为结束后进行。尽管形成性评价和总结性评价在内容上可以互换，但是只有总结性评价才可以作为试卷使用。教师在设计这两种评价时要考虑到测验的形式、测验项目的选择、测验项目的数量和测验的组合。

测验的形式和测验项目的选择

　　在之前的章节中，我们讨论了适用于学龄前和低年级儿童的测验的形式。当准备好设计测验的时候，教师必须确定适宜的测验的形式。大多数儿童对于具体的任务和口头问题的反应最好。测验项目反映了细目表的内容，并且为学龄前儿童选择了适合的具体措施。表 8-9 展示了一个学龄儿童学习的物体分类单元目标细目表。其目标是要求儿童从一组的 4 个物体中识别不同的物体。图 8-7 展示了可能用来评估儿童表现的一组物体。儿童需要选择或者指出不属于该类的物体。

表 8-9 单元目标细目表

行为目标	了 解	理 解	应 用	分 析	综 合	评 价
归 类						
儿童能够通过描述物体的某一属性来说出是哪种物体	×	×				
儿童可以通过某些物体的共有属性把它们归为一类	×	×	×			
注意差异						
儿童可以从 4 个物体中找到 1 个不同于其他 3 个的物体	×	×	×	×		
通过命名来识别						
儿童可以根据种类的不同，把一组物体分为两类	×	×	×			
通过设计来识别						
儿童可以根据物体的不同设计给物体分组，如根据条纹或者斑点识别物体	×	×	×			

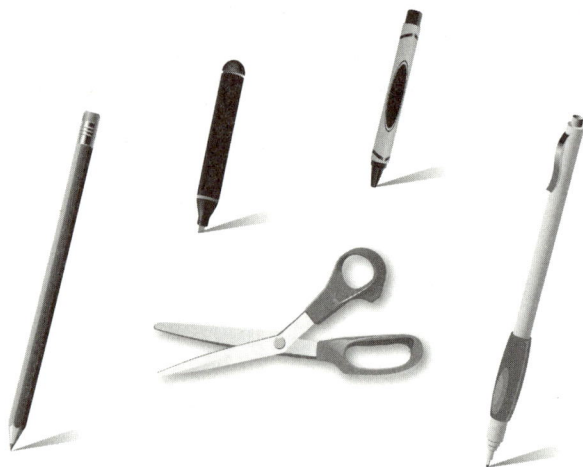

图 8-7 物体分类

教师应该对低年级儿童使用具体的任务与阅读和写作的活动项目。当教师为一年级儿童准备了书面测验时，教师应该对回答问题的方式进行限定，如用圈出、画出来标记正确答案和在正确答案上画线等方式回答问题。在表 8-10 中，儿童将会使用真实的硬币来达成学习目标。教师会将更多的写作和阅读可以合并到这种测验的形式中。如果儿童要完成多个任务，这个测验可以包括多种形式。教师必须设计可以反映测验目的的测验项目。

表 8-10 硬币单元细目表

目 标	了 解	理 解	应 用	分 析	综 合	评 价
儿童能够识别出 5 种面值的硬币，包括 50 分、25 分、10 分、5 分和 1 分，正确率达到 100%	×					
儿童能够把 5 种面值的硬币和相应的名称对应起来，正确率达到 100%	×					
儿童能够把 5 种面值的硬币和相应的面值对应起来，正确率达到 100%	×	×				

续表

目　标	了　解	理　解	应　用	分　析	综　合	评　价
儿童能够根据面值的不同把硬币进行分类并计算，正确率达到80%	×	×	×	×		
儿童能够区分5种不同面值的硬币，且能够通过加法计算凑成99分，正确率达到80%	×	×	×	×		
儿童能够利用计算硬币的方法来分析和解决一些问题，正确率达到80%	×	×	×	×		

表 8-11 和表 8-12 是包含了阅读和写作的测验的范例。在表 8-11 中，儿童要在硬币和它的名称之间画线连接，还要写下每枚硬币的面值。在表 8-12 中，儿童要对硬币的面值进行加法运算，并写出总面值。

表 8-11　教师设计的关于硬币的测验

姓名_____

　1. 用线把硬币和它所对应的名称连起来。

　　　　25 分　　　　5 分　　　　50 分　　　　1 分　　　　10 分

　2. 把每种硬币的面值写在对应的硬币的下面。

表 8-12　关于硬币的测验

姓名_____

　计算每组硬币的总面值，并把总面值写在那组硬币下方的横线上。

续表

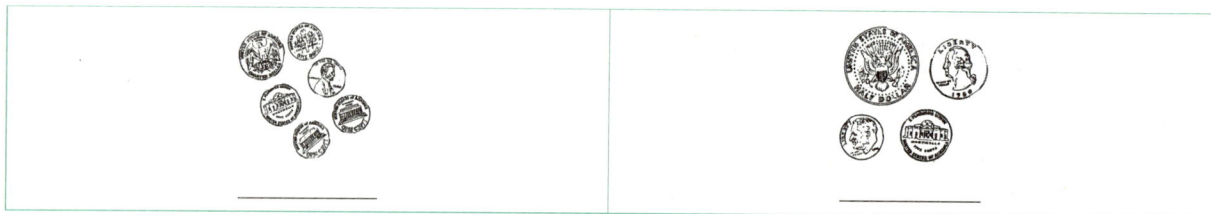

测验项目的数量

在确定采用何种形式来设计测验和考查儿童对教学目标的掌握程度后，测验设计人员需要考虑测验包括的项目数量。对于年龄较小的儿童来说，测验的设计既要考虑到项目数量的多少，以便能考查儿童的能力，又要考虑测验的时长不会超出儿童的能力范围，不至于他们无法完成测验。对于幼儿园和小学阶段的儿童来说，测验的时长不能超过儿童正常完成课堂任务的时间。对于幼儿园阶段的儿童来说，20～30 分钟的测验是比较合适的。用来考查这些儿童的商用测验试卷最好是一页即可。

测验的组合

设计测验的最后一步就是要把测验组合成形成性评价和总结性评价。教师应该准备足够多的题目，从而能够让这两种形式的测验同时进行。形成性评价在一部分教学活动之后进行，能够让教师考查儿童掌握知识的情况。在形成性评价之后，教师可以重复教学，给一些儿童提供不同类型的经验或实践。或者如果儿童学习进步比较明显的话，教师可以转换到总结性评价。教师应该准备足够多的题目，这样才能从测验中获得足够多的反馈信息，以有利于下一步教学。形成性评价和总结性评价应该在题目的难易程度和类型上保持一致。

当对测验进行组合时，教师应当考虑如何把指令传达给儿童。如果儿童需要通过阅读来回答问题，那么题目的难度就要符合儿童的阅读水平。教师在使用图片时需要注意的是，图片应尽量简单且容易理解，拙劣或不恰当的图片会影响儿童对题目的理解，进而影响他们在测验中的表现。如果教师画简笔画的能力比较差，就可以通过其他途径获得所需的简笔画或者求助于同事。

设计学习经验

在确定教学目标细目表、形成性评价和总结性评价后，教师需要收集、准备相关的活动及教学材料，以便让儿童学习教学目标包含的知识。教学需求要和教学目标细目表规定的水平相匹配。教学方法既包括教师在教学活动中使用的一般教学方法，也包括教师为了让儿童掌握知识而采取的其他新方法和技巧。

教学目标包括可以为儿童提供互动的学习经验的框架和主概念。教师起指导作用的、以儿童为中心的活动，能够让儿童更好地掌握知识和技能。当规划教学活动时，教师要创建不同的教学模式，并考虑如何合理运用这些教学模式。教学活动说明包括教学目标、材料准备和其他相关的知识。

例如，前文讨论的物体分类单元的一个目标可以用来描述适当的活动。表 8-9 中的行为目标"注意差异"要求儿童从 4 个物体中找到与其他 3 个物体不同的那个物体。图 8-5 展示了一个运用一系列的物体让儿童来演示对目标的理解的测验任务。表 8-13 展示了教师在学习中心指导项目之后，为儿童准备的一个让其理解目标的活动。

表 8-13　一个学习活动的范例

目　标 儿童可以从 4 个物体中找到不同于其他 3 个的物体。
所需要的材料 一组长约 5 厘米的小棒。5 根小棒的颜色相同，有 1 根小棒是其他颜色。 几只不同的样子和大小的袜子、几双不同的鞋子。 一组类型相同的叶子。有一片叶子的大小和形状不同于其他叶子。
活动的类型 教师指导的在数学科技中心进行的活动。活动以小组的方式开展。
对行动的描述 首先，教师会利用小棒向儿童介绍一些概念，在对小棒进行描述的时候，使用词汇"相同"和"不同"。 其次，儿童会观察袜子和鞋子，并找出与其他不同的袜子和鞋子，接着用叶子开展相同的活动。 最后，教师会要求儿童找到教室内相同和不同的范例，并且像教师使用工具那样对这些范例进行分组：三个物体是相同的，另一个物体与这三个物体不同。教师会鼓励儿童说出自己找到的范例。

设计矫正物和强化活动

在教学或形成性评价之后需要额外辅导的儿童，可以参加**矫正活动**（corrective activities），这是一种替代性的学习。它需要借助视听资源、游戏、练习册、同伴互助学习、师生之间的讨论以及其他不同于教学和活动的形式。矫正的目的是给儿童提供不同的或替代的方法，让儿童掌握学习目标所规定的知识。

矫正活动和强化活动可以依据教学目标来开展。从 4 个物体中，儿童需要找到一个与其他物体不同的物体。需要额外活动来内化概念的儿童可以从实践机会中受益。如果教师指导的活动是借助具体物体的话，矫正活动就需要由多个组来完成。每组可以让两名儿童参与卡片游戏。还有一个矫正活动可能会使用法兰绒板，让儿童在上面找到与 4 个物体不同的物体。

学习英语的儿童可以从与概念相关的词汇活动中受益。像"相似"和"不同"这样的词语对于理解概念来说是基础的。如果教师将色彩、鞋子、街区、树叶等词语也运用到课堂上，那么这些词语就会成为儿童的词汇的一部分。矫正活动对于有特殊需求的儿童来说也很重要。发育迟缓的儿童需要许多额外的一对一的概念理解训练，有视力障碍的儿童需要练习区分物体。教师和后勤人员必须提前为每名特殊儿童计划好应该怎样为其呈现概念。

强化活动为儿童进行更高层次的思考提供了机会。当需要增强活动的复杂程度时，教师要将物体的数量增加到 5 个，其中需要有 2 个不同的物体。还有另一种增加活动的复杂程度的方法是让物体之间的差别更难被发现。这 3 个完全相同的物体和 1 个不同的物体之间只有一个细微的差别。例如，如果 4 个物体都是包装礼物的盒子，只有 1 个盒子上的缎带与其他的盒子不同。

强化活动可以让儿童很轻松地掌握学习目标，从而参与更多的挑战和进行更多的创造性活动。

儿童可以制订自己的计划，自己解决问题，并且通过努力把所学知识应用到不同的活动中（Block，1977）。儿童可以借助图片进行相同和不同的练习，或者也可以通过自己编故事来进行练习。

菲莉丝和埃米

菲莉丝（Phyllis）和埃米（Amy）都就读一年级。菲莉丝的心智比其他学生成熟，只需要花费少量的时间就可以理解课堂上教师所讲的内容。埃米在心智上发育比较迟缓，她的认知水平比班内其他同学要低一些。在课堂上掌握知识的过程中，埃米需要教师帮助设计符合她的能力的活动才能进行学习。当同学们学习"相同"和"不同"的概念时，埃米把注意力放在两种颜色上。教师将两个大圆盘放在她的面前：一个红色的，一个蓝色的。在经过很多次的练习后，埃米可以从一组圆盘中找出与其他圆盘不同的那一个。这组圆盘包括三个红色的和一个蓝色的。

当班级开展矫正活动和强化活动时，教师通常会将菲莉丝和埃米分在一组。菲莉丝向埃米展示了她所熟悉的并且能说出名称的班级内的物体。她们把两个物体分为一组，进行"相同"和"不同"的练习，她们像在做游戏一样。埃米喜欢和菲莉丝一起练习，菲莉丝也乐意帮助埃米，使她感到自己也是班级中的一员。

使用教师自主设计的评价的优缺点

教师自主设计的评价与商用测验相比，它在用于考查相同的目标上有很多的优点。这些优点和教师根据自己班级的具体情况进行适宜的测验有关。

当准备设计测验时，教师要确保测验所考查的目标符合所测班级的需要。这不同于商用测验需要考虑整个年级的水平。教师自主设计的评价可以根据教材的结构和教学计划做出改变。如果教师要对教材以外的一项目标进行评价，他们就会发现很难设计相应的测验。因为他们设计的都是符合班级需要的测验，所以只能评价教学计划以内的有针对性的目标。

另外，教师自主设计的评价也可以用于特殊群体。如果某些儿童没有较强的阅读能力，但是对于概念的理解很透彻，他们通常会和有较强阅读能力的儿童一起接受测验。如果儿童有着较强的阅读能力，那么设计的评价就要最大限度地考查儿童的阅读能力。大多数的商用测验遇到的常见困难是，它们是为考查一个特定的阅读水平而设计的，或者不能让儿童在测验中发挥自己的水平。因为儿童不具备进行传统笔试的能力，所以教师要对测验任务进行修改，使其包括一些可以操作的活动、口头回答的问题和教学期间的评估。教师可以在儿童已经理解概念但无法通过笔试来回答问题的时候进行这种商用测验。

只要有需要的话，教师自主设计的评价就可以加以改进。当每次进行测验时，教师可以将儿童的回答作为测验的效度的反馈信息。如果儿童的回答表明测验的编排方式或者测验本身有问题，那么教师就需要修改测验。

　　教师自主设计的评价也有缺点。教师潜在的某些技能上的不足将会影响课堂评价的设计，因为并不是所有的教师都具有丰富的经验，可以设计出自己的测验。

　　由于大量的商用测验伴随着教材和练习册一起出现，因此教师通常不需要自己设计测验。教师开始依赖这些商用测验，并且不再考虑他们自己设计测验的必要性。这样，教师在设计测验时就不能清楚地知道测验的目的和测验考查的知识水平。

　　教师可能缺少测验设计方面的训练，而测验设计方面的训练会影响到教师对商用测验的目的的了解和实施测验所需的技能。例如，教师或许没有学过如何使用细目表来解释课程目标，所以当他们开始设计测验时，他们没有意识到课程中的知识水平是设计评价的依据之一。这种意识的缺失在幼儿教育者的身上比在中小学教师的身上要体现得更明显。幼儿园和小学的教师需要意识到儿童不同水平的认知理解能力，同时也需要改变测验的方法以适应儿童的发展水平。

为教学目标设计的测验是怎样发挥作用的？

　　诺里斯（Norris）是一所幼儿园的教师。他和其他教师一同被派往一个培训机构，去学习如何利用掌握学习理论来为教学目标设计测验。在培训机构中，教师们回顾了如何制定行动目标和如何依据布鲁姆的学习目标分类法构建细目表的内容，并根据细目表来为教学目标设计评价策略。

　　培训结束后，在回家的路上，诺里斯和其他教师产生了疑问：这种类型的测验如何在幼儿园儿童的身上使用呢？诺里斯说道："我可以想象，这种类型的测验可以适用于某些领域，如数学。我们可以根据行为目标设计测验，但是我们如何保证儿童从艺术中学到了什么？或者在科学领域中使用了什么概念？"简是另一位教师，很认可在培训机构所学的评价策略。她评论道："我能想明白为什么培训机构想让我们学习整个过程，这对于我们更清晰地了解学习目标与学习成绩的关系有很大帮助。我的问题是，我很担心我们会不再根据教学目标进行教学，并且将儿童的课程弄得支离破碎。"

　　诺里斯说这是一个常见的问题，教师可以根据幼儿园课程的某部分来制定评价策略。问题的关键是，学校校长、幼儿园园长是否会和教师分享他们的观点与看法。诺里斯和其他教师决定与其他年级的教师进行交流，以了解他们是如何实施评价策略的。然后，他们决定研究课程，找出课程的哪些内容可以根据细目表进行测验。他们想和学校校长、幼儿园园长进行交流，这样可以发现整个测验是如何进行的，课程的哪些内容不适用于哪种类型的测验。

　　当诺里斯和其他教师见到学校校长和幼儿园园长之后，他们提供了一个关于数学和科学的细目表及测验。在他们解释了不愿意把整个测验用于阅读项目和其他课程的想法之后，幼儿园园长对他们的看法表示支持，而校长表达了更不情愿的看法。但是校长决定让园长和这些教师一起确定在幼儿园阶段实施评价策略的方法与场所。

教师设计高效的课堂测验时会花费很多的时间，尤其是为年龄较小的儿童设计测验。教师需要不断改进测验，以适应儿童的阅读能力和书写能力的发展。同时，教师还需要谨慎考虑测验题目的内容和编排方式。这种考虑所花费的时间比发展儿童的读写能力所用的时间还要多。测验呈现的方式与需要测验的概念及技能一样重要。

对教师自主设计的评价的缺点的讨论之一就是它涉及与掌握学习的运用有关的问题。掌握学习需要教师分析学习目标，并且确定儿童需要达到的掌握程度，这好像和教育者应该为儿童提供适宜的课堂经验这个观点相冲突。所以，教师需要向儿童提供与他们的发展水平相联系的学习经验，而不是让儿童参与到一个已经设计好的学习活动中。这种学习要求儿童通过特殊的反应来掌握知识。

儿童可以从借助实物进行的测验中获益。教师对发展适宜性实践的关注，也可以有其他的形式。比如，教师可以制定一些特殊的行为目标或者教学目标。对学习目标的批评之一就是教师把它分成了一些以技能为基础的目标，而不是让儿童根据学习目标进行整体性的学习。在和根据儿童的兴趣与经验演变出来的以儿童为中心的学习进行对比时，强调行为表现标准和技能掌握程度的学习的局限性就显露了出来。

尽管这些问题最早出现在幼儿园，但小学教师同样也需要关注它们。建构主义学习或者建构主义思想（Linn & Miller，2005）关注的重点是儿童在积极建构意义时表现出来的行为，而不是对特殊技能的掌握。因此，儿童需要更多地参与到发散学习中，并获得更为复杂的学习结果。第九章讲到的基于儿童表现的评价涉及这个问题。

在某些特定的幼儿园课程中，儿童可以进行掌握学习。概念的发展，如在数学课程中，会涉及一系列的学习目标。教师可以用掌握学习的方式教授这些概念。对探索的需要和以探究为基础的经验都来源于儿童有机会在室内外发起的活动和教师指导的学习。事实上，这些需要和经验对于幼儿园儿童和小学生来说都很重要。

教师最终要能够了解并使用自己设计的测验，这种测验必须符合课程的要求和儿童的发展水平。在儿童教育中，教师必须适度地运用掌握学习。

尽管教师自主设计的评价有缺点，但它在儿童的课堂上仍然占据重要的地位。教师在使用这些测验时，对所遇到的问题的回答，或许可以有助于理解设计测验的过程。

总　结

虽然书面测验是考查儿童学习能力的最不常用的方法，但是当儿童掌握了一定的阅读和写作的技巧时，这种方法还是很有用的。教师和家长可以将书面测验作为反映儿童发展情况的信息来源。

就像标准化测验一样，教师自主设计的测验和商用课堂测验是教师在确保内容和评估方法正确的前提下设计的。教师在设计测验时，要先对课程学习目标进行分析和描述，必须掌握先决技能的目标。除了确定学习目标的掌握水平之外，测验设计人员还必须使用一种发展适宜性评价来使儿童的表现达到最优化。

　　在构建测验项目之前，测验设计人员必须描述儿童掌握新知识的水平。这样为学习目标设计的细目表应运而生。在构建形成性评价和总结性评价时，教师必须考虑到测验时长和哪种测验指导是最恰当的等问题。

　　因为书面测验也许不是评估低年级儿童的最有效的测验，所以教师必须理解测验在什么时候和为什么最恰当，必须掌握能够准确恰当地评估学习情况的测验的设计技巧。教师必须理解书面测验的局限性，并且能够将书面测验与其他可选择的评估方法结合起来，以保证测验能够最适用于评价儿童的发展水平和能力。

关键术语

行为目标	形成性测验	总结性测验	矫正物
教学目标	细目表	强化活动	掌握学习

相关网站

在线搜索以下组织或机构的网站：

Learning Resources

RTI Action Network

Edutopia

参考文献

Block, J. H. (1971). Introduction. In J. H. Block (Ed.). Mastery learning: Theory and practice (pp. 2 - 12). New York, NY: Holt, Rinehart, & Winston.

Block, J. H. (1977). Individualized instruction: A mastery learning perspective. Educational Leadership, 34, 337 - 341.

Block, J. H., Efthim, H. E., & Burns, R. B. (1989). Building effective mastery learning schools. New York, NY: Longman.

Bloom, B. S. (Ed.). (1956). Taxonomy of educational objectives: The classification of educational goals. Handbook I: Cognitive domain. New York, NY: McKay.

Conroy, M. A., Sutherland, K. S., Snyder, A. L., & Marsh, S. (2008). Classroom interventions: Effective instruction makes a difference. Teaching Exceptional Children, 40, 24 - 30.

Edutopia Staff. (2014). Grant Wiggins: Defining assessment.

Edutopia Staff. (2014). What are some types of assessment?

Epstein, A. S., Schweinhart, L. J., Debruin-Parecki, A., & Robin, K. B. (2004). Preschool Assessment: A guide to developing a balanced approach. National Institute for Early Education Research (NIEER). Preschool policy facts.

Fuchs, D., & Fuchs, L. S. (2006). Introduction to Response to Intervention: What, why, and how valid is it? Reading Research Quarterly, 41, 93 - 99.

Furger, R. (2014). Assessments. What teachers can do.

Guskey, T. R. (2009). Mastery learning. In T. L. Good (Ed.), 21st Century education: A reference handbook (Vol. 1), 104 – 202. Thousand Oaks, CA: Sage.

Guskey, T. R. (2010). Lessons of mastery learning. Educational Leadership, 68, 52 – 57.

Kubiszyn, T., & Borich, G. (2003). Educational testing and measurement: Classroom application and practice (7th ed.). Hoboken, NJ: John Wiley and Sons.

Linn, R. L., & Miller, M. D. (2005). Measurement and assessment in teaching (9th ed.). Upper Saddle River, NJ: Pearson.

Stiggens, R. (2009). Assessment "for" learning in upper elementary grades. Portland, OR: ETS Assessment Training Institute.

Webb, N. L. (2002). Depth-of-knowledge levels for four content areas. Madison, WI: University of Wisconsin Center for Educational Resources.

Webb, N. L., Alt, M., Ely, R., Cormier, M., & Vesperman, B. (2005). Web alignment tool. Madison, WI: University of Wisconsin Center for Educational Resources.

Wyoming School Health and Physical Education Network. (2001). Standards, assessment, and beyond.

第九章

表现性评价

阅读完本章，您将可以：

1. 描述表现性评价及其目的。
2. 解释表现性评价的策略。
3. 讨论如何对表现性评价进行分类。
4. 解释标准是如何影响表现性评价的。
5. 讨论使用表现性评价的优缺点。

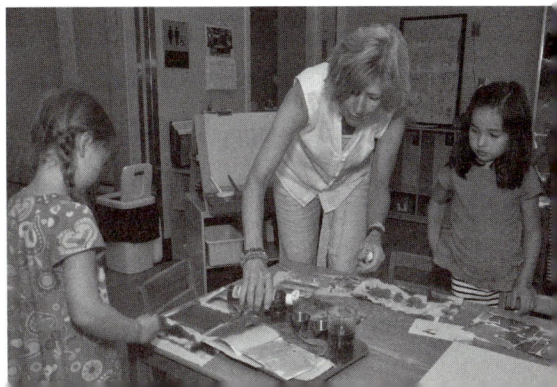

了解表现性评价

我们讨论过课堂评价的类型，如观察、检核表、等级量表和教师自主设计的评价。在本章中，我们将讨论这些课堂评价如何有助于形成一个更为广泛的以儿童的表现为基础的评价策略。前面的章节提到的课堂评价有助于收集评价信息，这些信息只是表现性评价的一部分。这些策略能让教师考查儿童的表现。

在深入讨论之前，我们需要明确表现性评价的含义。这种评价作为一种建设性或者指导性的标准化测验，是用来选择及衡量儿童的发展水平和学到的知识的。传统的正式测验方法或者手段主要集中在考查儿童所学到的东西上。在标准化测验中，表现性评价被准确地定性为可评价儿童成功学到的东西。表现性评价，是作为高风险测验的对立面而被倡导的。迈泽尔斯（Meisels，2000 /2014）感叹当前的状况，即考试决定教师教授的内容、儿童学习的内容和儿童的成败。迈泽尔斯建议不要把考试作为指导儿童学习的唯一标准，教师有时候可以和儿童互换角色。教师与儿童互动的过程，允许儿童利用自己的技能来学习新技能。

表现性评价所考查的是除了儿童知道的以外其能做的或者能应用的。而且表现性评价也涉及对现实环境中任务的完成情况的评价。表现性评价要求儿童所表现出来的行动或行为能够展示其理解和应用的情况。

表现性评价被认为对儿童特别有用，因为它将发展看作成就。儿童在快速发展和变化中的成长过程也被描述为复杂的，主要是因为其与成人的交流、经历和学习（Illinois State Board of Education：Early Childhood Education，2012）。

当前的工作人员需要的是表现性评价所反映的各种学习能力。21 世纪要求工作人员能够解决公立学校中各种与事实导向的课程不一致的问题。未来的工作场所要求工作人员能够寻找完成工作任务的新方法，这就要求儿童需要辩证地思考和分析，而不是简单地展示内容知识（Fadel, Honey, & Fasnick, 2007；Lai，2011；New Commission on the Skills of the American Workforce，2007；Stanford Redesign Network，2011）。支持表现性评价的人们建议，它反映了高阶思维能力，可以在现实环境中发展，可以用于正式的和总结性的判断中。

真实性学习和真实性评价

另一个在表现性评价中频繁使用的术语是真实性评价或**真实性表现评价**（authentic performance assessment）。伊利诺伊州教育委员会（Illinois State Board of Education）的《幼儿教育》（*Early Childhood Education*，2012）将真实性评价作为反映幼儿在真实环境中的实际表现的依据。它追踪的是幼儿的成功而不是失败。最重要的是，作品样本档案与训练有素的教师的观察和知识联系在一起，这些观察和知识是基于研究的真实性评价方案所驱动的指导。真实性评价的一个很重要的方面是它必须直接与**真实性学习**（authentic learning）联系在一起（Baldwin, Adams, & Kelly, 2009）。当考虑到表现性评价时，关于幼儿和小学阶段的州与国家的标准同样很重要。

真实性评价的支持者认为真实性表现一定要与真实性评价相一致。如果我们运用真实性评价来理解儿童如何应用或使用自己学到的知识，那么他们提供的学习体验必须是真实的或者有意义的。有意义的学习包括智力成就，这些成就是那些成功人士能够实现的并涉及他们心中希望完成的任务和实现的目标。当儿童参与到真实性学习中时，他们就有机会将新信息与已有的知识联系起来，并将其应用到问题解决中。

真实性学习基于对知识的建构，并专注于高阶思考，其目的是超越当前的知识水平并建构新知识。这类学习包括儿童知识的建构和有意义的环境中知识的应用（Illinois State Board of Education，2012）。

就像真实性学习一样，真实性评价也有着重要的意义。这要求教师能够持续地与儿童进行互动。教师参与到会话、提问、建议、观察的指导中去鼓励儿童。采用这种方法的目的是让儿童能够展示他们可以使用的、他们所理解的，然后在表现中展示学习。教师不仅利用真实性评价来反映真实性学习，而且还要将这些评价结果作为拓展和加深儿童学习的资源（Kleinert，Greene，& Harte，2002；The Glossary of Education Reform，2013）。

表现性评价的相关本质

我们讨论了不同类型的非正式评价和表现性评价。此时，教师很有必要明确这些评价是怎样使用的和如何相互影响的，这样会有利于理解儿童表现的本质。例如，在**指令性任务**（directed assignment）中，我们可以采用观察来评价儿童的表现。同时，我们可以利用检核表来记录儿童在相同任务中的发展情况。在接下来的章节中，我们将会研究表现性评价的本质特征，以及教师是怎样使用这种评价来考查儿童的发展水平和学习成绩的。

教师的角色

在选择采用何种类型的表现性评价和如何使用它们时，教师处于主导地位。因为教师要实施评价并利用评价所获得的信息，所以教师需要确定哪种评价策略最有利于实现他们的目的。

表现性评价将会在课堂上持续出现。教师将会收集儿童一天中的活动信息，包括班内学习、户外游戏、参加小组学习和整个小组表演。教师将会参与到这些活动中，观察儿童的表现，获得有关儿童的发展情况和儿童自己对所学知识的评价方面的信息。

收集信息仅仅是教师职责的一部分。对于这些信息的分析和使用也是教师的职责所在。首先，教师需要收集足够多的关于儿童的能力和需要学习哪些知识的信息，这样才能为儿童的持续学习和发展制订计划。其次，教师需要收集每名儿童的广泛信息，以便能够记录儿童的发展和学习的所有领域。教师就是要设计并完成某个项目，使这个项目符合儿童的身体发展、智力发展和社会性发展的水平。同样，这个项目必须适用于所有的儿童。

迈泽尔斯也提出了一种有关教师角色的观点。教师在教学过程中的角色不同于在真实性学习和真实性评价中的角色（Meisels，2000）。教师将会向儿童提供一些他们没有接触过的有意义的经验。同时，教师会鼓励儿童更独立、更自觉地学习。

《共同核心州立标准》提出教师要提高其教学和评价实践的期望。对教师自身的表现性评价会帮助他们全面了解上述标准并为教授《共同核心州立标准》所要求的知识而获得所需的工具（Darling-Hammond & Falk，2013）。当教师对评价结果进行打分时，他们会相应地获得最大限度的专业知识。达林-哈蒙德（Darling-Hammond）和福尔克（Falk）进一步解释如下。

研究人员发现为评价结果打分的教师会带动遵从相关指令的教师，从而使他们在专业层面上趋向卓越。对儿童的作业的审核和评价会帮助教师了解更多的儿童所掌握和运用的知识与他们的想法。此种举措会激励教师不断地反思自身的课程设计和教学模式存在的问题和不足。

在确保教师和儿童之间形成始终如一的信任及有影响力的关系方面，评价有着重要作用。每位儿童教育者应该注意以下几个方面（Meisels，2000）。

- 在教育过程中，教师需要培养儿童个性化的独特品质，这是很重要的。
- 教师需要学会倾听、诊断、检测、假设、介入、评价，继而反馈和再设计。
- 教师的目标是努力和儿童建立一种信任关系，这种信任关系是儿童学习的基础。

因此，在表现性评价中，教学和评价都来源于教师和儿童的相互影响或相互联系。此外，教师通过表现性评价来和儿童进行当前的学习和下一步学习方面的合作。

在一个表现性评价项目中，教师会关注儿童的读写萌发技能。用于表现性评价的策略或资源有检核表、观察、录像带、录音带和作品样本。

教师采用检核表来记录儿童的阅读和书写技能，儿童可以通过画图的方式来展示他们对书中图文的理解。当儿童在书写"必胜客"的菜单时，教师就可以观察并且记录他们从左写到右的能力或使用大小写字母的能力的发展情况。

教师对一个逸闻趣事的观察将会为儿童提供更多的书写材料，教师可以利用一盘录像带或录音带记录事件的整个过程。教师利用这种类型的文件记录来给不同儿童参与活动提供信息，并且可以通过分析来评价儿童能够做什么。

最后，作品样本也能提供一些关于儿童学习成绩方面的信息。在关于角色表演的班级活动中，教师需要关于插图、菜单、"必胜客"标志的作品样本，并将这些作品样本的信息记录下来。

一个幼儿园班级中教师的角色

在一个由 5 岁的儿童组成的班级中，一次班级活动上发出的"嗡嗡"声吸引了来访者的注意。来访者看到儿童正在分成小组进行各自的活动。一组儿童正在为书画插图，另一组儿童正在为他们所排练的戏剧中的餐馆写菜单。一名儿童说道："不要忘记在菜单上写上我们这里有胡椒粉。"其他儿童则点点头，然后继续在纸上写着什么。一名儿童把一张纸折弯后拿在手中，他在抄写"必胜客"这三个字。写完之后，他把这张纸贴在戏剧排练场地前面的两张椅子上，他告诉所有人"这就是招牌"。另有三名儿童在看有关烹饪的书，并且讨论他们制作披萨时所需的原料。还有一组儿童在教室的角落里看有关餐馆方面的书。

资料来源：Ratcliff,N.J. (2001/2002). Using authentic assessment to document the emerging literacy skills of young children. Childhood Education, 78, 66-69.

表现性评价的目的

那么用于儿童的表现性评价的目的是什么？首先，儿童评价的重要性一直是本书不断关注的课题。与很多标准化测验和一直被认为对儿童的发展不适宜的更为正式的评价策略相反，基于儿童表现的评价方式对于评估儿童的发展来说是一个很好的工具。它们可以用来衡量儿童在以下情境中的表现：一个真实或设计好的任务，或者与儿童学习知识相关的活动。对儿童表现的观察与儿童的发展情况和成绩直接相关（Baldwin，Adams，& Kelly，2009）。

其次，表现性评价与教学密不可分。表现活动是一个不间断的课程和教学的自然结果，而不是一个分离的、单独的、对儿童来说陌生的经验模式。当使用表现性评价时，教师必须了解如何设计适宜的、有联系的评价工具，解释评价结果以便更好地理解儿童的发展情况，为下一步的教学做好计划，并且把评价结果告知家长和学校管理者（Adamson & Darling-Hammond，2010）。

最后，表现性评价用来评估学前教育项目是否符合儿童的发展要求。表现性评价工具会有助于教师制定学前阶段的学习目标，以此为儿童提供发展性的课程。对发展的评价不仅反映在个体的发展上，而且反映在发展项目目标的实现上。教师有责任以一种更有意义的方式向管理者汇报项目的完成情况（Adamson & Darling-Hammond，2010; Caffrey，2009）。

接下来我们将讨论表现性评价策略的类型。虽然大部分策略是由教师选用并开发的，但其他策略会以儿童的学习为依据。教师和儿童都会做出一些计划，教师在开展不间断的教学活动或实施一项评价时会做出其余的计划。

我们讨论过的所有评价策略都会因为儿童个体情况的不同而做出相应的改变。对于母语非英语的儿童来说，教师就会根据他们在学习英语时的发展情况而选择不同的评价策略；对于耳朵有残疾的儿童来说，教师就需要采取用肢体语言提问的方式对他们进行评价；对于盲童来说，教师就需要在测验的时候加入一些可以触摸的工具。教师会根据儿童的需要和他们的现有能力对直接型的任务做出适当的调整。同样，**约定**（contracts）会反映个人的学习能力水平；教师会为有特殊需要的儿童对游戏做出调整，包括有学习第二语言的需要的儿童。

表现性评价的策略

我们可以利用很多策略来实施表现性评价。同检核表、观察一样，表现性评价也已运用多年。然而，在本书中，表现性评价作为评价系统的一部分，却有着更广泛的意图，或者可以说扮演了更广泛的角色。图 9-1 为教师运用表现性评价的示例。适用于年龄较小的儿童的评价策略有面谈、约定、指令性任务、游戏、作品样本、项目和档案袋。

图 9-1　一位教师通过研究一名儿童的表现来理解儿童的发展

面　谈

教师可以采用面谈的方式来考查儿童对概念的掌握情况。面谈的方式特别适用于那些刚刚有识读能力但不具备通过书写来表达自己的想法的能力的年龄较小的儿童。教育者在面谈中采用的一些策略，会有助于其理解儿童的想法。教育者通过向儿童提出更多的问题，不仅可以知道儿童的理解能力，而且可以了解到他们思考问题的过程和他们是如何来回答问题的（Seefeldt，2005）。幼儿评价数学手册由纽约市教育委员会（New York City Board of Education，2009）制作，并对数学面谈进行了如下描述。

数学面谈是一种丰富的评价技巧。教师让儿童解决几个数学任务，并让其解释他们的解决思路。教师观察并询问儿童，这有助于教师知道每名儿童是如何解决具体的数学问题的。每名儿童的理解、当前运用的策略和迷思概念都会被记录下来。

面谈可以分为**非结构性面谈**（unstructured interview）、**结构性面谈**（structured interview）和**诊断性面谈**（diagnostic interview）。一个非结构性面谈可以发生在儿童玩耍时，儿童在中心活动时，或者儿童在参与课堂活动时。当教师意识到有让儿童面谈的好机会时，那教师就花几分钟来提问这名儿童（Morrison，2013）。

结构性面谈是教师计划好的，可用来获得关于儿童的特殊理解的信息。例如，教师或许想了解刚刚掌握阅读能力的儿童对某个故事的理解，那么在儿童阅读完故事内容之后，教师就会向他们提出一些比较有深度的问题来考查他们对故事的理解程度。同样，教师也可以通过结构性面谈来评价儿童对数学概念的掌握情况，如提出一个关于概念或演算过程的口头问题，或者了解儿童对更深入的问题的反应。卡米亚（Kamii）和罗森布拉姆（Rosenblum）描述了一个活动，以用来考查幼儿园儿童的理解能力。活动过程主要是把珠子放入两个杯子中，让儿童理解小范围的加法运算（Kamii & Rosenblum，1990）。教师可以对儿童提问，让他们统计两个杯子中珠子的数量，从而考查他们的心算能力。

诊断性面谈还用来确定儿童的学习需要。面谈可以是非正式的，也可以是结构性的。教师需要利用诊断性面谈后儿童的回答来发现儿童在哪些学习方面需要帮助。如果教师发现儿童感到困惑或者犯了错误，那么诊断性面谈就会帮助儿童发现在学习概念或技能时的困难。

教师可以采取一些技巧来提升通过面谈评价儿童的效度。除了在面谈时进行记录以外，教师还可以把儿童的回答记录下来供以后参考。西费尔德（Seefeldt，2005）建议教师在向儿童提问有关社会研究的问题时，不要局限于让儿童以谈话的方式来回答。儿童可以把他们对某些概念的理解通过行动、找出范例和画图的方式表达出来。这些行为将会对儿童学习其他语言有所帮助。否则，儿童就会很难口头表达他们的想法。

教师和年龄较小的儿童面谈时，应保证面谈时间不宜过长。恩格尔（Engel）建议 10 分钟左右的面谈时间是比较合适的。其他的建议还包括：在儿童回答完问题之后，教师要继续提问，不要在乎儿童的回答是对还是错；教师给予儿童足够的时间来思考和回答教师的问题。如果想要考查儿童对问题的真实回答，教师需要给他们营造一种比较宽松的氛围。

一次评价分类能力的结构性面谈

尼克沙·希尔蒙（Nykesha Hillmon）所在的幼儿园儿童已经学过给物体分类的技能。在接下来的几个星期内，尼克沙在课堂上教儿童根据物理特征的不同把一堆物体分为两类。儿童已经对坚果、岩石和班级内的植物进行了分类。今天，尼克沙在科学区投放了各种各样的豆子，她正在对蒂龙（Tyrone）进行提问，让蒂龙把豆子分为两类。在蒂龙对豆子进行分类的同时，尼克沙开始向他提出一些提前准备好的问题。

尼克沙：蒂龙，你能解释你是根据什么来把这堆豆子分为两类的吗？

蒂龙：把圆的分为一组，它们全部都是圆的。

尼克沙：那么，另外一组呢？

蒂龙：它们都像这个一样（青豆），我不知道它们的名字。

尼克沙：很好，你已经把豆子分成了两类，一类豆子全部是圆的，另一类豆子拥有相同的形状。你是依据豆子的形状的不同来对它们进行分类的。你还能想出其他办法来对豆子进行分类吗？

蒂龙：（思考了一会儿）我还可以把豆子分成两类，一类全部是大的，另一类全部是小的。

尼克沙：除此之外还有其他办法吗？

蒂龙：我想不出来了。

尼克沙：你还可以根据豆子的颜色对它们进行分类。

蒂龙：是的，我可以把棕色的豆子放在一起，然后把不是棕色的豆子放在一起。

约　定

约定提供了双向的目的或意图。约定能够为儿童提供一个计划，同时还可以记录儿童的发展情况。在约定活动中，儿童可以进行那些已经设计好的行动。活动时间可以是一天的某段时间，可以是一整天，也可以是几天。幼儿园儿童需要利用图片或者其他可以通过视觉展示的活动来完成他们的学习任务。小学的儿童可以遵循一些简单的书面指导。当儿童完成学习任务之后，教师可以用一些不同类型的测验来考查他们的学习水平。

约定同样可以用来记录儿童对技能和概念的掌握情况。教师可以把约定作为一个会谈或面谈的指导，或者作为一个记录系统，用来帮助自己了解儿童何时可以完成学习任务以及是否需要更多的活动来巩固所学的知识。在一段时间内，一个已经完成的约定能够向教师提供关于儿童的发展和学习情况的信息。

使用约定来评价儿童的表现

格雷西拉（Graciela）是一名二年级的学生，正在和她的老师路易斯（Luis）讨论他们在数学上的约定。路易斯打算在每个星期一进行教学，在其他时间同儿童讨论问题。这样路易斯可以掌握儿童的学习情况。格雷西拉已经按照约定执行两天了。如下就是星期一和星期二的表现。

星期一：

· 以小组形式学习减法运算。

· 主要活动是解决减法运算问题。

· 完成减法运算问题的工作表。

星期二：

· 和伙伴们游戏，解决减法运算问题。

· 完成减法运算问题的工作表。

· 和路易斯老师会谈。

路易斯和格雷西拉讨论了她这两天的学习情况。他们一起复习了已经学过的知识，包括工作表和在数学中心已经解决的问题。路易斯注意到格雷西拉犯了几个减法运算的错误。他对格雷西拉提问，并且给她一些小棒来帮助她解决减法运算问题。当格雷西拉说出她是怎样解决减法运算问题后，路易斯又要求她使用小棒重新计算一遍。在他们会谈之后，路易斯观察并记录了格雷西拉接下来几天的表现，从而确定她是否在减法运算方面需要进一步的帮助。

指令性任务

指令性任务是教师自主设计的评价的拓展内容。指令性任务和面谈很相似。只不过指令性任务中有一个用来考查儿童的理解能力的特殊任务，这是不同于面谈的。儿童开始独立阅读时，或许会被要求阅读并讨论一个故事。幼儿园儿童或许会被要求利用具体的物体来解决数学运算问题。最重要的是，教师布置一个特殊任务来考查儿童的能力。讨论和提问或许是完成指令性任务的过程的一部分。但是，考查儿童完成任务的能力才是评价的关键所在（State of Connecticut State Board of Education，2007）。

游　戏

游戏可以用来考查儿童对某一技能或概念的掌握情况。尽管每次参与游戏的儿童不止一名，但教师仍然可以采用观察的方法来评定他们的能力和思维发展水平。教师可以设计游戏来教授概念并对儿童进行评价。卡米亚和罗森布拉姆（Kamii & Rosenblum，1990）建议教师可以通过做游戏的方式对整个班级进行系统观察。教师可以先观察两名儿童，然后是一组儿童，最后是整个班级的儿童。例如，通过儿童在游戏中的表现来对他们进行评价的一个例子就是让儿童把两个数字相加得到10。具体来说，教师把一组卡片（包括1~9）排列在儿童的面前，让儿童把所有能两两相加等于10的两张卡片找出来。为了判断儿童是否已经掌握了这项技能，教师可以观察儿童解决问题的整个过程。如果儿童能够快速地把正确的卡片找出来，那就可以证明这些儿童比那些需要通过把两张卡片相加才能得出结果的儿童有更强的心算能力。

游戏或许也可以应用于其他领域。在过去的几十年中，游戏发展了儿童的阅读能力。例如，纸牌游戏可以让儿童识别字母。

棋盘游戏可以发展儿童的语言、数学及社会研究的能力。在一种类似于"打破砂锅问到底"的游戏中，儿童必须口头或者书面回答一个已经学过的问题。这同样也是一个说明游戏可以考查儿童完成任务或解决问题的能力的例子。

作品样本

在教师使用作品样本对儿童的表现进行评价时，教师和儿童的地位是平等的。作品样本反映了儿童应该能够达到的标准。教师可以根据这个标准来考查儿童的学习情况（Morrison，2013）。对于幼儿园儿童来说，作品样本可以是动物泥塑模型，教师可以将其用于考查儿童对动物概念专题研究的理解水平。其他的作品样本包括绘画及口头解释无字书等。小学阶段的作品样本包括读书报告、根据插图进行的富有创造性的写作和关于计算问题的记录。教师还可以利用一些可视媒介（如相册、录像带）或者录音带来评价儿童的表现。

数码相机可以用来记录儿童对学习任务的完成情况，并把它们转换成数据信息。当班级开始进行项目活动时，教师可以用数码相机把整个活动的过程记录下来。

我们通过存档的方式可以存储作品样本和与表现性评价相关的其他信息。如果教师打算将收集的作品样本用于表现性评价，那么教师创建一个用于选定和梳理作品样本的系统将至关重要（Meisels，2014）。

用游戏考查儿童的学习情况

琼·哈里森（Joan Harrison）是一位一年级教师，正在使用棋盘游戏来考查儿童的阅读能力。开展棋盘游戏的目的就是要考查儿童在阅读活动中识别文字的能力。每名儿童都有自己的"单词银行"。金（Kim）和玛莎（Martha）正在玩这个游戏。他们轮流写卡片上的字，如果写对了，他们就可以在棋盘上向前走一步。第一个到达棋盘上的终点的儿童就算取得胜利。琼将儿童在游戏中错过的字单独放在一起，并把它们记录下来。这样儿童就可以在以后的小组活动中练习这些字。

项　目

一个项目是由单个儿童或一组儿童来实施的一个活动，比单独的每节课的时间要长。项目可以是一个单元的一部分，如一个科学课程或者社会课程的单元，也可以是某个课堂学习内容的一部分。一些类型的活动结果来源于项目。例如，一个二年级的班级或许会学习一些有关野花的知识；一组儿童会收集一些野花的样本，并识别它们，描述它们的本质特征。在每种野花干枯之后，儿童会将其和所对应的信息联系起来。那么，关于这些野花的信息的小册子就是这个项目的活动成果，同时这个活动成果是可以被评估的。

教师可以根据儿童的不同需要对项目做出改变。教师将会让掌握较少语言技能的儿童参与一个项目，通过这个项目来提高他们的语言水平。儿童的兴趣也是项目关注的一部分。因此，不同的小组将会参与到不同的项目中。

档案袋

档案袋是 20 世纪 90 年代记录真实性评价结果的最受欢迎的方法之一。档案袋和其他评价策略，能够反映儿童的能力的发展情况,而不是儿童自我展示的发展过程。美国的学校已经开始使用档案袋,将其作为汇报表现性评价结果的首选。有些州甚至已经在学前教育项目中开始使用这种档案袋(Illinois State Board of Education,2012)。

教师可以借助档案袋对儿童的表现进行评分和说明。档案袋可能是一个类似于儿童作品收集的文件夹,许多教师已经用了几十年来给家长做汇报。它可能是儿童已经完成的任务的文件记录,也可能是一个检核表、日常记录和总结报告,或者是儿童和教师所认为的能够展示儿童的表现的相关材料(Morrison,2013)。

档案袋也可以作为面向家长和管理员的评价与汇报儿童的学习进度和成就的工具。档案袋的设计和使用将在第十章中讨论。

表现性评价的组织

尽管所有表现性评价都被认为是非正式评价,但它们也可以被分为结构性评价和非结构性评价、直接评价和间接评价。这些有组织的评价模式和结构性面谈、非结构性面谈很类似。不过和面谈相比,它们有更多的评价类型。

对评价进行分类的一种方法是依据评价活动的类型。表现性评价分为**非结构性表现评价**(unstructured performance assessment)和**结构性表现评价**(structured performance assessment)。非结构性表现评价是常规课堂教学活动的一部分,如书写样本、项目、检核表、教师自主设计的任务和测验。教师可以预先确定或设计结构性表现评价,包括一些需要解决、综合及分析的问题或任务。教师可以对所有儿童提出开放性的问题。

同李(Lee)所说的类似,自发的评价是根据教师对班级的观察和与儿童的相互作用获得的。结构性表现评价不仅是已经计划好的,而且必须符合标准化测验工具对儿童的能力标准界定的要求。这些测验需要设计人员精心设计,具有明确的评价准则和具有精确定义的需要测评的行为。

表现性评价也可以分为直接评价和间接评价。一方面,**直接表现测试**(direct performance measures)需要儿童运用某些应用方面的知识;另一方面,**间接表现测试**(indirect performance measures)考查的是儿童对某一主题的了解程度。一个直接表现测试的例子就是让儿童通过测量桌子的长和宽来确定适合桌子的桌布;一个间接表现测试的例子就是传统的笔试。这些表现测试的区别在于评价知识本身与评价知识的应用。

观察的作用

我们已经在第五章中介绍了观察时使用的一些策略,同时也强调了使用观察来评价儿童发展的重要性。我们在表现性评价中讨论观察的作用,可进一步增强其重要性。当考虑采用何种方法来对儿童的表现进行评价时,观察或许是最好的方法(Frost,Wortham,& Reifel,2008; Jablon,2010/2011;Reifel,2011)。观察时采取的一些策略,如参与、检测、注意、思考、调查、监控、研究和注视,会让教师了解儿童的真实情况，并且知道儿童在真实生活中和普通学习状态下会做什么（Jablon，2010/2011）。

观察应该贯穿于每天的各种类型的课堂活动。观察时使用的策略或工具包括：逸事记录、连续记录、检核表、评定量表、时间抽样和事件抽样。它们在表现性评价中都发挥了一定的作用。为了能够确保观察并记录下所期望的表现，教师在实施观察之前需要做好以下工作。

- **目的**——我们想做什么？
- **重点**——我们需要观察什么？被观察者将会在什么时候和什么地点展示什么行为？
- **记录的方法**——我们需要什么信息？应该怎样记录信息？记录信息的频率是怎样？
- **观察的使用**——被观察的事情对儿童的发展有什么帮助？为了促进儿童的发展，我们下一步需要做什么？

我们仅通过观察收集和记录信息远远不够，还要通过观察分析和使用评价数据。因此，在确定儿童学习的新知识是否得到发展前，教师应在不同的时间和地方用不同的材料对儿童进行观察（Frost，Wortham，& Reifel，2008）。除此之外，教师应抽出时间来反思收集到的信息。这个反思的目的是让教师以有意的方式使用评价方法，以便为儿童将来的学习做计划。为适当地收集和反映观察数据，教师要为儿童个体和群体的观察做出规划。完成数据的收集和分析后，教师可基于最终的结果为进一步的指令做计划。

观察是表现性评价的基础。当观察儿童的反应和行为时，教师可以将观察与面谈结合使用。当观察儿童完成作品或任务的情况时，教师可以将观察结果作为指导性作品的一部分。当教师参与游戏时，观察能使其了解儿童的想法和知识。观察和其他评价策略的结合使用可用于非结构性评价和结构性评价以及直接评价和间接评价。各种类型的检核表、评定量表和教师评价用于获得观察结果或用于理解儿童的表现（Baldwin，et al.，2009）。

记录的作用

记录是一种了解儿童的发展或者学习情况的方法。因此，观察、检核表、评定量表和评价量规都可以用于记录儿童的发展和学习情况，也可以用来评价儿童对知识的掌握情况。

在表现性评价中，记录有着更为宽泛的含义，特别是在记录与学前教育项目和建构主义学习经验联系起来的时候。在瑞吉欧·艾米利亚学校（Wurm，2005）和使用方案教学的学前教育机构（Helm & Beneke，2003）中，课程是根据儿童的需要设计的。尽管教师在设计课程时处于主导地位，但需要学习什么知识并不是提前确定的。另外，当学校实施教学计划时，儿童的想法和他们对问题的探索，将会使学习向着不同的方向发展或者扩充原有的学习计划。这些课堂记录反映了儿童在活动中的发展情况，可以帮助教师更好地了解儿童的兴趣、想法和儿童运用自己的能力解决问题的过程（Wien，2011）。观察以及利用录像带、数码相机和儿童的作品的主要目的是记录儿童运用所学的知识解决问题和儿童逐渐发展的过程（Wurm，2005）。学校对学习作品的展示和分享是一个总结性的活动。对作品的展示主要是向父母、其他教师和儿童或者幼儿园展示儿童所取得的学习成绩。在瑞吉欧·艾米利亚学校，一篇儿童日记会被作为记录儿童发展的例子（Helm & Beneke，2003；Wurm，2005）。

记录婴儿的发展

休格（Sugar）6个月大了，她现在正躺在一个靠近一家大型保险公司的儿童活动中心的婴儿房内。她的父母都在这家保险公司上班。

儿童活动中心的护理人员每天都会观察这些孩子。在他们的训练下，这些孩子已经取得了显著的进步。休格最近学会了翻身。她现在很喜欢在每天活动的时候翻身。现在她正在学习如何自己坐起来。护理人员每天都会记录下关于休格是怎样自己坐起来的信息。护理人员每天晚上都会让她的父母看这些信息。当休格学会自己坐起来的时候，她又将学习下一个肢体动作。护理人员和休格的父母将会记录下随着时间的推移她取得的进步。

评价量规的作用

在第七章中，我们讲到了对于表现性评价来说，评价量规很重要。我们已经介绍了不同类型的评价量规的定义，讨论了运用评价量规的程序。我们列举了不同类型的评价量规的范例，以用来解释它们的灵活性和适应性，因为它们在幼儿园和小学阶段会涉及不同的发展阶段及学习领域。在本节中，我们重新强调评价量规对于表现性评价的重要性是很有益的。检核表、评价量规和教师自主设计的评价，倾向于考查儿童是否达到某个发展阶段或学会某一项技能，或者儿童对技能的掌握水平。表现性评价正好与此相反，它关注的是儿童发展和学习的过程和取得的进步。教师不仅需要关心儿童应该怎样发展，而且还要关注儿童如何获取知识和新概念。评价量规为学习的评价过程提供了框架，并且关注的重点在于儿童自发取得的成绩。本章前面涉及的评价策略有面谈、约定、指令性任务、游戏、作品样本、项目和档案袋，这些都可以在评价量规中使用。

例如，表7-7可以用在结构性面谈中。教师首先给儿童读一个故事，然后要求儿童讨论这个故事。通过提问儿童，如"故事的主人公发生了什么事情"或者"你能用自己的话复述这个故事吗"，教师就能够考查儿童对这个故事的理解程度。

同样，幼儿园教师也可以用表7-8作为作品样本或指令性任务来评价儿童的发展情况。教师可以根据儿童写作的努力程度来评价他们写作能力的发展情况。

当和儿童共同参与一个主题项目时，教师或许应该采用如下4种水平来建立一项评价量规，以用来评价这个项目：重新开始；需要做必要的修改；尚可接受；做得好。

例如，幼儿园的班级或许会学习有关"家"的概念。在研究周围邻居的不同类型的"家"之后，儿童开始分小组选择一种类型的"家"进行学习。通过学习，这些小组需要弄清楚"家"的结构是怎样的。教师可以设计出如下的评价量规来确定儿童表现的标准。

- **重新开始。**

小组没有能力完成任务，教师需要向儿童提供一些帮助。

儿童自发的努力也表明他们有了理解任务的些许迹象。

- **需要做必要的修改。**

主题项目不完整，需要精心设计。

主题项目并不能反映所需的信息。为了达成目的，教师需要设计另外的主题项目。

- **尚可接受。**

主题项目是完整的，能够反映任务的目的。

尽管主题项目中的关于细节和元素的信息不是完整的，但关于主题项目的信息描述得很清晰。

- **做得好。**

主题项目展现了对儿童已学过的概念的清晰理解。

主题项目成功地反映了任务的目的。

主题项目包含与儿童已学过的知识相联系的细节和元素。

评价量规具有普遍适用性，它能够应用于不同类型的主题学习中。它可以应用于主题项目中，以便反映儿童关于"家"的学习情况。它同样适用于其他主题项目，可以根据情况的需要进行调整。

标准和表现性评价

国家标准如何影响真实性学习和表现性评价？因为制定学习成绩的标准可能与公共教育和开端计划中强制实施标准化测验有关，所以许多教育家做出如下假设：真实性学习与掌握国家标准不兼容。虽然存在大量的通过测验来记录成绩和与问责制相关的信息，但是表现性评价不能被视为用于验证儿童已经掌握知识的主要工具。表现性评价对于了解儿童的早期发展尤其重要。

为了将标准和表现性评价联系起来，教师必须了解如何将标准融合到课程中，以及如何将评价结果在学习经验的积累中显现出来。符合标准的评价将被视为教学的一部分。

将标准和真实性学习相结合

将标准和真实性学习相结合的第一步是将标准和课程相结合。其任务是要在标准和课程之间建立一种关系，以适用于参与到有效的学前教育计划中的儿童。基于一种在包含很多机会的环境中以儿童为中心的学习，各种户内外活动均可用于体现标准的要求（Baldwin, et al., 2009；Drew, Christie, Johnson, Meckley, & Nell, 2008）。

其中一种途径就是将国家标准和课程内容相结合。教师需要学习相关的标准并将其与已规划的教学活动相结合。标准和课程内容的结合可以反映出教师之间的关系。

如果课程的规划是在项目或课题研究内进行的，我们需要分析国家标准并将其与处在规划中的课题相结合（Jacobs & Crowley, 2010）。绘制关系图的一种方式就是利用一种课题或项目的结构来绘制。

图 9-2 是与标准相关的关系图的范例（Baldwin，et al.，2009）。

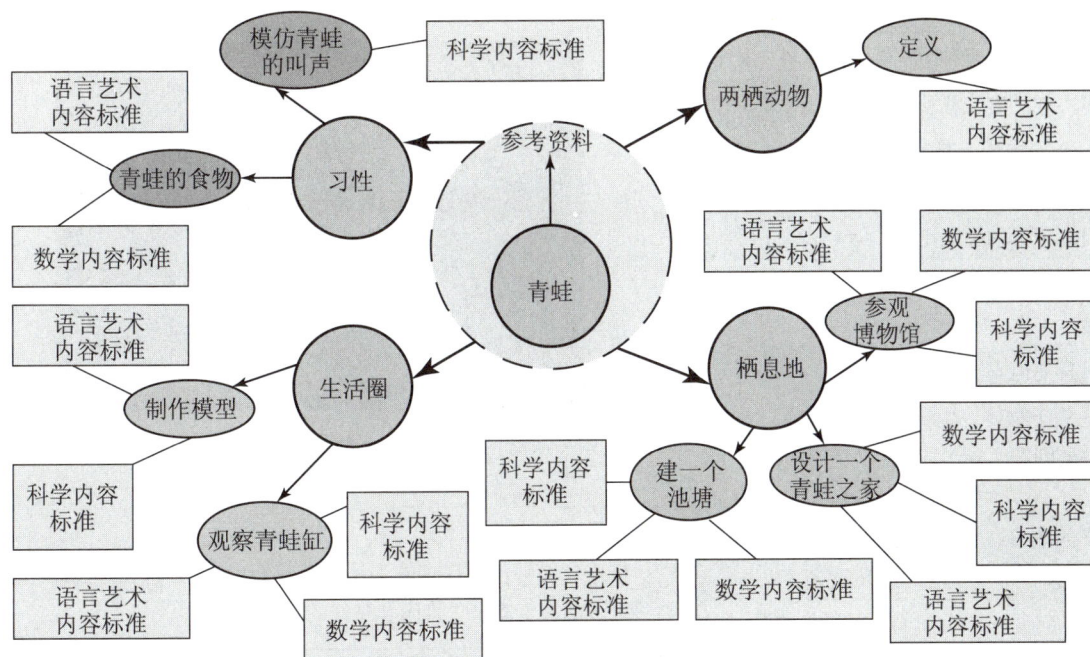

图 9-2　与标准相关的关系图的范例

资料来源：Baldwin, J. L., Adams, S. M., & Kelly, M. K. (2009). Science at the center: An emergent standards-based, Child-centered framework for early learners. Early Childhood Education Journal, 37, 71-77.

将标准和表现性评价相结合

与标准有关的评价应被纳入本书中所有已经讨论过的评价策略，尤其是本章所涉及的评价策略。任何类型的评价要与一种标准或若干种标准相匹配。关于儿童在学习活动中的表现的证据也应基于适用的国家标准进行评价。图 9-3 是与逸事观察相关的标准的范例。教师始终坚持以儿童为中心，重视发展适宜性课堂和综合课程，以及与国家标准直接相关的表现性评价的原则（Baldwin，et al.，2009）。

学习是一种过程，并且儿童在达到标准的要求前会体验许多的学习活动。教师在一定时期内进行的表现性评价可以展现儿童的学习路径（Gronlund，2006）。因此表现性评价可视为符合标准要求的最佳评价策略。

正如上章所述，《共同核心州立标准》是近年来改善儿童学习情况的最权威的文件。该标准可以体现一种国家统一的学习方式，并将替代个别的国家标准。《共同核心州立标准》已经被大多数国家采纳，但是标准的严格性问题已经使一些国家对其实施存在质疑。尽管如此，《共同核心州立标准》所要求的更高标准鼓励教师将其运用于表现性评价和培训方面，以便更好地解决问题（Darling-Hammond & Falk，2013；Darling-Hammond & Hyler，2013）。

标准涵盖的内容：	科　学
探索和识别熟悉的物体的部分和整体（√）	物理科学、科学技术和科学探究
探索并对比提供多种感官体验的材料（×）	
探索以不同的方式移动物体的方法（√）	
探索乐器和物体，并控制自己的声音，以识别声音的变化（√）	
确定目标工具的预期用途（×）	
使用熟悉的物体来达成目标、完成任务或解决问题（×）	
演示工具如何安全使用（×）	
问一些关于物体、生物、图画、字母、标志和事件的问题（√）	这一次格雷丝（Grace）拿了更多的水，因为她长大了。 2007 年 6 月 20 日
在分享的故事、对话和游戏中表现出对研究不熟悉的物体、生物和现象的兴趣（×）	**教师反思：** 　　格雷丝能够使用提供的工具改变容器中水的体积。她已经准备好学习更多的关于测量、排序和烹饪的知识。
与他人一起参与简单的、自发的科学探索（√）	

图 9-3　与逸事观察相关的标准的范例

资料来源：Baldwin, J. L., Adams, S. M., & Kelly, M. K. (2009). Science at the center: An emergent standards-based, Child-centered framework for early learners. Early Childhood Education Journal, 37, 71-77.

使用表现性评价的优缺点

使用表现性评价的优点

　　使用表现性评价有一些优点。尽管表现性评价适用于所有年龄段的儿童，但是它尤其适用于那些处于前运算阶段和具体运算阶段的儿童。儿童通过与环境的相互作用可以学得最好，表现性评价允许儿童通过表现出一些行为来展示能力。因此，表现性评价适用于对儿童的发展的评价。一些关于使用表现性评价的观点如下。

　　• 表现性评价是在儿童亲身经历的背景下实施的，并不孤立于课堂教学之外。除此以外，表现性评价是在教师了解家庭和对他们而言什么是真实的背景下来实施的。评价适用于不同的语言、文化、能力、课程和教学。本章的前文提到，评价是课程和教学不可分割的一部分。无论在什么时候，只要有可能，表现性评价可以作为课程的一部分、在区域活动中和在教师观察预期学习的意外收获时来实施。表现性评价是有意义的和适时的（Meisels，2014）。

　　• 表现性评价会利用"儿童建构自己的理解"这一假设。在准备教学活动时，教师认为自己不是知识的传播者，儿童会通过利用遇到的概念和信息来逐渐形成新知识。表现性评价为教师观察和记录儿童的发展情况提供了工具。这意味着评价的内容已经超出了评估儿童是否掌握教师制定的学习目标的范围。表现性评价也可以用来评估儿童在维果茨基所提出的最近发展区的发展情况（Vygotsky，1983）。为此，教师可以确定儿童能否展现能力，或者儿童在得到帮助的前提下能否表现出教师期望看到的行为，或者儿童能否独立地表现。而且，评价的焦点在儿童的身上，不在儿童对教师的反应上。教师在评价中仍然起着重要的作用，但是儿童的表现也非常重要。教师会对儿童正在做的有所反应。此外，表现性评价能够为教师应该教什么和儿童应该学什么提供借鉴（Lai，2011）。

- 表现性评价提供了大量的方法，使儿童能够展示他们理解的或者能够做的事情。儿童连续的作品样本、艺术作品、游戏、对话、读写萌发技能和口述故事是展示自我的一些例证。一些表现可以作为教师观察和面谈的结果被记录，其他的表现可以作为作品样本被记录。因为表现性评价和教学、日常活动是相结合的，所以它可以为教师进行观察和解释成绩提供依据。

- 表现性评价是持续的或者不间断的。表现性评价不像更为正式的评价（如测验、章末评估、阶段汇报评估），它能够反映出儿童的想法和学习的可能性（Lai，2011）。

- 表现性评价为父母了解他们的孩子的发展情况和成绩提供了有意义的信息。这些信息比更加传统的评价更具深度（Meisels，2014）。家长积极参与到评价过程中来。教师可以使用各种各样的表现性评价策略来提供关于儿童的发展情况的信息。因为教师已经家访过并与家长进行了沟通，所以他们能够采取协商的方式来沟通，这对于家长来说非常重要。同样，家长能够非常清楚地了解自己的孩子在家中的表现，并把他们观察到的信息与教师分享。当家长理解了儿童活动的重要性及其与儿童的发展和学习的关系时，他们就能够成为帮助儿童进行更好的学习的参与者。

迈泽尔斯总结了表现性评价的优点（Meisels，2014）。教师应该可以做到如下内容。

- 认识到儿童可以表达他们所了解的，并能以多种不同的方式来表达。
- 评价儿童的发展情况。
- 整体评价儿童。
- 评估儿童自身成长的过程。
- 建立与儿童的发展原则相一致的观察儿童的框架。
- 促进有意义的课程计划和发展适宜性的教育干预的设计。
- 给家长提供关于他们的孩子的具体、直接和可理解的信息。
- 与其他教师合作并增强自身的职业技能。

使用表现性评价的缺点

表现性评价有其缺点和局限性。像所有的非正式评价一样，表现性评价有其主观性。教师的偏见和解释只是评价过程的一部分。教师在评价儿童时，要不断地提醒自己注意客观、公正。而且，在实施和解释表现性评价时，教师增加了其责任感。这种更为重要的评价的机会将伴随着教师在评价过程中对技能的需求而产生。

尽管用来评价表现的一些策略不是全新的，但是使用作为最初的、给儿童打分的这样一种评估方法却被认为是一种革新。像任何一种教育革新一样，困难、问题会使教师和管理者对这一教育革新过程有着清醒的认识，并且对这种革新提出质疑。因此，我们清醒地认识并理解表现性评价的影响和局限性是非常重要的。以下是评估专家提出的关于使用表现性评价的一些看法。

- 表现性评价费时。教师需要花时间来观察和记录数据，并在教学活动中解释数据。对所有儿童的表现性评价都需要教师全身心地参与其中。对信息的记录增加了教师对日常工作的责任心的要求。而且，教师必须考虑如何把评价工作适当地安排到其他繁忙的工作中。教师必须培养同时做多种事情的能力，并且及时反馈从儿童的日常活动中获得的信息和想法。比如，教师应该有一个随身带的笔记本，以便用来记录一整天的授课情况。教师在授课的过程中，可以用观察的方式来评价哪些儿童一直是专注的和哪些儿童是困惑的。在课题研究的过程中，教师可以观察儿童的行为，并且注意儿童在身体和语言方面的发展情况。所有这些方法都与一整天的学校生活结合在一起。教师通常较少进行具体的评估活动。

- 表现性评价要比传统的评价更为复杂。因为评价是与教学活动结合在一起的，所以教师必须清楚地了解他们在评价中要考查的内容。当评价作为完整的课程和以儿童为中心的教学活动的一部分时，对儿童的评价可能是跨学科的或者只运用了一种发展模式。不管表现性评价是次要的还是整合到评价过程中的，教师都必须确定关于发展和学习目标的清晰的表现性评价标准。课程越复杂、越完整，与解释儿童的表现相关的表现性评价过程将会越困难。当儿童的表现性评价用来分级或者按照国家制定的标准来进行评价时，由谁来保证表现性评价的质量是值得关注的（Givens，1997；Lai，2011）。

- 更为传统的评价形式已经具有评估儿童的学习成绩的目标。表现性评价既有评估儿童发展的目标，也有评估儿童成绩的目标。教师可能会在理解儿童的发展和为儿童制订课程计划的意义上有困难。教师不但要形成获得评价信息的新能力，而且要能运用发展的信息来促进儿童进一步的发展。教师可能会对这一要求非常困惑，并且不能确定如何熟练而适当地将其运用于表现性评价中（Adamson & Darling-Hammond，2010；Caffrey，2009）。

- 表现性评价的效度和信度也值得关注。学前教育评价工具必须合理、有效、友好地研发。正如前文所述，使用表现性评价的困难将会增加关于使用者如何友好地使用的疑惑。为了使评价有效，评价方法必须与用来评估儿童的措施相联系。同样，就不同的评价者而言，评价应该是内在的、持续的。非正式评价的过程必须提供有效的、可靠的、客观的和自由公正的可行依据（Darling-Hammond & Hyler，2013）。

- 实施表现性评价时，家长的参与和教育是一个必要条件。家长要熟悉传统的评价和汇报的惯例。学校在实施表现性评价时，必须做好对家长的引导工作。家长在接触自己的孩子的分数报告或与教师座谈之前，必须熟悉这些创新的评价过程是如何实施的。对术语和评价程序的不熟悉会导致家长对教师、学校缺乏信心并减少支持。

前文讨论的表现性评价的弊端和局限性，看起来与学校没有进行专门的训练和准备有关。过去，常常是学校在没有对教师和管理者进行适当培训的情况下，就进行课程和教学改革。本章所引用资料的一些作者在使用表现性评价之前，会接受广泛的训练和做必要的准备。教师在表现性评价方面获得充分的训练和知识，会充分确保评价实施的成功，也会有助于选择恰当的评价方式。表现性评价在本质上是用一种现实的和有意义的方式来衡量儿童的发展和学识方面的潜质的。评价的局限性要么会成为阻碍，要么会成为灵活而熟练地使用新工具的警告。

表现性评价是质量评价系统的一部分。在美国，一个综合评价系统对于在国家或州的水平上制定

《共同核心州立标准》是重要的。在学前教育水平上，美国相关教育评估部门和发展机构提出，评估方法应包括允许儿童展示学习证据的不同方法，并且我们要基于观察、儿童作品样本、完成的任务及大规模的标准化测验来选择。另外，一个有组织的区级和州级管理员可能采用表现性评价来改善教学和学习……学前教育项目中的表现性评价与 1990 年的发展适宜性评价的实践相一致，且在 21 世纪用于所有阶段的教育。最近几十年内，我们重视标准化测验而忽视表现性评价；然而，它现在是达成《共同核心州立标准》的更高目标的关键。

首席公立学校官员理事会（CCSSO）倡导《共同核心州立标准》的开发。达林 - 哈蒙德提出了一个学生综合评价系统以满足《共同核心州立标准》在州和区的水平上得以实施的原则（Darling-Hammond，2010）。在写给首席公立学校官员理事会的一篇文章中，达林 - 哈蒙德利用美国和其他国家的高成就教育体系的例证来提供实施《共同核心州立标准》的评价体系的框架。根据达林 - 哈蒙德的描述，高成就教育体系强调当教师与其他人一起工作以开发教育体系、评分并利用评价结果时，教师要用真实性表现评价和广泛的参与来寻求教育体系实施的标准（Darling-Hammond，2010）。

总 结

表现是理解表现性评价的关键词。在传统评价中，儿童可以展示对知识的理解；在表现性评价中，儿童能够应用所学的知识。

在本章中，我们将表现性评价作为深化儿童对所学内容的理解的过程，并讨论了表现性评价的优缺点。我们将表现性评价作为评价儿童的一种替代选择或方法。

针对儿童理解的内容和行为，我们采用多种方法或者策略来评估他们的发展和学习情况。我们将面谈、约定、游戏、作品样本和档案袋等策略应用在评价活动中。评价活动允许儿童展示他们理解与应用新技能和信息的能力。

表现性评价与非正式评价彼此互补，共同关注儿童的发展情况。此外，非正式评价方法，如观察、检核表和评定量表及教师自主设计的评价可用于表现性评价的过程。

表现性评价赋予教师设计包括所有发展领域在内的评价的机会，并且适用于每名儿童的发展水平。表现性评价允许教师在课程和评价之间建立密切联系；允许教师考虑儿童家庭背景下的学习和评价。教师与儿童的家庭频繁互动可以帮助教师理解何种表现性评价适合儿童。

尽管表现性评价比测量学习的传统评价更合适，但它的使用也可能更有难度。教师必须接受需要用于组织和开展这种评价的时间；此外，他们必须克服与效度、信度和责任有关的局限性。在计划和实施表现性评价时，教师如果不想让其变成几年后消逝的教育时尚，必须小心行事。

近年来，《共同核心州立标准》下对学习评价的期望历经改变。该标准是各州能够实施的针对国家标准的首个措施。它要求开发更严格的课程和评价体系。该标准为表现性评价带来新的意义。教师必须学习如何评价并表达儿童所学的内容。教师通过表现性评价，可以对儿童的各种发展水平的表现有着更深的理解。

关键术语

指令性任务	项目	真实性学习	直接表现测试
结构性面谈	真实性评价	游戏	结构性表现评价
真实性表现评价	间接表现测试	非结构性面谈	面谈
非结构性表现评价	约定	表现性评价	诊断性面谈
档案袋	作品样本		

相关网站

在线搜索以下组织或机构的网站：

Association for Supervision and Curriculum Development (ASCD)

Springer

Zero to Three

参考文献

Adamson, F., & Darling-Hammond, L. (2010). Beyond basic skills. The role of performance assessment in achieving 21st century standards of learning. Stanford, CA: Stanford Center for Opportunity Policy in Education.

Baldwin, J. L., Adams, S. M., & Kelly, K. M. (2009). Science at the center: An emergent, standards-based, child-centered framework for early learners. Early Childhood Education Journal, 37, 71–77.

Caffrey, E. D. (2009). Assessment in Elementary and Secondary Education: A primer. Washington, DC: Congressional Research Service.

Darling-Hammond, L. (2010). Performance counts: Assessment systems that support high-quality learning. Washington, DC: Council of Chief State School Officers.

Darling-Hammond, L., & Hyler, M. E. (2013). The role of performance assessment in developing teaching as a profession.

Darling-Hammond, L., & Falk, B. (2013). Teacher learning through assessment. How student performance assessments can support teacher learning. Washington, DC: Center for American Progress.

Drew, W. F., Christie, J., Johnson, J. E., Meckley, A. M., & Nell, M. L. (2008). Constructive play. A value-added strategy for meeting early learning standards. Young Children, 63, 38–44.

Edwards, C., & Rinaldi, C. (Eds.). (2009). The diary of Laura: Perspectives on a Reggio Emilia diary. Reggio Emilia, Italy: Reggio Children.

Fadel, C., Honey, M., & Pasnick, S. (2007). Assessment in the age of innovation. Education Week, 26, 34, 40.

Frost, J. F., Wortham, S., & Reifel, S. (2008). Play and child development (3rd ed.). Upper Saddle River, NJ: Pearson.

Givens, K. (1997). Performance assessment tests: A problematic panacea. Contemporary Education, 69, 27 – 29.

Gronlund, G. (2006). Make early learning standards come alive: Connecting your practice and curriculum to state guidelines. St. Paul, MN: Redleaf Press.

Helm, J. H., & Beneke, S. (2003). The power of projects: Meeting contemporary challenges in early childhood classrooms—Strategies and solutions. New York, NY: Teachers College Press.

Illinois State Board of Education: Early Childhood Education. (2012). Authentic assessment and early childhood education—An update and resources. Springfield, IL: Author.

Jablon, J. (2010/2011). Taking it all in: Observation in the Classroom. Teaching Young Children 4, 24 – 27.

Jacobs, G., & Crowley, K. (2010). Reading standards and beyond in kindergarten. Washington, DC: National Association for the Education of Young Children, and Thousand Oaks, CA: Corwin, a Sage Company.

Kamii, C., & Rosenblum, V. (1990). An approach to assessment in mathematics. In C. Kamii (Ed.), Achievement testing in the early grades: The games grown-ups play, 146 – 162. Washington, DC: National Association for the Education of Young Children.

Kleinert, H., Greene, P., & Harte, M. (2002). Creating and using meaningful alternative assessments. Teaching Exceptional Children, 34, 40 – 47.

Lai, E. R. (2011). Performance assessment: Some new thoughts on an old idea.

Meisels, S. J. (2000). On the side of the child. Young Children, 55, 16 – 19.

Meisels, S. J. (2014). Performance assessment. Scholastic.com.

Morrison, G. S. (2013). Fundamentals of early childhood education (7th ed.). Upper Saddle River, NJ: Pearson.

New Commission on the skills of the American workforce. (2007). Tough choices or tough times. Rochester, NY: National Center on Education and the Economy.

New York City Board of Education: Department of Science, Technology, Engineering, and Mathematics. (2009). Early Childhood Assessment in Mathematics Manual. New York, NY: Author.

Ratcliff, N. J. (2001/2002). Using authentic assessment to document the emerging literacy skills of young children. Childhood Education, 78, 66 – 69.

Reifel, S. (2011). Observation and Early Childhood Teaching. Young Children, 4, 62 – 65.

Seefeldt, C. (2005). Social studies for the preschool-primary child (7th ed.). Upper Saddle River, NJ: Merrill/Prentice Hall.

Stanford Redesign Network. (2011). What is performance-based assessment? Stanford SRN informational booklet.

State of Connecticut State Board of Education. (2007). Early childhood: A guide to early childhood program development. Hartford, CT: Author.

The Glossary of Education Reform. (2013). Authentic Learning.

Vygotsky, L. (1983). School instruction and mental development. In M. Donaldson, R. Grieve, & C. Pratt (Eds.). Early childhood development and education: Readings in psychology, 263 - 269. New York, NY: Guilford.

Wien, C. A. (2011). Learning to document in Reggio-inspired education. Early Childhood Research and Practice, 13, 1 - 16.

Wurm, J. P. (2005). Working in the Reggio way. St. Paul, MN: Redleaf Press.

运用评价体系

第十章

档案袋评价

阅读完本章，您将可以：

1. 讨论开发替代性评价和报告系统的必要性。
2. 描述档案袋的类型和用途。
3. 阐述如何建立并使用档案袋评价体系。
4. 描述使用档案袋评价的优缺点。
5. 讨论如何使用叙述性报告。
6. 描述典型的评价和报告系统。

在本章，我们将讨论如何使用非正式表现性评价来收集数据，以便在整个学年定期向家长和学区行政人员汇报儿童发展的整体情况。其他类型的报告也适用于交流儿童的发展和学习情况。这些报告对于就读小学的儿童同样重要。首先，我们将讨论为什么我们需要其他类型的报告，特别是成绩单。本章的其他部分将致力于讨论一种评价和报告系统：档案袋评价。

理解替代性评价和报告系统的必要性

我们正面临着一个新的课程和教学的发展趋势，这对评价产生了影响。由于皮亚杰（Piaget，1936 / 1952，1945 / 1962，1963）和维果茨基（Vygotsky，1978）的工作在 20 世纪的最后几十年产生了对于儿童学习更具建构主义的方法，所以教师强调以儿童为中心的教学和学习实践。建构主义强调的是语言、阅读、写作和教具的使用以及对个人学习风格的关注（Lescher，1995）。教师更了解儿童的文化、语言和能力的多样性，并且在设计与这种多样性相辅相成的活动。本部分讨论的其他非正式表现性评价和汇报的策略，一方面是为了回应对标准化测验的关注及其局限性，另一方面是为了满足对于更多的正确衡量当前课程和教学发展趋势的方法的需求。这些课程和教学的发展涵盖国家标准，也是 21 世纪《共同核心州立标准》的一部分。与此同时，教师在教学效果与责任方面将被寄予新的期望，导致了替代性教学方法和所需的测验之间存在紧张关系，包括评价儿童的不恰当策略（Etale，2013; Sieff，2011）。

使用替代性评价：成绩单的局限性

目前，美国各地学区的教师正在审核和重新设计成绩单。这一努力的一个主要动机是教师难以遵循课程和教学发展的新趋势，并试图基于受《不让一个孩子掉队法案》影响的教学方法在单项技能或字母等级方面汇报儿童的发展情况。最近，国家标准侧重于更高水平的学习和更有意义的评价（Sieff，2011）。

20 世纪后半叶，在儿童期的高质量项目中，课程和教学正在从一种学习的方式转向一种发展的方式。在学习的方式中，儿童应该同时学习相同的信息。发展的方式反映了对发展和学习的理解，即基于每名儿童的成熟度与以往经验的个人认知过程的发展的连续性。每名儿童对新知识的理解都是基于以前在环境中遇到并储存的认知信息。具体体现在包含儿童主动学习的建构主义课程与以教师为主导的评估和成绩单上的分数的指导之间存在的不兼容性。塞德尔等人（Seidel，et al.，1997）认为儿童的作品可以反映成绩单上的分数。儿童的作品被评分可能会对教师或儿童没有任何价值。教师正在重新思考如何评价儿童，并将他们的重点转移到实现问责制的期望和大范围使用标准化测验上。虽然字母等级有其局限性，但教师仍然在使用它（Epstein，et al.，2004; Furger，2014）。

教师可以利用字母等级记分制奖励正确回答问题而不需要勇于冒险和尝试的儿童。课程和教学的发展趋势强调儿童利用自己的想法和批判性思维技巧来发展解决问题的策略，并将其作为学习过程的组成部分（Morrison，2013）。字母等级记分制破坏了这些指导性实践，因为儿童不愿意冒着犯错误并可能获得低的等级的风险去学习。

字母等级记分制的应用范围也是有限的，它只能衡量成绩，不能反映儿童的强项和需要，也不能反映他们为取得成绩所付出的努力。批评者认为，分数往往会阻碍儿童做得更好。评分系统倾向于对儿童进行分类。此外，由于评分系统持续的负面反馈，学习速度较慢的儿童失去了学习的动力。他们被判定为"后进生"，教师对他们的期望低于成绩较高的儿童（Etale，2013）。

使用真实性评价或者表现性评价的报告系统不仅仅提供了字母等级，还关注如下四个方面：一是发展和学习的连续统一；二是关于儿童发展的完整信息，不仅仅是其已掌握的技能；三是允许教师调整教学和活动的诊断性信息；四是能够用于论证儿童的理解能力的行动实例。这种评价体系提供了对问责制和成绩的全面理解（Epstein, et al., 2004）。

报告系统正在发生改变，因为教师和管理者发现了许多更具弹性的和更有意义的汇报形式。表10-1展示了语言艺术、数学、科学和社会研究的连续统一性与等级发展。这种汇报是一个连续地汇报儿童的成长过程的工具。当儿童掌握一项内容或技能后，他们将会被评价。比起在汇报期间为了展示掌握情况而给出的一个字母等级来说，评价儿童的发展情况是至关重要的。同样，儿童通过目标等级获得高于或低于等级水平的进步。随着教师和教育管理者越来越有见识与能力，他们会针对当前目标的改进提出更多的发展指标。

表 10-1　一年级的报告系统

	语言艺术	数 学	科 学	社会研究
6.0	□认识母音 □读初级读本的简单句子 □理解反义词 □写词组 □按顺序依次安排事情 □根据首字母排序 □认识基础视觉词汇 □参与创造性的戏剧活动和非文字交流 □回应非语言暗示	□知道多于/少于 □写出数字1~20 □识别简单的颜色和大小不同的图案 □识别和分类平面图表 □通过分离和比较对象来发现差异 □用手进行加减法解决问题 □使用数字句型	□通过使用感官获得数据 □鉴别与主题相关的职业（市长、建筑工人、经商人员） □鉴别内部器官和它们的功能（大脑、心脏、肺） □鉴别骨骼部分（头盖骨、肋骨、盆骨、脊柱） □将食物按类别分成金字塔等级 □做观察时，以一种一致的、有组织的方式来将事物分类（植物生长）	□意识到他人的需要 □鉴别学校人员和家庭成员的工作种类 □知道出生日期 □知道学校的地理位置 □识别学校的名称 □知道相对于学校/社区的家的地理位置 □确定并接受自己的课堂责任 □完成分配任务 □鉴别自己或他人的积极性格
6.3	□选择自己或他人感兴趣的话题 □理解对立面 □理解有关名称的词语（人、地点、事物、动物） □识别一个句子 □理解有关动词 □鉴别说者句中的主要意思 □使用基本的声学：媒体/信息/辅音 □适当使用代名词 □在小组讨论中贡献想法和信息	□通过组合群体和计算来发现总和 □通过分离和比较对象来发现差异 □估计和预测数量 □识别对称线 □使用标准单位测量/预计体积 □使用容器来测量容量 □设计图案、图形	□做观察时，用一种合乎逻辑的连续性来创造事件的次序 □收集信息来做出合理的解释 □做出精确的测量并按照叙述语言适当使用它们 □操作实验室的材料和设备 □利用信息和观察来做出合理的解释	□对小组活动的贡献 □理解食物加工 □讨论图形部分（图片、图表） □知道动物是如何被用于制作服装、当作食物等 □理解和区分动物的习性 □使用有关时间的术语（今天、明天、昨天） □知道当年的月份 □知道当周的日期 □知道N, S, E, W的含义 □知道4个季节

一些学校不使用传统的成绩单。例如，在弗吉尼亚州的费尔法克斯县，教育工作者正处在从使用字母等级转向使用数字等级的过程。学校尝试采用州和国家的评价标准，而不是使用字母等级来比较儿童的成绩（Sieff, 2011）。其他学区依靠叙述性报告，而不是字母等级或者数字等级来比较成绩（Meisels，

2014）。家长通过叙述性报告了解他们的孩子的独特学习方式和兴趣。

一旦学区政策的制定者、管理者和教师决定了将某个评价标准用于评价过程中，他们就必须马上确定如何利用这一标准，并建立一套全面记录儿童成长的图景。教师要想收集和整理与儿童的表现相关的数据，就需要利用一种评价系统，以一种更有意义的方式来描述儿童的成长。档案袋评价就是其中的一种。

档案袋评价

档案袋评价可以从非正式评价和表现性评价中选取儿童活动与教师教学的数据，以此来评价儿童的发展与学习情况。档案袋可能适用于儿童自己保存作品样本或者教师保存儿童一段时间内的作品样本。档案袋评价可以由教师来组织，档案袋包括观察报告、检核表、作品样本、指令性任务、面谈或者其他有关成绩的证据。档案袋包括儿童档案袋、教师档案袋以及教师与儿童混合档案袋三种。

档案袋评价的目的

档案袋涉及的内容取决于它的目的。档案袋可用来评价和评估、自我评价和反思，并用于汇报发展情况。

利用档案袋进行评价和评估

一个档案袋集合可以用来形成儿童在一段时间内参与活动的整体图景。档案袋应该包括儿童作品的众多案例，它们能够提供关于概念、技能和目标的多样化的评价信息。这些评价信息可以准确地呈现儿童所理解的内容的图景，并且可以运用到一种有意义的背景中（Fernsten，2009；Peters，et al.，2009）。除了可以评价儿童的成绩以外，档案袋还可以用来评价教师。这给了儿童一次向教师提供反馈信息的机会。

利用档案袋进行自我评价和反思

教师可以通过对档案袋中的作品的比较来呈现儿童在一段时期内的发展情况（Hebert & Schultz，1996）。很多幼儿园或小学的教师会在开学时让儿童做个自我描述。随后，在每个阶段的汇报之初，教师还会让他们做类似的描述。儿童可以回顾并看到自己的进步。作品样本可以提供相同类型的比较。二年级或三年级的儿童可能不会意识到他们在学年初的努力。

利用档案袋汇报儿童的发展情况

在本章开始，我们讨论了如何利用替代性评价向家长汇报儿童的发展情况的方法。档案袋评价是一种综合的方法。当家长和教师一起参与选择并回顾一个发展阶段内儿童所完成的任务时，他们可以看到儿童的作品和评价案例（Damiani，2004；Gilkerson & Hanson，2000）。如果教师需要进行等级评定，档案袋评价中的作品可以用来记录评价，并确定等级。

档案袋的类型

在过去几年内，档案袋在小学阶段的使用日益成为一种流行趋势，特别是在语言艺术领域。虽然我们可以获得大量关于如何将档案袋评价运用于语言艺术领域，尤其是整体语言教学和读写萌发的知识，但是在其他发展或内容领域上，档案袋评价所能提供的信息比较少。最近，档案袋评价已经被应用到其他内容领域。将档案袋评价运用到社会研究、科学和数学领域，是比较适宜的。因为它是一种替代性的或真实的评价策略，可以用来评价各种类型的课程和教学。

当教师和儿童利用档案袋来实现档案袋评价的三个目的时，他们可以选择使用 4 种类型的档案袋来为这个目的服务。图 10-1 说明家长需要参与到评价的过程中。

这些档案袋可以由教师和儿童共同编制，也可以由教师单独编制。教师必须确定由谁来决定档案袋的内容和目的。是否仅由教师来维护并使用？还是教师和儿童一起做出关于档案袋的决定？在这一过程中，家长扮演何种角色？是否鼓励家长为档案袋做出选择并把家中的样本也收纳进去？教师要将这些需要考虑的内容包含在每种类型的档案袋中（Cohen，2014）。

作品档案袋

作品档案袋（working portfolio）是为未来的评估收集儿童作品的范例。在一个汇报期的间隔时间内，教师在没有做出哪些应该保存、哪些应该摒弃的最终决定时，应该将所有的作品收集起来。教师和儿童一起收集作品样本。关于发展情况的记录和未来的计划是作品档案袋所收集的作品的重要组成部分（Fernsten，2009; Gronlund & Engel，2002; Gronlund & James，2013）。它们也将成为日后另一种类型的档案袋的组成部分。

评估档案袋

在档案袋评价中，**评估档案袋**（evaluative portfolio）是最易于理解的档案袋。评估档案袋允许教师评价儿童的发展情况，包括形成性评价和总结性评价。同样，评估档案袋可以用来评估儿童未来成长和学

图 10-1　家长需要参与到评价的过程中

习的需要。教师可以利用评估档案袋向家长和管理者汇报，并为课程和教学做计划（Barbour & Desjean-Perrotta，1998; Fernsten，2009）。

展示档案袋

展示档案袋（showcase portfolio）常用来展示儿童最优秀的作品。它经常用于教师与家长分享儿童的成绩。它也常用于学校开放活动中，或者用于来自不同班级或年级的儿童分享他们的所做、所学。展示档案袋的内容通常由儿童自己选择（Gronlund & Engel，2002）。

追踪档案袋

在一些幼儿园和小学，儿童的档案袋跟随他们从一个学年到下一个学年。这种类型的档案袋被称为**追踪档案袋**（archival portfolio），它可以为儿童的下一任教师或者其他未来的教师提供儿童的发展信息（Puckett & Black，2008; Seitz & Bartholomew，2008）。

如果要紧跟一个完整的课程体系，教师可以根据不同的类别、内容领域、话题或主题来组织档案袋。这种档案袋也适用于课程的设计。评价的目标以及儿童发展和学习的目的，是评价和教学的基础。随着教师日益理解儿童的认知和发展的萌发本质，他们会越来越善于利用儿童萌发的发展特征，并且也会越来越擅长反思他们和儿童收集来的用于评价的作品。从这一方面来说，如果教师想要领会如何评价儿童的发展情况，那么教师理解发展的本质和特征至关重要。在接下来的部分，我们将提供编制发展性档案袋和学科领域的档案袋的案例。

编制发展性档案袋

一种合理的编制学龄前和小学生的发展性档案袋的方法是根据发展的领域来编制。因此，教师需要在档案袋中为儿童的运动能力、概念、语言、社会性和情感的发展提供区分的界限。接下来就是我们为编制一份档案袋所提出的建议。

- 认知发展。它包括支撑儿童学习新概念的经历。尽管其重点可能是学习数学和科学的有关概念，但是也需要学习大部分发展领域中的新概念。
- 照片或视频。它涉及对儿童参与的数学和科学活动的直观记录，如混调颜色、参与准备一个食谱和在一个表格中记录天气变化。
- 作品样本。它包括记录在纸上、儿童的画上和粘贴项目上的数学活动样本；构造一个类图表，显示两组项目如何组合成一个更大的项目。
- 课堂评价。它的内容涉及记录检核表和教师观察、儿童谈话的结果以及证明儿童在认知任务中的发展情况的评价结果。
- 语言和读写能力的发展（照片或视频）。它包括对儿童参与语言发展活动的直观记录，如学习押韵和手指谣。
- 音频记录。它是在儿童复述一个故事和参与课堂讨论时以及儿童之间进行对话时的录音记录。
- 作品样本。它包括儿童每天的作品，即儿童口述的故事、歌曲或者诗歌样本，儿童已经做好的符号和标记样本，儿童尝试写作的样本。

- 课堂评价。它包括利用录音来评价儿童在词汇发展中的进步和使用语言的技巧等内容。
- 动作发展：精细运动技能（照片或视频）。它包括儿童拼图、使用小型建筑材料和黏土完成作品的照片；儿童参与精细运动活动的录像，如绘画、手稿印刷。
- 作品样本。它包括儿童参与艺术活动的作品样本，如一种拼贴画、剪切画和粘贴画；使用不同的工具（如蜡笔、粉笔）进行绘画活动的样本。
- 课堂评价。它包括教师观察儿童每天的精细运动活动并在检核表或者笔记上评价儿童的发展情况；教师在写作课上使用字母、词汇和句子开展活动。
- 动作发展：粗大运动技能（照片或视频）。它包括儿童在课堂和室外进行的粗大运动活动的视频；证明儿童的粗大运动技能的发展情况的照片和逸事记录；使用乐章的音乐活动或者跳舞的照片。
- 课堂评价。它包括教师对儿童积极玩耍的观察笔记，以确定运动技能的发展情况；关于儿童在学校最喜爱的户外游戏的面谈。
- 社会发展（照片或视频）。它包括儿童玩耍和与其他儿童的课堂互动的照片；证明儿童之间互动的实地考察以及在其他学校郊游和活动的视频记录。

编制学科领域的档案袋

教师更倾向于编制学科领域的档案袋。如果是这样的话，教师必须确定在档案袋中选择包括所有学科领域，还是仅仅包括某一学科领域。如果要广泛收集儿童的作品，教师和他人的评价数据都是必要的。有研究者（Batzle，1992）建议，档案袋必须记录以下内容。

- 必要的测验和考核措施。它包括标准化测验、最低能力测验、标准参照测验和单元测验。
- 课程样本。它包括语言艺术学习、阅读反馈、家庭阅读记录、口头阅读录音带、书写文件夹、作品样本、数学学习、优秀的作品和主题领域。
- 教师的观察和测量。它包括观察和逸事记录、连续记录、复述、教师自主设计的测验、评价量规、会议记录和关于发现的总结等。
- 列表和其他形式。它包括阅读、非正式阅读以及父母的调查、评论和评估。
- 附加项目。它包括角色表演的磁带或照片、口头表达、书面表达等。

这个案例融合了多个主题领域，但是也忽略了一些主题，如社会研究。除此之外，这种档案袋所关注的主要领域与语言艺术相关。

建立并使用档案袋评价体系

教师必须经过深思熟虑才能做出使用档案袋评价的决定。要想成功使用档案袋评价，早期教育中心或学校就必须营造一种良好的氛围来支持这种评价变革（Cohen，2014；Damiani，2004）。在使用这种新的复杂的评价方法之前，教师必须理解档案袋评价的目的，并且理解如何在教学理念上与档案袋评价的目的保持一致（Harris，2009; Seitz & Bartholomew，2008）。

选择档案袋评价的步骤

一旦决定使用档案袋评价，教师就要理解评价方法的改变可能造成的影响。教师必须在评价开始之前做好如下几个决定：一是教师必须确定评价的目的、形式和保存档案的系统；二是教师必须确定选择什么样的评价内容，并明确如何收集、组织和回顾儿童的作品；三是教师必须确定关于儿童的成长过程的评价结果将以何种形式来汇报。

目的是什么？

档案袋评价的目的取决于教师的评价目标。如果评价的目的是考查儿童在某一阶段的发展状况，那么教师就选择发展性的评估档案袋。如果评价的目的是确定儿童基本的学习目标、使儿童参与到反馈与自我评价中来，那么教师就选择作品档案袋。如果评价的目的是为**家长会议**（parent conference）做准备，并且不将其作为主要的评估资源，那么教师就选择展示档案袋。

教师要确定某种档案袋的多重目的，使档案袋评价可同时用于评价与展示。对于这种类型的档案袋而言，教师和儿童都可能拥有作品的部分内容。作为可供选择的内容，档案袋的内容可能会有一部分用来评价，另一部分用来展示。档案袋评价会有各种各样的目的，教师可能会考虑选择一种或几种目的来作为评价的依据。

如何编制？

在确定为什么或怎样使用档案袋评价之后，教师需要确定怎样编制档案袋内容。就幼儿园的档案袋评价而言，教师按照时间顺序来编制档案袋可能是展示儿童的发展情况的最好选择。如果教师使用一个主题课程，教师就可以根据主题来编制档案袋中的材料；如果档案袋用来服务于某一个内容领域的评估，教师可以将其形式细分为阅读、书写、技能实践等。按照难易程度来编制档案袋，或许更适用于数学学科领域。

一旦确定了档案袋形式，教师就可以进一步用一览表来编制档案袋。教师可以使用以下几种形式来编制档案袋。

- 内容一览表。
- 有一个能够说明儿童的身份、解释档案袋评价的目的及大致内容的首页。
- 有分隔线的标签，能区分每个部分的内容。
- 活动项目的日期。
- 回顾及评价部分，包括教师和儿童的评价。

档案袋保存于何处？

教师需要确定如何保存档案袋。档案袋评价的目的及收集的材料的类型会影响储存容器的选择。手写的档案袋主要由儿童的书写作品组成，它一般用文件夹保存；相反，如果档案袋中含有项目作品或影像带和录音带，那么它就需要用纸箱保存。有些人认为可用来储存的容器主要有以下几种（Barbour & Desjean-Perrotta，1998; Grace & Shores，1991）。

- 可伸缩的文件夹。
- 盛放 X 光片的文件夹。
- 盛放披萨的盒子。
- 装订好的货物袋。
- 大的邮件信封。
- 装办公用品的箱子。
- 纸质公文袋。
- 可以盛放文件夹的鞋盒。
- 塑料分隔箱。
- CD-ROM。

档案袋评价现在如此普遍以至于出现档案储存的商业来源。人们可以在网上找到盒子、架子、货架和其他商业容器以及像容器店这样的储存公司。学校家具供应公司也能够提供用于储存档案的储存容器。然而，从纸质档案走向电子档案的趋势，会使对储存系统的大部分需求很快过时。

如何选择档案袋的内容？

基于档案袋的目的和形式，教师要对档案袋的内容有所选择。用于 4 岁儿童的档案袋是要包括儿童发展的全部领域还是仅仅包括文学领域？档案袋的内容是包括数学、科学还是语言艺术？是仅仅包括儿童的作品还是也要包括教师的评价？根据儿童的发展水平和档案袋的目的，我们对档案袋的内容的选择会有多种可能性。根据档案袋的用途，教师可以调整档案袋的内容。有时候，他们可能会发现自己收集了许多不同类型的材料。在其他情况下，他们发现必须要充实档案袋的内容。

教师会发现编制一份一览表来检查档案袋评价的步骤是很有用的。表 10-2 为档案袋设计一览表。

表 10-2　档案袋设计一览表

1. 你的档案袋将包括哪些内容？ □作品样本 □日志 □教师评价 □自我评价 □最佳作品的样本 □有关发展的评价报告 2. 你将如何编制档案袋？ 3. 你将如何选择档案袋的材料？ 4. 在你的档案袋评价中谁会参与进来？ 5. 你将如何分享你的档案袋？如何汇报评价结果？

收集和组织作品

在编制档案袋的过程中，教师和儿童要确定如何为档案袋收集和组织材料。在一个评定等级期内或其他规定的时间段内，教师要定期为档案袋选择材料。教师可以从所组织的评价活动或测验、检核表、等级评定、文章或其他作品中为档案袋选择样本。指令性任务要包含个人及小组作品的说明。最后，教师和儿童可以一起对档案袋的内容进行选择。

在一个学年期间，教师在选择档案袋的内容时要做出许多决定。比如，哪些材料需要全年保存？哪些材料可以被更好的作品替换？如果在年底需要纵向回顾儿童的发展，教师就需要保存在一年间隔内完成的作品。如果建立档案袋的目的是存档，教师就要决定档案袋的哪些内容要转交给下一位教师和要删除哪些内容。根据档案袋的内容选择所收集的作品是教师首要考虑的因素。就以存档为目的的档案袋来说，教师要仔细地选择作品（Seitz & Bartholomew，2008）。

选择档案袋评价

对于教师而言，他们的主要任务是确定档案袋包括哪些评价，这取决于档案袋的目的。教师需要在过程评价和结果评价之间保持平衡。过程评价反映了儿童在发展目标和认知技能方面的进步；结果评价反映了儿童在发展过程中获得的成果。档案袋的内容应该包括传统评价、表现性评价和观察的结果。所选择的评价应与可以选择使用的方法和评价目的相一致。基于此，我们要对本部分涉及的所有评价方法进行分析，并从档案袋的角度加以考虑和选择。表 10-3 列出了档案袋评价的目的。

表 10-3　档案袋评价的目的

作品样本	互动性刊物
评估和评价	交流和反馈
诊断性分析	同伴编辑
进行纵向评价	提供支持
让儿童进行自我评价	激发创造力
了解儿童的思维过程	解决问题
对重要作品进行自主选择	**检核表和等级评定**
日　记	对儿童的发展情况、作品进行评价和汇报
儿童的反思	评价和汇报发展情况
追踪儿童的发展	记录任务列表的结果
表达理解	评价教学过程
解决问题	**教师自主设计的测验、任务和观察**
自我评价	评价技能
自我表达	评价认知过程
访　谈	记录发展情况
具体反馈	确定特殊活动是否合适
评价对概念的理解	筛查
评价技能	确定最近发展区
评价过程	

续表

约 定	保存电子档案
进行行为管理	**与表现 / 标准相关的任务**
实施儿童的自我评价	进行证明或展示
评价儿童的学习习惯	在情境中应用所学的知识
实施儿童主导的计划	**小组评价**
管理儿童的学习活动	评价小组成绩
对儿童的活动进行反馈	评价教学
对儿童的兴趣进行反馈	评价活动的进程
保存记录	评价技能
录音带 / 录像带 / 照片 / 计算机评价	评价儿童在学习中的发展
通过观察进行评价	评价小组合作学习中儿童的发展
确定发展情况	**叙述性总结**
评价学习过程	教师对儿童的发展情况进行反思
进行自我评价	进行总结性评价
向家长做汇报	向家长做汇报
展现技能	对特殊项目进行筛查

　　教师在选择档案袋评价的方式时要考虑档案袋评价的目的。例如，教师可以将读写萌发模式组织成检核表、评价量规或者其他记录形式来确定儿童在读写萌发能力方面的发展情况。表 10-4 是教师对儿童阅读的记录的范例。表 10-5 是书写量规的范例。表 10-6 是一个可以用于与幼儿园或者一年级的儿童对话的教师访谈表。表 10-7 是儿童自我评价的范例。

表 10-4　教师对儿童阅读的记录的范例

儿童的姓名：	
儿童独立阅读的图书	
标　题	阅读字数
在教师的帮助下儿童阅读的图书	
标　题	阅读字数
评论 / 需要的指导：	

表 10-5　书写量规的范例

目标：儿童会使用描述性语言
材料：纸、铅笔、记号笔和钢笔
时间：一周
不同发展水平的评价：

续表

水　平	活动 / 期望	评　价
前书写期	儿童使用词语对图片进行描述	写出标题；使用图片；模仿字母或词语的发音；能够书写一些简单的词语
书写发展期	儿童使用句子描述图片 ●大小写字母 ●一些发音	理解发音与表征的关系；使用字母的缩写；自己阅读自己所写的内容
熟练书写期	使用段落中的句子描述图片 ●正确使用字母 ●纠正发音	能够进行对话、写出句子；明白句子的意义；正确发音；正确使用大小写字母表

表 10-6　教师访谈表

访谈者的名字：　　　　　　　　　　　　　　　　　　　　日期： 1.你喜欢什么类型的书？ 2.你最喜欢的书是什么？ 3.你在家中有书读吗？ 4.在家有人让你读书吗？ 5.其他人在家阅读吗？他们都喜欢阅读什么？

表 10-7　儿童自我评价的范例

姓名： 日期： 教师： 1. 我最喜欢的档案袋中的作品是 ＿＿＿＿＿＿＿＿＿＿＿＿＿＿＿。 我将要在这里绘画或书写关于它的信息：   2. 我在＿＿＿＿＿＿＿＿＿＿＿＿＿方面拥有最多的作品。 我将要在这里绘画或书写关于它的信息：   3. 我想要在我的档案袋中拥有更多此类型的作品。 我将要在这里绘画或书写关于它的信息：

分析档案袋评价

教师和父母要定期翻看档案袋的内容，了解儿童的发展情况，为儿童提供适宜的经验，促进其进一步的成长与发展。为了讨论儿童的发展情况，教师要基于已有的学习目标、发展的指标及其他能够证明儿童的学习成就的标准分析档案袋的内容。通过研究作品样本、访谈结果、检核表、等级评定、评价量规、教师自主设计的评价、儿童的表现，我们可以确定儿童学到了什么。我们可以利用档案袋中儿童的作品来评价相关的发展领域、技能掌握的顺序以及学校和教师预设的目标是否实现等内容。教师运用已有的标准，可以编制一份档案袋，其中档案袋的内容包括儿童的优缺点以及在不同类型的作品中儿童展现出的兴趣和创造性表达。

教师与儿童可以将档案袋用于反映发展情况和兴趣，家长也可以与教师进行交流，讨论儿童未来的发展计划和目标（Smith，2000）。

编制高效的档案袋的策略

教师应考虑档案袋能帮助儿童从中受益的途径，认识到档案袋能帮助儿童适当地激发发展动力。

- 确定一个主题和课题领域或者确定将对哪些发展领域进行评价。
- 确定哪种档案袋或储存方式将最为有用，其中包括长期使用的数字储存方式。
- 在教室内选择一个储存档案的位置。
- 确定纳入档案袋中的样本或工艺品的类型。
- 深入了解如何对档案袋进行评价，并将上述信息传达给其他管理人员、儿童和父母。
- 确定儿童与档案袋互动的过程（Arter & Spandel，1992；Cohen，2014；Damiani，2004；Fernsten，2009）。

一旦确定档案袋的内容，教师必须考虑哪种实践活动将能确保获得高效的评价结果。编制高效的档案袋的策略如下。

- 档案袋的内容应包括有意义的评价结果。教师应构建一个评价体系来观察并能记录真实的观察结果。
- 教师应制订一个计划来收集和分析儿童的档案条目。教师要构建一个用于儿童评价的体系以确保将所有儿童考虑在内，并对儿童的作品进行分析。
- 教师选定的档案条目应能够反映儿童在一段时间内的发展情况和成绩。所有条目可用于提供符合教学目标和目的的相关信息。
- 评价量规应包括具体分级标准所要求的内容和期望。
- 评价量规应包括评价目标、责任和期望（Cohen，2014；Fernsten，2009；Hanson & Gilkerson，1999）。

总体来说，档案袋评价可以为素质教学的规划和实施提供更为深入的信息。当然，档案袋评价也可以作为一种记录和汇报儿童的发展情况的有效手段。

使用档案袋评价的优缺点

前文已经论述过关于利用档案袋评价汇报儿童的发展情况的优点。档案袋评价提供了更广泛的评价方法，也提供了儿童展现发展过程中所掌握的能力的多种方式。它考虑到了教师在记录儿童的发展情况时的灵活性，也向父母提供了更多的关于儿童在校的学习经历。这样的学习经历有利于促进儿童的学习和成绩的提升。

档案袋评价能够提供成绩单中字母等级法以外的评价方式。档案袋评价可以对儿童的发展进行持续的追踪。除此之外，档案袋评价可以用于诊断，也可以记录学习。教师可以通过检查档案袋的内容，在会议和访谈中与儿童讨论问题，以满足他们的需要（Harris，2009）。

档案袋评价需要从儿童的身上获取信息，这样才能使儿童积极参与评价的过程。儿童不仅可以为档案袋选择内容，而且可以参与评价的过程。这个参与的过程包括在家长会议上与家长讨论自己的发展情况。

达米亚尼（Damiani，2014）总结了档案袋评价的优点。

- 评价学生可以做什么，而不仅仅是知道什么。
- 让学生积极参与。
- 增进师生间的交流。
- 加深家长群体对教育过程的理解。
- 为学生的学习提供目标。
- 为有特殊需求的学生提供传统考试的替代方案。

在编制与保存档案袋上，教师面临的最明显的困难是时间问题。对于教师来说，最重要的是定期编制档案袋，检查档案袋的内容，讨论儿童的发展情况，调整档案袋的内容。如果档案袋十分有效，教师就要对其进行组织和使用。教师在编制档案袋时需要一定的时间，那些关心档案袋的优点的教师也会考虑使用档案袋的时间。

同样，教师会关心自身的职责及对档案袋的分类。如果学校部门将档案袋的使用与对儿童的纵向评价相联系，或者汇报的首要目的是评价儿童的发展情况，那么教师就会对使用档案袋感到十分满意。但是，如果将档案袋用于评价及等级评定，那么评价的过程就会变得十分困难。当教师使用档案袋比较每名儿童的发展情况时，就会感到十分不合适。进行等级评定是教师在使用档案袋时面临的较大挑战之一。

教师在使用档案袋进行评价或汇报时，面临的最重要的问题是所使用的评价策略的效度。在本章的前面部分，我们讨论了评价档案袋的内容时要事先设定标准和程序的问题。除此之外，我们还要采取一些策略对档案袋的效度进行检验。教师特别关心自己在评价过程中的职责。教师会因为不确定自己能否合理地使用档案袋对儿童进行等级评定而缺乏自信。

评价中的公平问题值得关注。儿童利用电脑和外部帮助来完成任务是教师进行评价时需要考虑的问题。如果有些儿童没有电脑或者没有获得家长的帮助，那么对他们的作品的评价将缺乏公平。

另一个教师需要考虑的问题是对学校以外的档案袋评价结果的解释。学校的其他工作人员和家长是否与教师有着同种解释？缺少有关作品的信息是否会影响对学校以外的档案袋评价结果的解释？
（Damiani，2004）

使用叙述性报告汇报发展情况

虽然档案袋评价对于汇报儿童的发展情况十分有用，但是它要求家长必须参与评价的过程，特别是当教师将传统的报告转变为档案袋时。虽然教师在刚开始使用档案袋时，家长不能参与，但是在创建合作关系时，教师会让家长了解档案袋。教师可以组织家长培训会，向家长介绍档案袋评价的目的及目标有哪些，如何选择档案袋的内容，如何确定档案袋的评价框架和如何对档案袋的内容进行评价（Seitz & Bartholomew，2008）。

使用叙述性报告汇报儿童的发展情况

叙述性或总结性报告是向家长汇报儿童的发展情况的一种可选择的方式。总结性报告是教师以书面的形式对儿童的发展及学习情况进行的评价；叙述性报告作为对儿童发展情况的定期评价而单独使用，也可以与其他的评价或汇报的方式结合使用。叙述性报告可以作为档案袋评价或其他评价及报告体系的一部分。汇报的目的是回顾儿童一段时期内的发展情况，并以一种有意义的方式向家长描述儿童的发展情况。

叙述性报告可以描述儿童的优势、发展领域等内容。它包括课题和综合课程论题；随着时间发展和变化的档案；家长能理解的术语。教师通过利用观察结果、检核表、表现性评价和其他评价策略，可以将叙述性报告转化成信息的形式，以便让家长理解儿童的学业完成情况（Meisels，2014）。

叙述性报告的书写

有研究者对叙述性报告的内容做了如下描述（Horm-Wingerd，1992）。
- 对儿童某种行为实例的描述。
- 关于儿童能做什么的案例。
- 教师对儿童发展情况的关注。
- 儿童未来发展的目标和计划。

使用总结性报告来展现儿童发展情况的倡导者认为，我们在书写报告时要注意让家长了解自己的孩子，对孩子的发展情况给予评价，应该强调他们的优点。当对儿童的缺点进行描述或者表达对他们的担忧时，教师应该要小心，不要评价儿童的过失，在书写报告时用一种积极的语气。其目的是促进家庭与学校建立积极的关系。后文要详细论述的一种评价系统，向家长提供了与儿童一起活动的家庭活动材料，保证了这些材料价廉且能充分利用（Krechevsky，1991）。

对于教师来说，书写叙述性报告时最重要的是细心与精确。叙述性报告应该告知家长关于儿童的发展情况并教导家长采用合适的教育方式和评价方式。有研究者认为，教师书写叙述性报告时应遵循以下步骤（Horm-Wingerd，1992）。

- 对上一次汇报或会议后儿童的各发展领域进行全面描述。
- 对儿童的行为给予具体的分析，以作为对儿童的发展情况进行全面描述的案例，同时也帮助家长准确地理解关于儿童的发展情况的描述。
- 陈述自己的计划。
- 向家长说明在家他们应该做什么，以促进儿童的发展。

教师经常很难对班上的部分儿童做出客观的描述。但是，对于配合教师并讨教师喜欢的有感染力的儿童来说，教师写出一篇积极正面的报告是极其容易的。一方面，教师可能未意识到自己高估了儿童的发展情况，因为教师对儿童有着非常积极的个人情感。另一方面，教师可能难以对在课堂上提问的儿童进行客观的评价和汇报。如果儿童顽皮、对其同伴和教师粗鲁无礼、不喜欢运动，教师可能会低估他们的发展情况。教师可能在报告中着重强调负面的影响，而不是儿童所取得的成绩。教师可能不知道他们对某些儿童有主观的看法。教师可能还会问一些其他的问题：我能否客观地对待儿童的发展情况？我对儿童的个人感受是否会影响撰写叙述性报告？教师在叙述性报告中要强调儿童的正面信息，但对于负面信息应尽可能准确公正地进行讨论。

叙述性报告实例

地点：蒙台梭利幼儿园教室

人物：伊曼纽尔·费兰（Emmanuel Felane）

时间：2013 年 11 月 17 日

综合报告

在幼儿园第一学期，伊曼纽尔的各方面表现得非常好。他与其他儿童相处得特别好，不管在室内课堂时间还是在户外游戏期间。他对方块游戏特别感兴趣，并且能在很长一段时间内集中于具有复杂结构的游戏。他对梭利教具的结构式属性有很强的适应性，并且对个别课程具有较好的回应。虽然他是相当安静的儿童，但是他交到了几个很要好的朋友。并且小组合作的游戏对于他来说也毫不困难。

个性与社会性发展

刚开学时，伊曼纽尔非常害羞，并且在参与一些班级活动时很犹豫。他在使用完教具后以有序的方式对其进行替换有一些困难。但他对于这些活动和其他班级的活动都是尽心尽责。他总倾向于与小组产生互动，或者在户外游戏期间单独完成任务。

语言与识字

伊曼纽尔能掌握大量的词汇，并且具有很强的口语交际能力。这些能力尤其在课堂讨论和户外游戏中被展现得淋漓尽致。

但是他的精细运动技能发展得相对缓慢；他发现书写活动对于他来说有点困难。在得到各方的鼓励后，他会在自选作业时间内花费更多的时间去参与精细运动活动。

他参与早期读写活动和梭利语音活动，并且能在阅读故事书的班级活动期间认识约 20 个单词。

数学思维

伊曼纽尔在数学概念的理解方面较为突出。他在数学课程和数学活动上的理解水平超出学前教育或幼儿园的正常水平。他很喜欢这些活动，尤其对梭利教具的相继式属性有较强的适应性。

科学和社会研究

教师将科学和社会研究融合到了研究论题和课题中。在开学的第一学期，教师对学校附近的各类职业和秋季的天气进行了研究。为此，伊曼纽尔勾勒出一幅关于本地职业的壁画，并且开始忙于创作个人艺术作品，以展示秋季叶子逐渐变化的过程。他也对用纸板箱制作建筑物的活动做出了很大的贡献。儿童可以在教室的课题角看到制作的成果。

身体发展和健康

正如上文所提及的，伊曼纽尔的精细运动技能仍发展缓慢。但是，他的粗大运动技能却一直在正常范围内发展。他喜爱户外游戏，也喜欢需要赛跑的集体游戏。

他的健康状况良好，即使伴有过敏症。他一直在接受药物治疗来减轻过敏反应的严重程度。他有良好的饮食习惯，并且喜欢尝尽各种美食。相比班上的其他儿童，他的身材更为修长，并且他的体重也在正常范围内。

总结与建议

伊曼纽尔特别喜欢参与班级的梭利活动。他喜欢独立完成任务，并且在完成相关活动任务时毫无问题。他似乎很喜欢学校。他可以在家通过父母的指导来保证他的东西整齐有序。此外，父母要求他使用手指进行绘画和其他活动，这会提高其精细运动技能的发展速度。他喜欢艺术活动，如黏土和绘画工艺。在家的类似活动也将令他心情愉悦。阅读书籍将能发展他的语言技能和读写技能。

电子档案：档案袋评价的未来走向

当档案创建在 20 世纪 90 年代被首次提出时，其重点落在了纸质档案和档案袋上。本书中的很多信息都是以这种档案类型存档的。一开始，有人提议将档案储存在光盘中。诸如手机、电子板、小型电脑等电子工具的快速发展，已经改变了档案的使用策略。一年级的学生可以利用其平板电脑或笔记本电脑进入网络博客（Cassidy，2013）。教师使用手机将学生的所见所闻记录到档案中。

如今，许多电子档案可供教育工作者在课堂上进行改编和使用。教师可以利用各种在线工具转换到电子档案。某些工具或平台包括：印象笔记、云存储、谷歌网站、eBackpack（Hertz，2013）。基于云计算的网站，如印象笔记，广受欢迎（Cassidy，2013；Van Nood，2012）。这些工具或平台可以帮助教师收集、整理及分享学生的作品。一位一、二年级的教师（Cassidy，2013）分享了她如何在课堂上使用博客中的档案的案例。这位教师认为，在线档案可以鼓励家长参与并创建在线社区。范诺德（Van Nood）是 8～11 岁学生的教师，在博客上讨论如何使用 Evemote 来创建档案系统并使用系统启动的指导说明（Van Nood，2012）。

如今，电子档案广泛应用于教育的各个层面，高校教师也在用它追踪学生在各个领域的发展情况。美国教育部门在教师专业发展档案的创建方面起到了示范作用。得克萨斯州颁布了一份《了解学生电子档案的指南》（*Guide of Understanding Student E-Portfolios*）（Texas Education Agency & The University of Texas at Austin，2013）。该指南介绍了 K-12 的数字档案项目的有关信息，详细分析了如何使用该档案，以及协调其与得克萨斯州的学校标准的关系。

使用叙述性报告的优缺点

叙述性报告的优点是它能够允许教师对儿童在一定时期内的发展情况进行汇报。教师可以从各种资源、评价及记录保存策略中获取信息。叙述性报告的独特之处在于教师可以书面的形式记录儿童所取得的成绩，它不像档案袋评价那样关注教师和家长的口头交流。叙述性报告要求教师思考在报告中描述了什么、在会议之前如何写好报告的问题。如果不方便召开面对面的会议，叙述性报告要包含教师所要表达的必要信息及解释。

叙述性报告的缺点是教师要花费时间书写、编辑，并以专业的形式去总结。教师不仅要收集合适的信息，组织信息以反映儿童在各方面的发展情况，而且要将这些信息转化为连贯的、全面的、准确的叙述性报告。最理想的方式是教师将总结与档案袋相结合，以便使档案袋的内容能支持叙述性报告的内容。但是，每一个增加的评价部分都意味着教师需要增加总的评价的所用时间。如果总结在学期末进行或一年最多进行两次，教师仍有机会写下对儿童的想法及描述。

典型的评价和报告系统

近年来，人们一直在努力研发能反映儿童的优点的评价和报告系统。教育领导者、测验专家一直致力于设计和使用评价方法，并有逻辑地、连贯地汇报对儿童的评价，旨在指导教师通过自然且有意义的方式将课程、教学、评价和报告联系起来。这里将介绍几种评价体系。这几种评价体系试图改正目前用于儿童的错误评价。它们虽然注意非正式评价与表现性评价在测量上的不同，但是它们在评价及汇报儿童的发展情况、培养儿童有益的和积极的学习方式上的目标是一致的。

《光谱方案》

《光谱方案》（Project Spectrum）是由哈佛大学和塔夫茨大学在 1984 年发起的，旨在更好地理解智力的语言及逻辑基础。该方案的主要目的是确定一种合适的方法来评价儿童的发展情况。除了对儿童个人独特的感知风格进行研究以外，它还强调儿童的优势领域。对儿童感知能力的评价涉及数字、科学、音乐、语言、视觉艺术、运动和社会性发展领域。其假设是当教育者在很多领域评价儿童的优势时，所有儿童都能在这些领域展现其发展情况。

在《光谱方案》中，评价与课程、教学相结合。教师给儿童提供各种活动,通过儿童参与活动进行评价。因此，教师对儿童的评价是基于结构性任务、非结构性任务及教师观察的。评价是与教室环境中有意义的活动相联系的。教师对儿童的评价应贯穿全年，教师通过观察、检核表、档案袋和磁带等对儿童的评价进行记录。用于课程和评价的活动主要包括游戏、谜语或者其他学习领域的活动，如运动评价中的障碍活动、语言评价中的儿童汇报、为了评价儿童的计算及组织数字的能力而开展的游戏。

教师要通过《光谱方案》简单地呈现全年所收集的评价数据，对儿童全年参加的活动进行总结，并以叙述性报告的形式呈现，还要对儿童的优点进行描述并附上家长与儿童一起活动的建议。

《光谱方案》的优点是儿童可以积极参与评价过程；教师可以将儿童广泛的发展领域融于课程中。其缺点是家长可能只关注在具体评价中描述的儿童的优势，或者过早地关注这些优势领域而忽视了其他领域的发展（Krechevsky，1991）。

《作品抽样系统》

《作品抽样系统（第五版）》（Work Sampling System，5th Edition）是使用标准化测验来评价儿童的一种评价体系（Meisels, et al., 2013）。其指导思想为:表现性评价是适宜的。它记录了儿童每天的生活；反映了一种个性化的评价方法；将课程、教学和评价相联系；评价众多的学习因素；允许教师了解儿童如何通过与材料、同伴的互动来重构知识。

使用《作品抽样系统》的第一个策略是通过检核表记录观察结果。学习和教学是与评价结合在一起的，因此对儿童的发展和学习的记录也能够提供关于课程的信息。检核表涉及 7 个领域：个性和社会性发展、语言和文学、数学思维、科学思维、社会研究、艺术、身体发展和健康。检核表提供了了解观察过程的指标。

使用《作品抽样系统》的第二个策略是使用档案袋。这可以让教师与儿童积极参与评价过程。教师与儿童都可以选择档案袋的内容。编制档案袋时，教师与儿童可以回顾以往的发展情况和规划未来的活动，因此这是教与学相融合的过程。档案袋的条目要包括检核表所提供的 7 个领域的内容。教师要在一年内对《作品抽样系统》的基本条目和主要条目进行多次筛选。档案袋会成为一种记录、分析、总结儿童全年发展和学习情况的工具。

使用《作品抽样系统》的第三个策略是一年内要对儿童做三次总结性报告。教师可以通过特定的评价标准,总结儿童的表现。教师从检核表和档案袋中获取的信息,可用于与家长交流儿童的发展情况。教师要对儿童的全面发展情况进行汇报, 同时还要汇报儿童在每个领域的发展情况。

《学前儿童观察记录》

《学前儿童观察记录》(PCOR)同样基于观察,是儿童评价方案的中心内容。它是为解决儿童评价中的问题而研发的,这些问题包括学前看护机构中所产生的问题。《学前儿童观察记录》用于形成一个发展适宜性的、可信的和有效的评价过程。同样,这个评价体系用于观察和评价儿童发起的活动。因为以儿童为中心的活动涉及发展的所有领域,所以教师可以在每天的自然活动中进行评价。检核表是与逸事记录相联系的。逸事记录来源于各种活动并且用于教师的评价过程中。

《学前儿童观察记录》是由高瞻教育研究基金会研制的,可以用于不同的儿童活动中。为了使其具有效度和信度,研究者对这个评价体系持续研究了两年。它评价六个方面的发展领域:主动性、创造性表达、社会关系、音乐和运动、语言和文学、逻辑和数学。教师需要基于 5 种水平中的 30 多个项目,在一年内对儿童进行多次的评定。教师可以通过观察来对儿童的不断发展进行逸事记录,并将其用于对儿童的评定(High/Scope Educational Research Foundation,2003;Schweinhart,1993)。

教师设计的评价体系

评价案例仅仅提供了一些教师如何设计和组织评价体系的信息。《作品抽样系统》提供了某种体系的简单框架。它首先提供了课程涉及的领域。这样,发展性方法得以使用,而且所有的领域都会得到呈现。教师在设计一个评价体系时,国家的标准可能会成为一个用于决定评价范围的指南。因此,数学、语言、艺术和科学领域的标准,可能会包括在内。类似检核表、商业测验、评定量表和其他评价策略,都可能会被纳入该评价体系。

档案袋是如何支持标准和学习目标的?为了进行阶段性的汇报,教师会将什么内容放入档案袋?它是否包含作品样本、小组报告、教师访谈、照片记录和磁带录音?教师不必将所有可供选择的方法都纳入教师设计的评价体系,但是要精心选择使用的评价策略,以确保能提供反映儿童发展情况的各种指标,并符合档案袋的目的。

对于报告的每个部分,档案袋需要提供多少内容?如果教师要收集大量的材料并确保材料的可控性,这会让他们疲惫不堪。较好的方法是让教师区分作品档案袋和评估档案袋的不同。在作品档案袋中,教师可以纳入大量的材料,筛选后精选出具有代表性的作品用于报告。经过这样的筛选后,教师可以让儿童把大部分的材料带回家。

对于儿童的发展情况,教师要多久汇报一次?这主要取决于学校和儿童教育中心对汇报周期的规定。在使用《作品抽样系统》的过程中,教师要在一年进行一次对儿童发展情况的汇报。有的学校对汇报周期的规定是六周一次、九周一次或一年两次。相应地,教师的汇报也要这样进行。

最后,教师如何向家长汇报儿童的发展情况及成绩?例如,使用《作品抽样系统》后是否要写书面总结？还要召开家长会议吗？儿童也要参加家长会议吗？家长有机会参与评价吗？儿童能积极参与评价过程吗？

《作品抽样系统》和《盎司量表》：宾夕法尼亚州的问责制

《盎司量表》是在第三章中首次引入的一种量表。它测量 0～3 岁儿童的发育情况。当它与《作品抽样系统》结合时，它可以测量 0～5 岁儿童的发育情况。人们发现将这两项测验结合起来对于衡量儿童发展的早期学习标准是有用的。例如，宾夕法尼亚州儿童发展和早期教育办公室（Office of Child Development and Early Learning in Pennsylvania）在 2007 年与儿童干预服务局（Bureau of Early Intervention Services）发布了一份公告，宣布将使用这两项测验来衡量宾夕法尼亚州的问责制对儿童的影响。这两项测验后来用作早期干预计划的数据收集系统（Department of Public Welfare，Commonwealth of Pennsylvania，2007）。

总 结

本章探讨了通过表现性评价或真实性评价向家长汇报儿童的发展情况的一些评价策略。我们讨论了传统成绩测验存在的局限性，即仅评价儿童知道的内容。与此相反，表现性评价展示了儿童所知道的内容以及在真实情境下儿童是如何获取知识的。

本章重点描述了一些评价儿童的发展和学习情况的替代方法，允许教师和儿童与家长就儿童所取得的成就进行广泛的沟通。档案袋评价可以包含多种正式和非正式的评价结果，以此来评价儿童的学习情况。

教师可能需要设计某种类型的评价体系来评价和汇报儿童的成绩。该体系包括测验、教师评价、检核表以及教学过程中用于记录和总结的其他评价策略。

近几年来，档案袋评价取得了巨大的进展。各个教育阶段的教师已经习惯使用档案袋评价。同样，电子工具的到来已经让儿童、家长及教师开始使用电子档案。很多与档案袋有关的工作已经数字化，节省了教师的时间和精力。

叙述性报告补充了档案袋的信息，这将帮助家长全面了解和总结儿童的发展情况和所取得的成绩。叙述性报告与档案袋的内容结合起来可以用于教师、儿童和家长之间进行交流。

关键术语

替代性评价　　　　作品档案袋　　　　展示档案袋

档案袋评价　　　　评估档案袋　　　　追踪档案袋

相关网站

在线搜索以下组织或机构的网站：

High/Scope Educational Research Foundation

North Central Regional Educational Laboratory

参考文献

Arter, J., & Spandel, V. (1992). Using portfolios of student work in instruction and assessment. Educational measurement: Issues and practice, 11, 36 - 44.

Barbour, A., & Desjean-Perrotta, B. (1998). The basics of portfolio assessment. In S. C. Wortham, A. Barbour, & B. Desjean-Perrotta (Eds.), Portfolio assessment: A handbook for preschool and elementary educators, 15 - 30. Olney, MD: Association for Childhood Education International.

Batzle, J. (1992). Portfolio assessment and evaluation: Developing and using portfolios in the K-6 classroom. Cypress, CA: Creative Teaching.

Cassidy, K. (2013). A great tool to continuously assess progress.

Cohen, L. (2014). The power of portfolios. Scholastic Early Childhood Today.

Damiani, V. B. (2004). Portfolio assessment in the classroom. National Association of School Psychologists.

Department of Public Welfare, Commonwealth of Pennsylvania. (2007). Announcement: ELS/EI-07 #9. Office of Child Development and Learning, Bureau of Early Intervention Services.

Epstein, A. S., Schweinhart, L., DeBruin-Parecki, J., & Robin, K. B. (2004). Preschool Assessment: A guide to developing a balanced approach. Preschool Policy Facts. Brunswick, NJ: National Institute for Early Education Research.

Etale. (2013). 5 common reasons for the importance of letter grades.

Fernsten, L. (2009). Portfolio assessment.

Furger, R. (2014). Assessments: What teachers can do.

Gilkerson, D., & Hanson, M. F. (2000). Family portfolios: Involving families in portfolio documentation. Early Childhood Education Journal, 27, 197 - 201.

Grace, C., & Shores, E. F. (1991). The portfolio and its use. Little Rock, AR: Southern Association on Children Under Six.

Gronlund, G., & James, M. (2013). Focused observations: How to observe young children for assessment and curriculum planning (2nd ed.). St. Paul, MN: Redleaf Press.

Gronlund, G., & Engel, B. (2002). Focused portfolios: A complete assessment for the Young Child. St. Paul, MN: Redleaf Press.

Hanson, M. F., & Gilkerson, D. (1999). Portfolio assessment: More than ABCs and 123s. Early Childhood Education Journal, 27, 81 – 86.

Harris, M. E. (2009). Implementing portfolio assessment. Young Children, 64, 82 – 85.

Hebert, E. A., & Schultz, L. (1996). The power of portfolios. Educational Leadership, 53, 70 – 71.

Hertz, M. B. (2013). Using e-portfolios in the classroom.

High/Scope Educational Research Foundation. (2003). Preschool Child Observation Record. Ypsilanti, MI: Author.

Horm-Wingerd, D. M. (1992). Reporting children's development: The narrative report. Dimensions of Early Childhood, 21, 11 – 15.

Krechevsky, M. (1991). Project Spectrum: An innovative assessment alternative. Educational Leadership, 48, 43 – 48.

Lescher, M. L. (1995). Portfolios: Assessing learning in the primary grades. Washington, DC: National Education Association.

Meisels, S. J. (2014). Performance assessment. New York, NY: Scholastic Press.

Meisels, S. J., Marsden, D. B., Jablon, J. R., & Dichtelmiller, M. (2013). Work Sampling System (5th ed.). San Antonio, TX: Pearson.

Meisels, S. J., & Steele, D. (1991). The early childhood portfolio collection process. Ann Arbor, MI: University of Michigan, Center for Human Growth and Development.

Morrison, G. (2013). Informal methods of assessment. Upper Saddle River, NJ: Pearson.

Peters, S., Hartly, C., Rogers, P., Smith, J., & Carr, M. (2009). Early childhood portfolios as a tool for enhancing learning during the transition to school. International Journal of Transitions in Childhood, Vol. 3.

Piaget, J. (1952). The origins of intelligence in children. New York, NY: Basic Books. (Original work published 1936.)

Piaget, J. (1962). Play, dreams, and imitation in childhood. New York, NY: Norton. (Original work published 1945.)

Piaget, J. (1963). The origins of intelligence in children (M. Cook, Trans.). New York, NY: Norton.

Puckett, M. B., & Black, J. K. (2000). Authentic assessment of the young child: Celebrating development and learning (2nd ed.). Upper Saddle River, NJ: Merrill/Prentice Hall.

Schweinhart, L. J. (1993). Observing young children in action: The key to early childhood assessment. Young Children, 48, 29 – 33.

Seidel, S., Walters, J., Kirby, E., Olff, N., Powell, K., Scripp, L., et al. (1997). Portfolio practices: Thinking through the assessment of children's work. Washington, DC: National Education Association.

Sieff, K. (2011). Many elementary schools abandon letter grades. Washington, DC: Washington Post.

Seitz, H., & Bartholomew, C. (2008). Powerful portfolios for young children. Early Childhood Education Journal, 36, 82 – 85.

Smith, A. F. (2000). Reflective portfolios: Preschool possibilities. Childhood Education, 76, 204 – 208.

Texas Education Agency & The University of Texas at Austin. (2013). A guide to understanding student e-portfolios. K-12 digital portfolio programs for college and career readiness. Project Share. Austin, TX: Authors.

Van Nood, R. (2012). How to create a portfolio with Evernote (Education Series).

Vygotsky, L. S. (1978). Mind and society: The development of higher mental processes. Cambridge, MA: Harvard University Press.

第十一章

与家长交流

本章目标

阅读完本章，您将可以：

1. 讨论促进儿童发展和学习的家庭—专业人员合作伙伴关系的特点。
2. 阐述建立和维护对儿童有利的家庭—专业人员合作伙伴关系的策略。
3. 描述召开有效的家长会议的策略。
4. 讨论家长在筛查和评价过程中的作用。

父母是孩子的第一位老师，同时也是最重要的老师。正因如此，他们在孩子的发展和学习中起着至关重要的作用。教师、行政人员和其他监护人明白，儿童作为学习者的成功取决于父母和专业人员。父母作为儿童早期的合作伙伴对于保证高质量的护理和教育来说是至关重要的（Dunst & Trivette，2012；Schmidt & Matthews，2013；Turnbull, et al.，2006）。今天的儿童经历了各种各样的家庭关系。有些儿童和单亲或祖父母住在一起。有些儿童可能生活在父母双方都有过婚姻的重组家庭中，然后第一次婚姻和第二次婚姻中的儿童就像一家人一样生活在一起。其他儿童生活在同性父母家庭中。

还有一些儿童可能住在有看护人、作为看护人的与儿童没有关系的成人的家庭中。因此，家庭一词应该承认将父母的角色扩大到日常生活中扮演家庭角色的任何人。本章将专门讨论专业人员如何与成人进行有意义的合作。特别是在评价过程中，这些成人担任了儿童的父母角色。教师和家庭成员讨论与儿童发展有关的策略，包括如何准备和召开有效的家庭会议。

促进儿童发展和学习的家庭—专业人员合作伙伴关系

父母一直积极融入幼儿园和学校等环境。20 世纪初，当本书第一作者的父亲还是一名小学生时，他在得克萨斯州奥斯汀市上学。父母轮流去学校为孩子准备午餐。依照传统，父母帮助学校办派对、办活动，并自愿在教室中帮忙。家长和教师联合的组织筹集资金，以购买那些不在学校预算范围内的孩子需要的书籍、设备和其他材料。图 11-1 说明家长和教师是儿童学习与评价的合作伙伴。

今天，与家长建立合作伙伴关系的想法不仅有助于使学校项目实现赋权，而且能让家庭参与到有利于儿童的互惠互利的互动中来。**基于优势**（strengths-based）（基于家庭资金和财产）和**以家庭为中心**（family-centered）（首先完成家庭关注的事项和优先事项）的信念对于形成有效的家庭—专业人员合作伙伴关系（family-professional partnerships）来说是至关重要的（Dunst & Trivette，2012）。有研究者将家庭—专业人员合作伙伴关系描述为家庭（不只是父母）和专业人员以彼此的专业知识和资源为基础建立的合作伙伴关系（Turnbull, et al., 2006）。他们建议建立支持儿童福祉的合作伙伴关系，并通过应用以下七项原则来实现这一目的。

- 沟通：使用家长和专业人员双方同意的方法进行持续的、诚实的互动。
- 专业能力：训练有素的专业人员，致力于终身学习，并对儿童有所期望。
- 尊重：彼此之间相互尊重，坦诚相待，并保护对方的尊严。
- 承诺：家庭的需求是易于获得的和敏感的。
- 平等：分享权利和共同决策。
- 辩护：根据确定的需求结成联盟，并采取行动加以实施。
- 信任：强大的家庭—专业人员合作伙伴关系形成的基石。

许多专业组织已经发布了相关文件和指导方针，以此帮助教育者了解有效的家庭—专业人员合作伙伴关系的基本特征。例如，《美国幼儿教育协会早期专业预备标准》（*the NAEYC Standards for Early Childhood Professional Preparation*）描述了幼儿专业人员的专业标准（NAEYC，2009）。制定这个标准的目的是为专业人员提供指导，以反映包容的、高质量的幼儿服务的价值。这个标准中"建立家庭和社区关系"描述的强大的家庭—专业人员合作伙伴关系的要素如下。

图 11-1　家长和教师是儿童学习与评价的合作伙伴

- 知道和了解不同家庭与社区的特征。
- 通过相互尊重、相互帮助的关系来支持家庭和社区并使其参与其中。
- 让家庭和社区参与到儿童的发展与学习中。

其他专业组织已经发布了建立和维持反映家庭多样性的家庭—专业人员合作伙伴关系的指导方针。例如，特殊儿童理事会幼儿部发表了一篇题为《对所有儿童、家庭和专业人员的回应：将文化和语言的多样性纳入政策和实践》（*Responsiveness to All Children，Families，and Professionals：Integrating Cultural and Linguistic Diversity into Policy and Practice*）的文件，其中提供了有关如何建立和维护与不同家庭保持有效的家庭—专业人员合作伙伴关系的信息，尤其是对于那些有着文化和语言多样化的、有残疾儿童的家庭（DEC，2010）。

此外，由于早期学习标准已成为幼儿教育关注的内容，因此美国和各州机构强调了家庭合作的重要性。例如，美国幼儿教育协会和国家教育部门幼儿专家协会发布的关于早期学习标准的联合声明描述了制定和实施早期学习标准所需的四个条件（NAEYC & NAECS/SDE，2002）。第四个条件强调家庭—专业人员合作伙伴关系的重要性："如果家庭成员——尤其是在孩子的学习过程中扮演关键角色的父母——能够与孩子进行彼此尊重的沟通并给孩子提供支持，那么早期学习标准对于家庭来说将拥有最积极的影响。"这份声明得到了相关协会和组织的支持。

给儿童的家庭搭建桥梁

2014 年，有超过 1100 万职业母亲的 5 岁以下的子女参加了儿童保健活动（Child Care Aware of America，2014）。在参加保健活动的孩子中，有 38% 的孩子属于婴幼儿（Schmitt & Matthews，2013）。这些孩子平均每周花 36 小时来进行保健，并且经常参加不同地方的多种保健活动。因此，对于许多家庭来说，教育环境和家庭之间的合作伙伴关系从他们的孩子还是婴幼儿时便形成了。当孩子从家庭转向设施中心或者其他保健和教育环境时，家庭和保健设施与学校之间的关系便开始得到发展。信任和积极的发展与对孩子的看护，对于建立看护者和孩子之间的纽带、看护者与父母之间的纽带是非常重要的。当孩子留在看护机构时，孩子和家里的成人每一天都会产生分离的情感，然后在一天结束、他们重新相聚时，对情感状态再次进行调整。有些家庭拥有独特的特征和不同文化。对这些家庭表达出同理心和理解的看护者，可以每天促进这种情感的过渡，并且能够与孩子和家庭之间进行持续的互动。对于这些孩子来说，虽然他们在家里被看作小孩子，但在学校环境中，他们算是年龄比较大的孩子。对于有这样的孩子的家庭来说，这些孩子同样需要家人的支持。然而，和成人进行日常沟通与信息交换的需求，对于孩子来说更为重要。

建立和维护对儿童有利的家庭—专业人员合作伙伴关系的策略

建立家庭关系

因为儿童会在一种密切的教师—家长关系中受益，所以伙伴关系的重要性也越来越明显。在伙伴关系中，所有当事人的地位是平等的。学校的教职员工不是要邀请家长参与和提供信息，而是要认识到家长就是具有重要地位的伙伴。伙伴关系的质量直接影响儿童的安全感的获得和学习过程中最大潜能的发挥。高质量的伙伴关系包括：经常的双向互动交流，对其他伙伴的观点感兴趣并能够接受。彼此之间做重大决定时的相互咨询和遇到差异时的相互尊重，会使伙伴关系得到进一步发展（Keyser，2006; Lightfoot，2003）。

家长和教师并不只是强有力的、互相尊重的合作伙伴关系的唯一受益者，儿童才是最大的受益者。当父母和其他对儿童来说重要的成人，与教师或者其他教育专业人员有一个积极的关系时，儿童会感觉到他们自己和家人是受到尊重的。这种关系越好，儿童也越能和教师建立起相互信任的关系。儿童会学习如何通过修补成人关系来进行社交；他们会注意到成人使用的所有口语、身体语言和语音语调的细微差别；他们会利用这些积极的模式来发展自己与他人的关系（Keyser，2006）。非正式的和正式的交流过程及家访都是建立积极的家庭—专业人员合作伙伴关系的有效方法。

持续沟通

持续的对话和其他形式的交流沟通，对于建立伙伴关系来说是很重要的。有时候交流沟通是由教师发起的，有时候也可以是由家长发起的。家长可以用不同的方式参与到伙伴关系中。从一般关系发展为伙伴关系的过程，家庭之间是不同的。教师要知道如何与家长进行更好的沟通。如果家长说的语言与教师不同，教师所写的信件对于他们来说就是无效的。他们也可能因此对给出书面信息感到害怕。作为一位教授第一语言为西班牙语的儿童的教师，这些年来作者为教师为什么一定要与家长保持密切的联系提供了一个实例。学校校长要求教师所有的信件、信息册必须都要使用英语和西班牙语。在整个学年中，耐心和情感对于家长与教师形成良好的伙伴关系至关重要。

今天，技术可以用来加强家长和教育机构之间的沟通。例如，教师可以建立一个可以共享信息和交换想法的班级网站。教师在网站上可以发布关于课堂作品的照片和视频，并提供家庭评论的机会。教师发送给家庭的电子邮件可以替代有电脑的家庭的笔记。其他没有电脑的家庭可以继续与教师交换笔记。手机可以传递学校儿童的照片和短信，可以保证家长了解情况。这些短信可以包括一些趣闻、有关儿童在学校的经历、儿童取得的新成就或者新培养的社交技巧（Mitchell，Foulger，& Wetzel，2009）。

家 访

教师与儿童的家庭建立合作伙伴关系的最有效的方法之一是在学期开始前做一次家访。当教师了解了儿童的家庭环境以后，教师就会对儿童及其家庭有一个较深的理解。当作者还是一位年轻教师时，每学期开始前都会进行家访。家访对于教师来说很有教育意义，它能够让教师了解本班的儿童住在哪和家庭条件如何。作者教的是双语课程，因此班内大部分儿童都是西班牙裔的。他们中的很多人都是移民工人的孩子。家访的大部分家庭的收入都很低。其中一个孩子的家庭居住在离校车路线几英里的两辆汽车里。为了和哥哥一起步行到公交站，这个孩子早晨五点钟就穿好衣服准备出发。下午放学后，他们到家的时候天也几乎黑了。另一个家庭虽然离学校近，但是却住在有裸木地板的木制房子里。为了做饭和洗衣服，孩子的妈妈必须在外面的自来水管上接水。当作者去家访的时候，这个家庭的房间很干净，并且孩子的妈妈很自豪地向作者展示了她三个女儿睡的一张双人床。到了学年末，当班内那个胳膊受伤的孩子出现在学校的时候，作者就会通知校医与儿童福利机构来调查和帮助这位母亲。家这些家庭都很高兴作者能够去他们家拜访。孩子们也会穿上他们最好的衣服好好表现。作者与这些家庭关注家庭的照片、孩子的玩具和院子里的植物。因为作者说的是西班牙语，所以这些家访能够让家长对作者产生好的印象，从而使他们克服种种困难来参加学校的各种会议。由于家长不能离开工作岗位或者因为没有交通工具，所以很多次的家长会议是在他们工作的地方进行的。当家长或者作者需要对方的支持时，作者就会进行家访。

　　总之，家访是建立和维护家庭—专业人员合作伙伴关系的一个有效方法。它为家庭成员、教师或其他专业人员提供了最真实的体验。持续的沟通策略能够从这些体验或其他途径中产生，以了解最适合家庭的交流方式。

在学校—家庭合作伙伴关系中恪守职业道德

　　教师有责任保持他们与家长的关系的专业性。教师指南由专业教育机构提供。《道德行为守则》（*The Code of Ethical Conduct*）于 1989 年由美国幼儿教育协会首次发布，于 2011 年得到更新（NAEYC，2011）。该守则为教师和看护者的专业行为提供了指导。它描述了道德类别，为教师应该如何与儿童互动提供了一个框架。《道德行为守则》强调的职业道德包括对儿童、家庭、社区和社会的责任。这些描述讨论了教育者作为专业人员应该做什么和不应该做什么的内容。该守则的第二部分致力于与家庭形成道德伙伴关系。该守则是一个允许教师作为一个团体来发言的文件。对未来的期望是，该守则不仅可以作为倡导解决儿童及其家庭需求的基础，而且还可以帮助教育者关注对所有儿童及其家庭最有利的方面（Feeney，2010）。

残疾儿童家庭的评价角色

　　当父母发现他们的孩子发育延迟或有残疾时，他们很快就会理解评价在孩子的生活中的重要作用。他们在评价所揭示的内容上会产生矛盾的情绪。一位母亲描述了她的反应（Rocco，1996），如下。

　　当评价强调缺点和减少对未来成功的期望时，我们做父母的通常会开始寻找一种方法来阻止这些负面的预测。最好的结果就是我们希望奇迹能够发生，让孩子平安无事。至少，我们希望专业人员"修好"我们的孩子……我们相信专业人员知道解决方案，所以他们也会拥有相应的权利。

父母在经历了筛查和诊断的第一阶段之后，发现他们在评价孩子需要什么和与孩子一起参与评价的方面起到了主要作用。一旦他们的孩子被评价并确定有资格获得干预服务时，正在进行的评价和干预过程将集中在家庭和儿童身上。特别是在《残疾人教育法》的早期干预项目的 C 部分中提到为儿童提供干预服务。家庭参与的程度影响儿童的表现和儿童评价在指导干预服务中的相关性（Berman & Shaw，1996; Dunst & Trivette，2012; Ray，Pewitt-Kinder，& George，2009）。邓斯特（Dunst）和特里维特（Trivette）将评价过程描述为以家庭为指导或以家庭为中心的，伴随着对儿童和家庭表达关切，考虑优先事项、资源和价值观的过程（Dunst & Trivette，2012）。《残疾人教育促进法》要求家庭成员成为满足儿童需求的评价、决策和活动计划的团队成员和合作伙伴（U.S. Congress，2004）。教师与残疾儿童家庭进行的会议比通常理解的家长—教师会议要复杂得多。个人化家庭服务计划是专为参与早期干预服务（《残疾人教育法》2004 年的 C 部分）的儿童和家庭制订的计划。包括治疗师、早期干预专家、教师和家庭成员在内的一个干预服务团队，参与制订满足儿童和家庭需求的计划，并与家庭一起评价个人化家庭服务计划的进展情况（Ray，Pewitt-Kinder，& George，2009）。

让所有家长参与评价过程

在评价过程中，所有儿童家长都要参与其中。在学校开学之前，教师通过家访开始收集关于儿童的相关信息。其后，家长可以通过教师征集信息的不懈努力而参与评价过程：当教师汇报儿童的成绩时，家长参与会议并在会议中贡献出关于儿童发展的信息；家长通过电话或邮件回复教师（Gilkerson & Hanson，2000）。

下文讨论的所有评价策略适用于残疾儿童。一些类型的评价可能不得不修改以适用于残疾儿童，尤其是对于有认知迟缓障碍或身体残疾的儿童来源。不过，残疾儿童应该接受成绩评价和档案袋评价。这些儿童应当有持续的机会来证明他们能理解什么和能够使用什么。如果残疾儿童不能像其他健全儿童一样以同样的方式参与评价，教师和家长需要创造性地找出方法进行评价。他们可以使用电脑和其他辅助技术以及照片、录像带和录音带进行评价。重要的是他们要尽其所能将残疾儿童纳入评价过程。教师和家长在残疾儿童与其他评价策略之间建立联系，以此将他们作为课堂的正式成员（Jarrett，Browne，& Wallin，2006; Mcclean，Wolery，& Bailey，2004; Zero to Three，2010）。

档案袋评价中的家长合作

托马斯·杰斐逊幼儿园和小学的校长、教师与家长在学校委员会会议中已经讨论档案袋评价达数月。附近社区的一所学校的教师和家长被邀请出席学校委员会会议并谈论他们实施档案袋评价的经验。4 月，学校委员会决定在下一年实施档案袋评价。由于教师培训会议在学期末举行，学校委员会已经发简报给家长，通知他们汇报使用档案袋评价的变化以及在晚间会议上分享教师在使用档案袋评价时是如何准备的。

在夏季月份，教师培训继续。在开学前，委员会举行一次家庭招待会来进一步解释档案袋评价如何使用和将档案袋评价归为评价和报告系统的基本原理。学校接下来在多媒体教室举行了一次全体大会，让家长参观了儿童的教室。在教室内，教师展示了一个在教室使用的档案袋模型以及家长可以贡献出的档案袋所需的资料。关于档案袋评价的问题得到了解决。

第一次家长—教师会议汇报了首次使用关于儿童成绩的档案袋评价的情况。家长被邀请来反映儿童已经完成的内容。在一些教室内，儿童参与会议并讨论为什么档案袋的有些条目重要。在接下来的档案审查中，家长和教师基于儿童的上学期成绩讨论了如何制订计划。

一些教师比其他人更早发现档案袋评价的策略。同样，一些家长比其他人更快速地理解和支持档案袋评价。校长为教师召开解决档案袋评价的相关问题的会议，并且学校委员会讨论如何继续改进档案袋评价。

进行有效的家长会议

无论使用一种什么方法来评价儿童，教师都需要做出一个关于儿童的发展情况和学习成绩的报告，以便与家长进行交流。教师还需要对已有的评价结果进行评价以确定报告的内容。学校要给家长提供机会以分享关于儿童的成长和进步的想法并响应教师研究出来的报告。尽管教师可以使用书面报告和档案袋与家长分享信息，但是家长和教师可以在会议中直接互动。下文将会讨论家长会议，包括如何准备会议和召开会议。

家长会议的类型

除了传统的教师引导的会议外，家长会议还包括**三方会议**（three-way conferences）、**学生主导的会议**（student-led conferences）和**家长小组会议**（parent group meeting conferences）在内的其他家长会议。每种会议类型如下。

三方会议

在三方会议中，儿童、家长和教师都参与其中。儿童可以通过档案袋来展示和讨论自己取得的成绩，家长可以介绍关于儿童发展的相关信息，教师可以总结这段时期内儿童已取得的成绩。所有参与者共同设计下一步的目标、项目和日常学习活动。所有参与者讨论如何使家庭和学校共同努力来达成儿童的学习目标。

学生主导的会议

教师可以让儿童自己组织与家长的会议。通过展示作品或评估档案，儿童和家长研究档案的内容并讨论学习。教师可以较晚参与到会议中，解答家长可能提出的问题或者引出家长关于儿童进一步发展的想法（Stiggins,2005）。无论会议中会用到什么方法,会议都应该保证家长在这个过程中就是参与者。

家长的参与在整个评价过程中非常关键。如果家长了解他们的孩子正处于发展中，并且掌握在整个过程中可以帮助孩子的所有方法和策略，他们需要参与的就不仅仅是评价过程的最后一个阶段。

家长参与档案袋评价可以有多种形式，包括举行由儿童、教师和家长参加的三方会议。家长也可以对档案袋中的作品给予书面评论。他们可以完成儿童学习期望方面的问卷，并且提供他们认为具有指导性的发展案例（Lescher，1995）。

家长小组会议

在环境不允许单个家庭参与会议的情况下，教师可以考虑举行所有家长参与的小组会议。在这种会议中，教师花时间向所有家长解释已经实施的评价的内容，包括那些评价的本质以及项目资料或者研究主题。教师通过不同形式的课堂文件来解释，并且邀请家长花时间来看这些文件。教师可以创造讨论个别问题的机会，并且在小组会议后让仍有顾虑的家长留下来讨论这些问题。当需要讨论疑虑或问题时，教师可以借助私人电话或其他交流方式与家长讨论。

准备家长会议

在召开会议之前，教师或其他专业人员必须准备需要共享的信息。这些信息应当涉及家长和儿童的意见。教师选择用于汇报儿童成绩的评价，并整理出一份总结儿童的发展和学习情况的档案。

汇报成绩的方式

如果使用过档案袋评价，教师为儿童的评价准备档案袋的内容的过程就成为汇报儿童成绩的一种方式。如果没有使用过档案袋评价，教师可以汇报收集儿童的作品样本和相关的儿童评价报告的情况。

为儿童使用评价结果研发出一份档案

教师可以对包括评价结果的档案和儿童的其他作品样本进行一次评价。教师可以将档案袋的材料与叙述性报告结合起来，作为一份成绩档案。教师也可以通过使用检核表评价儿童的作品样本，并利用一份总结性报告来开发成绩档案。这就像在《作品抽样系统（第五版）》（Meisels, Marsden, Jablon, & Dichtelmiller，2014）和《学前儿童观察记录》（High/Scope Educational Research Foundation，2003）中使用的检核表和逸事记录一样。鉴于前文描述的许多评价策略，教师可以利用多种方法将评价结果组织到一份儿童综合档案中来与家长分享。这份档案也可能包括小学低年级的标准化测验结果。

考虑个别家庭的背景和需求

当准备家长会议时，教师应考虑家长的背景、担忧、优先事项、资源和需求。教师要让家长在参与会议时感到舒服和放松。教师应当给不说英语的家长提供一个培训过的口译员。会议氛围应当是热烈的，教师可以提供点心，并用花和儿童的作品装饰整个区域。

当准备一次会议时，教师也必须考虑到儿童的不同背景。儿童可能来自不同的文化、语言和家庭背景。例如，在某些文化中，父亲带头参加会议，母亲扮演一个次要角色；在其他文化中，尤其是传统的美国家庭中，家长平等参与或者由母亲带头参加会议。

如果教师不会说家庭的本土语言，教师应当让一个经过培训的口译员协助会议交流。如果家庭成员说若干种不同的语言，那么经过培训的口译员可以协助会议交流。重要的是经过培训的口译员理解他们自身的角色：作为教师、家长、儿童或其他参与会议的人员之间的沟通桥梁，而不需要做出任何判断或喜好选择。教师要避免询问不是专业口译员的朋友、家庭成员或者他人。美国言语语言听力协会（American Speech-Language-Hearing Association，2014）建议，在选择一位口译员来协助会议交流时需要考虑如下事项。

- 确定口译员对英语与儿童和家庭使用的本土语言的精通水平。
- 调查口译员的教育背景和经验。
- 确定口译员能够与教师、儿童和家长正常交流。
- 在多次会议中尽量使用同一位口译员以便建立一种有效的工作关系。

我们可以从美国言语语言听力协会的网站上找到关于在会议之前、会议期间和会议之后有效地使用一位口译员的额外要点。

有时候家长会被教师和其他专业人员吓到而在参与会议时感到不舒服。家长可能会从他们自己的学校经历中回忆起不好的情形。教师需要敏感地察觉这些情形，让这些家长感受到欢迎并怀有感激之心（Kersey & Masterson，2009）。

还有一个需要考虑的因素就是家长要具有关于评价怎样进行和评价结果怎样解释的意识，尤其是在标准化测验中。一些家长可能非常熟悉并且理解用于标准化测验的不同术语的含义。其他家长可能在讨论儿童的档案袋时完全茫然。教师要能对此有所察觉并改变这些测验的讨论方式和做出可能必要的解释。

召开家长会议

一旦家长或其他家庭代表已经到达会议场所，准备开始会议。教师在为家长和儿童介绍评价信息时，需要遵循如下三条原则。

- 帮助家长理解评价信息。
- 帮助家长准确解释评价信息。
- 征求家长和儿童的意见进行评价并为儿童做出规划。

如果教师要汇报标准化测验的结果，那么这些原则对于教师来说尤其重要。

召开家长会议的步骤

教师要能够运用最佳的策略来保证积极的会议结果。以下是教师为召开成功的会议而采取的一些措施。

- 以一条积极的语句开始会议。前文提到家长应当感受到教师的欢迎。教师能够分享孩子的优点和孩子在学校的积极经历的案例。

- 鼓励家长分享关于他们的孩子的信息。在会议之初，家长会被问及他们的孩子的情况。教师可以问关于孩子和家庭成员在家里如何互动的话题，目的是让家长在关于他们的孩子的讨论中起带头作用。

- 讨论关于孩子的成绩的相关信息。在适当的时候，教师通过档案袋的案例、不同的评价和标准化测验的结果与家长讨论关于孩子的成绩的重要信息。在家长参与会议讨论的整个过程中，教师要对他们的问题给予答复，还要提出问题来延伸信息。

- 讨论孩子的需要。教师要客观地讨论孩子在学校可能经历的困难，并集中解决这些困难。教师请求家长帮助满足孩子的需要。教师和家长要讨论如何帮助孩子。教师征求家长关于孩子如何在学校获得帮助的建议。如果这些建议可行的话，教师和家长要为孩子制订一个计划以便在后续会议中或通过其他交流方式解决他们的困难（Kersey & Masterson，2009）。

- 以一条积极的语句结束会议。教师通过再次描述孩子的良好特征来结束会议。教师感谢家长出席会议并提供了需要的信息。教师强调家庭—专业人员合作伙伴关系是教师与家长或家庭代表进一步加深情感的伙伴关系。

帮助家长解释评价信息

当家长遇到一系列作为儿童评价基础的教师评价报告，并将这种报告与成绩单进行比较时，他们可能会感到不知所措。如果教师和学校已经帮助家长学会使用档案袋评价和表现性评价，他们会从儿童学到什么的图景中理解他们所看到的材料。然而，他们可能对评价和儿童的作品有疑问。教师需要提供评价使用到的信息和说明为什么儿童的作品提供了作为学习证据的资料。

家长在筛查和评价过程中的作用

家长可能会指出以下问题：怎样使用检核表？教师使用了什么策略来获取检核表的信息？观察报告为什么重要？教师通过观察从儿童身上了解到什么？当与传统的成绩单进行比较时，儿童的发展和成绩总结意味着什么？评价量规是如何起作用的？教师是如何为小学的儿童设计笔试的？为此，教师应当在会议中解释如何使用这些评价和为什么使用这些评价，以便家长能够理解评价的过程。教师需要解释相关技术信息，并给个别家庭解释评价结果。

一种总结儿童的发展情况和整体评价的方法就是为家长准备总结性报告或者叙述性报告。教师要反复检查这些报告，帮助家长理解评价资源与整体评价之间的关系。如果没有使用一份总结性报告，那么教师一定要有一份整体性评价材料来与家长分享。教师一定要解释评价结果和作品样本以及它们对儿童的发展和未来教学需求的影响。

征求家长的意见来评价和规划

教师在会议中应该给家长创造参与评价和规划的机会。如果家长不愿意提供儿童的成绩并提出建议，教师应准备向其征求意见。当教师完成评价报告时，家长可以给出他们自己关于成绩的意见，并描述对儿童的担忧。儿童也可以参与讨论学习成绩应该怎样提高的问题。

当教师讨论儿童的下一步发展计划时，家长可以给出对儿童可能有帮助的建议。此外，教师和家长可以交流如何在家里帮助儿童。重要的是，家长和儿童需要认识到自己是评价过程的重要组成部分，而不仅仅是评价报告的接受者。虽然教师可能会讨论儿童需要改进的地方，但也有必要鼓励家长去正视问题并提出解决方案。如果与儿童建立了真正的伙伴关系，家长就能够满足他们的需要，并且能在他们不会感受到正在被评价的情况下引导他们的发展。

针对多动症儿童的小组会议

迈尔斯·克拉克（Miles Clark）读三年级，他在一年级的时候被确诊为多动症。那时候他被评估并接受特殊教育。在过去2年里，他得到了教师的帮助。召开小组会议的目的就是确定迈尔斯在升入四年级时应如何被帮助。会议参与人员包括迈尔斯的父母和祖母、教师、学校辅导员和校长。这次会议是应迈尔斯的母亲的要求而召开的，他的母亲担心教师可能会终止帮助。

每一位教学和辅助人员陈述了关于迈尔斯的发展情况的评价。在每一次陈述尾声，迈尔斯的父母和其他小组成员要发表意见或者提出问题。教师需要陈述迈尔斯能够在没有帮助的情况下独立完成任务的案例。每一位小组成员被问及迈尔斯在没有教师帮助的情况下独立完成作业的可能性。学校职员认为迈尔斯在过渡到没有帮助的情况下可以独立完成作业。迈尔斯的母亲不相信并坚持认为迈尔斯需要教师的帮助，因为他被确诊为多动症。

在会议尾声，参与小组会议的每位成员总结了关于迈尔斯的评价信息和适合他继续发展的未来计划。学校辅导员总结会议内容并要求家长进行评价。迈尔斯的母亲强烈支持迈尔斯获得持续的帮助。学校职员勉强同意在下一学年继续给迈尔斯提供帮助。

总 结

21世纪的学前教育评价面临着机遇和挑战。20世纪后半叶出现的许多问题在21世纪初仍然存在。《不让一个孩子掉队法案》和共同核心国家标准的实施对我们提出了挑战。

因为越来越多的人了解到儿童是如何发展和学习的以及发展和文化方面的差异可能会导致儿童入学时遇到困难，所以 20 世纪发展起来的学前教育评价得到了更多的拓展和加强。我们已经为需要接受干预服务和参与学前教育项目的儿童开发了测验，以便让他们在进入小学时取得学业上的成功。

评价儿童的各种方法的开发和使用并非没有问题。基于儿童发展的特征和速度，教师难以开发可靠的措施，也难以准确地衡量其个人特征和其他所需的信息。为儿童设计的各种评价策略都有其优缺点。每种评价策略的使用者都必须了解他们计划使用的策略的优势和局限性。特别是对于儿童来说，教师使用一系列组合的评价方法，比使用单一方法更好。

学校改革的决定促使用于学前班和小学的儿童分班、升级和留级的测验的使用增加了，教师越来越认为他们对于有关儿童发展的决定是负有责任的。如果教师不同意使用他们被要求使用的评价工具，他们是否有责任表达他们所关心的事？当教师基于研究的信息说明评价工具被用于错误的目的或缺乏可靠性时，是否应通知选择测验的人员？教师是否应该推行包括非正式评价和表现性评价在内的其他评价方法？学校的政策是否阻碍了儿童的多样化评价？家长希望教师解释如何使用表现性评价以及儿童的发展进度报告随着评价的使用所发生的改变。教师希望家长在做出选择使用表现性评价和档案袋评价而不是成绩单的决定时要有自己的看法。另外，教师要确信自己有能力和家长一起使用和解释评价结果。

学前教育评价的发展趋势还不可预测。目前问责制和提高学习成绩的要求推动课程和评价的发展。学校改革是一种国家现象，继而会影响到学前教育。由于学前教育的重要性再次得到强调，学校改革运动继续对学前教育提出严格要求。我们实施高效的学前教育计划的行动与提高学术水平的努力相冲突。而且随着教室中更多残疾儿童与不同背景和使用不同语言的儿童的存在，教师选择和使用适当的评价的能力就显得更为重要。关于教育实践的决定常常是政治性的而不是教育性的。由于不同的力量会影响美国国会的代表权，所以教育政策可以改变。

学前教育评价的问题不会很快得到解决。如果目前的发展趋势持续下去，我们改善学前教育评价的方法将会有助于促进儿童的发展和学习潜力的发挥。评价方法的不断改进对学前教育计划的制订和服务质量的提高也有积极的影响。

关键术语

以家庭为中心	家长小组会议	学生主导的会议
家长会议	三方会议	家庭—专业人员合作伙伴关系

相关网站

在线搜索以下组织或机构的网站：

American Speech-Language-Hearing Association

Beach Center on Disability

Center for Law and Social Policy

Child Care Aware of America

National Coalition for Parent Involvement in Education (NCPIE)

Parent-Teacher Association

TeacherVision

Wrightslaw

参考文献

American Speech-Language-Hearing Association. (2014). Tips for working with an interpreter.

Berman, C., & Shaw, E. (1996). Family directed child evaluation and assessment under the Individuals with Disabilities Education Act (IDEA). In S. J. Meisels & E. Fenichel (Eds.), New visions for the developmental assessment of infants and young children, 361 – 390. Washington, DC: Zero to Three: National Center for Infants, Toddlers, and Families.

Child Care Aware of America. (2014). Child care in America today. Arlington, VA: NACCRRA.

Cromwell, S. (2010). Student-led conferences: A growing trend.

Division of Early Childhood. (2010). Responsiveness to ALL children, families, and professionals: Integrating cultural and linguistic diversity into policy and practice. Author.

Dunst, C. J., & Trivette, C. M. (2012). Capacity-building family-systems intervention practices. Journal of Family Social Work, 12, 119 – 143.

Feeney, S. (2010). Ethics today in early care and education. Young Children, 65, 72 – 77.

Gilkerson, D., & Hanson, M. F. (2000). Family portfolios: Involving families in portfolio documentation. Early Childhood Education Journal, 27, 197 – 201.

Harrington, H. L., Meisels, S. J., MacMahon, P., Dichtelmitter, M. L., & Jablon, J. R. (1997). Observing, documenting, and assessing learning: The work sampling system handbook for teacher education. Ann Arbor, MI: Rebus.

High/Scope Educational Research Foundation. (2003). Preschool child observation record. Ypsilanti, MI: Author.

Jarrett, M. H., Browne, B. C., & Wallin, C. M. (2006). Using portfolio assessment to document developmental progress of infants and toddlers. Young Exceptional Children, 10, 22 – 32.

Kersey, K. C., & Masterson, M. L. (2009). Teachers connecting with families—In the best interest of children. Young Children, 34 – 38.

Keyser, J. (2006). From parents to partners. St. Paul, MN: Redleaf Press.

Lescher, M. L. (1995). Portfolios: Assessing learning in the primary grades. Washington, DC: National Education Association.

Lightfoot, L. S. (2003). The essential conversation: What parents and teachers can learn from each other. New York, NY: Ballantine Books.

McClean, M., Wolery, M., & Bailey, D. B. (2004). Assessing infants and preschoolers with special needs (3rd ed.). New York, NY: Pearson.

Meisels, S. J., Marsden, D. B., Jablon, J. R., & Dichtelmiller, M. (2014). The work sampling system, 5th edition. San Antonio, TX: Pearson.

Mitchell, S., Foulger, T. S., & Wetzel, K. (2009). Ten tips for involving families through Internet-based communication. Young Children, 65, 46 – 49.

National Association for the Education of Young Children. (2011). NAEYC code of ethical conduct and statement of commitment. Author.

National Association for the Education of Young Children. (2009). NAEYC Standards for early childhood professional preparation. Author.

National Association for the Education of Young Children & National Association of Early Childhood Specialists in State Departments of Education. (2002). Early learning standards: Creating the conditions for success. Washington, DC: National Association for the Education of Young Children.

Ray, J. A., Pewitt-Kinder, J., & George, S. (2009). Partnering with families of children with special needs. Young Children, 64, 16 – 22.

Rocco, S. (1996). Toward shared commitment and shared responsibility: A parent's vision of developmental assessment. In S. J. Meisels & E. Fenichel (Eds.), New visions for the developmental assessment of infants and young children, 55 – 58. Washington, DC: Zero to Three: National Center for Infants, Toddlers, and Families.

Schmidt, S., & Matthews, H. (2013). Better for babies: A study of state infant and toddler child care policies. Washington, DC: Center for Law and Social Policy.

Stiggins, R. J. (2005). Student-involved assessment for learning (4th ed.). Upper Saddle River, NJ: Merrill Prentice Hall.

Turnbull, A., Turnbull, H. R., Erwin, E. J., Soodak, L. C., & Shogren, K. A. (2006). Families, professionals, and exceptionality: Positive outcomes through partnerships and trust. Pearson.

U.S. Congress. (2004). Individuals with Disabilities Education Improvement Act, 108th U.S.C., Stt. 2647, et. Seq.

Zero To Three. (2010). Infant/toddler development, screening, and assessment. Washington, DC: Author.

术语表

成绩测验（achievement test）　一种测量一个人获得信息或掌握技能的程度的测验，通常作为一种教学或训练的结果。

替代性评价（alternative assessment）　不同于传统的书面测验或多项选择的测验，通常和真实性评价、表现性评价相联系。

复本信度（alternative-form reliability）　多种形式的测验结果间的相关性。信度是指在一定程度上，两种测验在测量相同属性方面是一致的。

分析量规（analytic rubric）　提供诊断性反馈，比整体量规更加具体。

逸事记录（anecdotal record）　对儿童行为事件的书面描述，在了解儿童方面有一定的意义。

能力倾向测验（aptitude test）　如果提供适宜的教育或培训的话，能力倾向测验会用来预测儿童未来的学习或工作表现。

追踪档案袋（archival portfolio）　收集儿童的作品，逐年传递下去。

评价（assessment）　对来源不同的儿童的信息的解释或评价。

评价软件（assessment software）　研发软件，能够使用计算机来评价儿童。教科书出版商和评价工具开发者会研发评价软件，使其作为传统评价工具的一个替代，变得可利用。

态度测试（attitude measure）　一种测量某个人如何倾向于感觉或思考某些事物的工具（或参照）。教师可以设计一个量表来衡量儿童对阅读和数学的态度。

真实成绩（authentic achievement）　学习是真实的、有意义的，获得的成绩是有价值的、真实的。

真实性评价（authentic assessment）　通过儿童某些类型的表现来展示其理解能力的一种评价。

真实性表现评价（authentic performance assessment）　见真实性评价。

行为目标（behavioral objective）　对教育或教学的陈述。行为目标包括展现出的行为、行为展现所依据的条件、掌握技能所需要的表现水平。

检核表（checklist）　概念和技能的一个序列或层次，可以用来在某个模式下设计教学和保存记录。

共时效度（concurrent validity）	给出两种形式的考试成绩时，在某种程度上两者所具有的相关性。
结构效度（construct validity）	用来衡量一项测验测量某一心理特征或结构的程度。人格、口头表达能力和批判性思维测验是结构效度测验的实例。
内容效度（content validity）	测量内容的程度。例如，成绩测验用来衡量教学方案的客观性。
约定（contract）	一个在教师和儿童之间的关于儿童在有关活动中将要实现的某个具体目标或目的的协议。
矫正活动（corrective activities）	在形成性评价之后采用教学材料和方法，提供可供选择的学习策略和资源的活动。
标准参照测验（criterion-referenced test）	旨在提供儿童掌握具体知识或技能方面的信息。这类测验可测量具体技能或教学目标。
效标关联效度（criterion-related validity）	可建立一项测验的有效性，使分数与某一外部标准相关，就像另一个已经建立的同类型的测验。
发育评价（developmental assessment）（或发育筛查，developmental screening）	评价儿童，以确定其发展是否正常。它可用来识别哪些儿童的发展是迟缓的。
发展检核表（developmental checklist）	一种强调儿童发展领域和水平的检核表。
发育量规（developmental rubric）	用来指明发展的区域。
诊断性评估（diagnostic evaluation）	可用来分析一个人的强项或弱项，并确定弱项的性质和原因。
诊断性面谈（diagnostic interview）	用来确定儿童的学习需求或弱点。它有可能是诊断性评价的一部分。
指令性任务（directed assignment）	一种评估儿童在学习目标或技能方面的表现的特定任务。
直接表现测试（direct performance measure）	一种对儿童在教师规定的活动中运用知识的表现的测试。
档案（documentation）	包括对项目活动的进展以及对儿童的兴趣、观念、思想和在他们活动范围内解决问题情况的信息记录。
强化活动（enrichment activity）	在掌握学习的背景下，基于布鲁姆分类学，提供的比在教学细目表中所表述的教学目标具有更高一级的认知水平的挑战性活动。
等值形式（equivalent form）	一种平行的替代测验形式。多种测验使用相同的形式和同样的难度来测量同一领域或目标。
评估档案袋（evaluative portfolios）	收集作品样本以评估儿童的发展情况。

事件抽样（event sampling）	一种观察策略，常用来确定一个特定行为什么时候可能发生。对行为发生的设置比它可能发生的时间更重要。
以家庭为中心的服务（family-centered services）	代表儿童和家庭的信念和做法是由家庭关注和优先考虑的。
家庭—专业人员合作伙伴关系（family-professional partnerships）	家庭和专业人员与儿童在一起工作，建立的相互尊重、相互信任的关系。
正式评价（formal assessment）	一种已被标准化的来衡量发展或成就的测试。
形成性评价（formative assessment）	旨在衡量一个客观进展，而不是给予定性评价。
形成性评估（formative evaluation）	一种在教学过程中执行的评估，可给教师提供有关儿童学习进度和教学方法、材料的有效性等信息。
形成性测验（formative test）	一种用来评估在具体学习目标或学习单元的进展的测验。
形成性行为评价（formative behavioral assessment）	评价儿童的不当行为以确定行为产生的原因。
知识储备（funds of knowledge）	儿童的家庭背景信息和教育背景。
游戏（game）	在真实性评价的背景下，对儿童的表现的结构化评价是通过接触游戏来进行的。
等级当量（grade equivalent）	一种等级水平。其中，标准化测验的得分是估计的平均数。等级当量分数通常用于基本的成绩测验，用等级和月份来解释。
等级常模（grade norms）	一种基于给定等级内的儿童表现的标准化测验的常模。
图表型评定量表（graphic rating scale）	一种可以作为一个序列使用的评定量表。评定者通过对序列中的任何一点的等级的描述来标记特征。
团体测验（group test）	可以一次性对多人进行的测验。
高风险测验（high-stakes testing）	依赖于标准化测验的结果来判定儿童。
整体量规（holistic rubric）	一个表明能力水平的量规，可说明一个人的表现水平。它根据儿童的表现给出一个得分。
全纳（inclusion）	一个让残疾儿童进入课堂的过程。如果儿童有残疾的话，他们将被安置到健全儿童的课堂中。
间接表现测试（indirect performance measure）	一种可以用来评估儿童对于一个主题了解多少的测试。教师的评价是通过观察儿童的活动或检查笔试来完成的。
个性化教学（individualized instruction）	根据个别儿童的学习需求进行的教学。它建立在与标准相关的评估或诊断之上。

个体测验（individual test）　一次仅对一个人进行的测验。由于儿童的低成熟水平，所以实行个体测验。

非正式评价（informal assessment）　利用观察、学习任务和其他自然发生的事件来收集有关儿童的信息。

非正式测验（informal test）　一种尚未标准化的考试。教师自主设计的测验就是一个实例。

教学目标（instructional objective）　见行为目标。

融合（intergration）　强调促进残疾儿童参与到和他们同龄的健全儿童的教室中去。这些儿童被融合在一起，并且所有儿童的需要都会被满足，而一些儿童不会被当作异类对待。

评分者间的信度（interrater reliability）　用于数名测验管理人员使用相同的工具来确定是否得到类似的结果。

智商（intelligence quotient,IQ）　一个智力指数，表现为心理年龄与实际年龄的比率。它反映一个人相比其他同龄人而言在智力测验上的表现。

智力测验（intelligence test）　一种用来测量代表智力迹象的发展水平的测验。智力一般独立于先前的学习潜力。

兴趣调查表（interest inventory）　一种用于确定职业或职业兴趣的测试。儿童的阅读兴趣可能会用这样一个列表来确定的。

内部一致性（internal consistency）　一项测验的项目之间的相关程度。它是一种信度类型，可表明测验项目之间是否具有正相关，并可测量相同的特征或特点。

面谈（interview）　用于通过教师和儿童之间的讨论来做出评估。

项目分析（item analysis）　单个测验项目的分析，用来确定其难度价值和鉴别能力。项目分析伴随标准化测验的发展过程进行。

学习障碍（learning disability）　儿童在发展上的差异或迟缓，在常规教学方法中会干扰个人的学习能力。

回归主流（mainstreaming）　强调在部分教学日，将残疾儿童纳入正规的课堂同健全儿童一起学习。回归主流正在被融合取代，其中残疾儿童不会作为异类而被挑选出来。

掌握学习（mastery learning）　如果提供时间和有效的学习条件，所有儿童都能掌握学习目标的理论。

精熟测验（mastery testing）　一种用于确定儿童在特殊技能或学习目标方面的掌握程度的测验。儿童的表现会与预定的标准相比较。

平均值（mean）　一项测验的分数的算术平均数。

最低能力测验（minimum-competency testing）	一种用于衡量儿童是否已达到某一专业领域的最低能力水平的测验。
多项选择（multiple choice）	一种要求儿童必须从多个选项中选择最佳答案的测试题。
叙述性报告（narrative report）	一种汇报儿童学习进度的替代性报告形式，可以替代成绩单来汇报儿童的发展情况。教师书写叙述性报告来描述儿童的成长状况及所取得的成绩。
叙事（narratives）	如教师日报、笔记和儿童向家长汇报发展情况的书面文件。
新生儿学专家（neonatologist）	不满一个月的新生儿方面的专家。
正态分布（normal distribution）	分数的分布呈钟形曲线。这种分布用于很多分数评估系统和测验统计。
常模参照测验（norm-referenced test）	一种测验。在这种测验中被试的行为表现将与对照组被试的行为进行对比。
常模（norms）	基于对照组被试的行为表现而提供的一种参照框架的统计结果，是一组代表对照组被试的行为表现分布的分数。
数字型评定量表（numerical rating scale）	能够使观察者表示个体所拥有的特征的独特性程度的一系列数字，如 1 ~ 5。
产科医生（obstetrician）	怀孕和分娩方面的专家。
家长会议（parent conferences）	专家和家庭成员聚集在一起讨论儿童的发展和未来目标的会议。
家长小组会议（parent group meeting conferences）	教师花时间向所有家长解释评价和项目信息或者主题性学习话题。
教育档案（pedagogical documentation）	基于儿童作品的表现性评价，确定技能发展情况和教学需要。
儿科医生（pediatrician）	儿童生长发育、护理和疾病方面的专家。
百分位数（percentile）	统计分布中的一个点或者分数，可以展示其在这个百分数群体中的位置。正态分布的分数量表被分为 100 份，并且每份包含相同数值的分数。
百分等级（percentile rank）	被试的测验分数在常模团体中所处的位置。分数等级是在常模样本中等于或低于这个分数的人数比例。
表现性评价（performance assessment）	一种考查儿童通过把知识运用于一项任务或问题解决行为来展示知识的评价。
人格测验（personality test）	一种用来包含个体情感特征（情绪、动机或态度）信息的测验。该测验测量的是心理特征而不是智力。

定位性评估（placement evaluation） 一种用于确定如何利用儿童分组来满足教学需要的评估。

基于游戏的评价（play-based assessment） 一种经常用于残疾儿童的通过游戏环境中的观察而进行的评价。游戏活动可以是自发的或者有组织的。基于游戏的评价可以由个人或评价团体来实施。

基于游戏的干预（play-based intervention） 互动游戏用于指导、示范或加强，以鼓励儿童的游戏活动。

档案袋（portfolio） 一种儿童评价的形式。档案袋是儿童作品、教师评价和其他信息的集合，它有助于描述儿童的发展情况。

预评价（preassessment） 一种在学年开始或任何测验之前进行的评价。

项目（project） 一种可以用来展示儿童学业成绩的真实的学习活动。

评定量表（rating scale） 一种用分类方法让观察者描述个体所拥有的特征的量表。

原始分数（raw score） 在一项测验中一个被试所选择的正确答案的数量。

信度（reliability） 在不同时间内用同一测验对同一个被试重复测量所得结果的一致性程度。

评价量规（rubric） 用来测量真实性和进行表现性评价的工具。量规对稳定的特征进行了描述。

连续记录（running record） 一段时间内对观察到的所有儿童行为中的一系列事件的描述。

范围（scope）（**或技能序列**，sequence of skills） 为一定学习领域和特定年龄、年级或内容范围的发展而编制的学习目标列表。

筛查（screening） 评价儿童在干预项目中的发展差异。

半分信度（split-half reliability） 采用半分法估计所得到的信度系数，它代表两段测验内容取样的一致性程度。

标准差（standard deviation） 测量一个分布中各数据偏离平均数的程度的方法。

测量标准误（standard error of measurement） 对测验中可能呈现的误差大小的一种估计。

标准化测验（standardized test） 一种测验，其实施和评分有特定内容、程序，对分数的解释依赖于标准数据。

标准分数（standard score） 以标准差为单位来衡量某一分数与平均数之间的离差情况的数值。

标准九分制（stanine） 将正态分布的曲线分为9个部分。除了1分及9分之外，各分数的范围也是半个标准差。

于优势（strengths-based） 建立在家庭资源和资产上的服务。

勾性面谈（structured interview） 为了评价目标而由教师主持的有计划的访谈。

结构性表现评价（structured performance assessment）	一种由教师设计的包含特定任务和活动的行为评价方法。
学生主导的会议（student-led conference）	由学生主导的会议，首先是与家人，后来包括教师。
总结性评价（summative assessment）	一种用来评定一个等级或确定一个目标的掌握情况的最终评价，类似于总结性评估。
总结性评估（summative evaluation）	一种在教学周期结束时的评价，可以确定儿童是否掌握了目标、教学是否有效。
总结性测验（summative test）	一种为实现分级管理目标而进行的确定对学习目标的掌握情况的测验。
T 分数（T score）	平均值为 50 和标准差为 10 的标准分数。
细目表（table of specification）	根据布鲁姆分类学，经过分析而确定的儿童必须掌握的课程目标的表格。
重测信度（test-retest reliability）	利用同一测验在不同的时间对同一被试测量两次所得结果的相关系数。
时间抽样（time sampling）	一种在事先设定的时间间隔内观察目标行为，并记录目标行为出现的次数，以此了解行为模式的方法。
三方会议（three-way conferences）	儿童、家长和教师都参加的会议，讨论儿童的作品。每个人都有时间去讨论发展情况和设定的目标。
真实分数（true score）	一种假设没有错误的分数。因为没有测量误差的标准化测验不存在，所以想要得到一个绝对正确的分数是不可能的。
非结构性面谈（unstructured interview）	不是事先计划的，是教师基于儿童的自然行为所进行的一种评价性访谈。
非结构性表现评价（unstructured performance assessment）	正常班级活动的一部分。
效度（validity）	测量工具或手段能够准确测量出所需测量的内容的程度。
作品样本（work sample）	儿童活动的样本，包含儿童发展评估所需的所有活动成果。
作品档案袋（working portfolio）	将儿童的作品暂时储存起来以供日后评价。
Z 分数（Z score）	通过统计标准差来表示的与平均数的距离。